WLADIMIR ILJITSCH LENIN

STAAT UND REVOLUTION

MIT EINER EINLEITUNG VON PER-ÅKE WESTERLUND

manifest.

marxistische schriften.

In der Edition **marxistische schriften.** veröffentlichen wir Werke marxistischer Autor*innen, die zur Klassikerliteratur zählen und grundlegende Auseinandersetzungen mit den Ideen bestimmter Personen oder politischer Richtungen. Dabei orientieren sich die Texte zu einem größeren Teil an einer theoretischen Analyse, als einer historischen Aufarbeitung.

9. Auflage, 2025

Manifest Verlag (Arnsburg, Koschitzki, Sol e.V. GbR)

Dieffenbachstr., 17, 10967 Berlin

Telefon: (030) 24 72 38 02

Email: info@manifest-verlag.de

Internet: www.manifest-verlag.de

Satz und Umschlaggestaltung: René Arnsburg

Druck: CPI

ISBN 978-3-96156-008-0

Inhaltsangabe

Staat und Revolution
Wladimir I. Lenin

I. Kapitel
Klassengesellschaft und Staat

II. Kapitel
Die Erfahrungen der Jahre 1848 – 1851

III. Kapitel
Die Erfahrungen der Pariser Kommune vom Jahre 1871.

IV. Kapitel
Fortsetzung.

V. Kapitel
Die ökonomischen Grundlagen für das Absterben des Staates

VI. Kapitel
Die Vulgarisierung des Marxismus durch die Opportunisten

Vorbemerkung

Die Schrift *Staat und Revolution* verfasste Lenin von August bis September 1917 in der Illegalität. Den Gedanken, dass es notwendig sei, die Frage des Staates theoretisch auszuarbeiten, hatte Lenin in der zweiten Hälfte des Jahres 1916 geäußert. Damals schrieb er die Notiz Jugend-Internationale, in der er die Position Bucharins in der Frage des Staates kritisierte und versprach, einen ausführlichen Artikel über die Frage Marxismus und Staat zu schreiben. In einem Brief an A.M. Kollontai vom 17. Februar 1917 teilte Lenin mit, dass er das Material über die Frage Marxismus und Staat fast fertig vorbereitet habe. Dieses Material hatte Lenin in kleiner, enger Schrift in einem Heft mit blauem Umschlag niedergeschrieben, das von ihm *Marxismus und Staat* betitelt wurde. Es ist eine Sammlung von Zitaten aus Werken von Karl Marx und Friedrich Engels, nebst Auszügen aus Büchern von Kautsky, Pannekoek und Bernstein mit kritischen Bemerkungen, Schlussfolgerungen und Verallgemeinerungen W. I. Lenins.

Nach dem ursprünglichen Plan sollte die Schrift *Staat und Revolution* aus sieben Kapiteln bestehen, doch hat Lenin das letzte VII. Kapitel *Die Erfahrungen der russischen Revolutionen von 1905 und 1917*, nicht geschrieben. Erhalten ist nur ein ausführlich ausgearbeiteter Plan dieses Kapitels. Zur Herausgabe des Buches schrieb Lenin in einer Notiz an den Verleger, falls er sich »*mit der Beendigung des VII. Kapitels zu sehr verspäten oder es übermäßig anschwellen sollte, müsste man die ersten sechs Kapitel gesondert, als ersten Teil erscheinen lassen...*«

Auf der ersten Seite des Manuskripts wird der Autor mit dem Pseudonym *F. F. Iwanowski* bezeichnet. Unter diesem Pseudonym wollte Lenin sein Buch erscheinen lassen, da es andernfalls die Provisorische Regierung beschlagnahmt hätte. Das Buch wurde jedoch erst 1918 herausgegeben und die Notwendigkeit des Pseudonyms entfiel. Die zweite Auflage des Buches erschien 1919 mit dem von Lenin in das zweite Kapitel eingefügten neuen Unterabschnitt *Marx' Fragestellung im Jahre 1852.*

Als Einleitung veröffentlichen wir eine Schrift Per-Åke Westerlunds, Vorsitzender der Rättvisepartiet Socialisterna (RS), der Schwesterorganisation der SAV in Schweden. Der Text wurde im Jahr 1999 als Vorwort einer Neuauflage von Lenins Schrift *Staat und Revolution* verfasst.

Die Einleitung von Per-Åke Westerlund ist ein guter Einstieg in eines der wohl wichtigsten Werke Lenins. Per-Åke Westerlund erklärt hier wichtige Zusammenhänge und die historische Umstände, unter denen diese Broschüre geschrieben wurde.

Er greift aber auch die heutige bürgerliche Hetze gegen Lenin auf und setzt sich mit den Argumenten derer auseinander, die sich gegen die Oktoberrevolution von 1917 und die Machtergreifung der Arbeiterklasse in Russland stellen.

Der Autor stellt den Behauptungen und Verleumdungen der Bürgerlichen das tatsächliche Handeln der Bolschewiki gegenüber und entlarvt den Mythos, dass der Bolschewismus direkt zum Stalinismus führte und die Verbrechen der stalinistischen Diktatur direkt aus Lenins Handeln entsprangen.

Der Verlag

Der wahre Lenin

Einleitung

»Die großen Revolutionäre wurden zu Lebzeiten von den unterdrückenden Klassen ständig verfolgt, die ihrer Lehre mit wildestem Ingrimm und wütendstem Hass begegneten, mit zügellosen Lügen und Verleumdungen gegen sie zu Felde zogen. Nach ihrem Tod versucht man, sie in harmlose Götzen zu verwandeln, sie sozusagen heilig zu sprechen, man gesteht ihrem Namen einen gewissen Ruhm zu zur ›Tröstung‹ und Betörung der unterdrückten Klassen, wobei man ihre revolutionäre Lehre des Inhalts beraubt, ihr die revolutionäre Spitze abbricht, sie vulgarisiert.«[1] W. I. Lenin, Staat und Revolution

Für Lenin selbst bedeutet der Tod nicht der Schluss »der zügellosen Lügen und Verleumdungen«. Nach der Machtübernahme durch die ArbeiterInnen in Russland im Oktober 1917 waren die kapitalistischen Unterdrückerklassen weit davon entfernt, Lenin wie »einen harmlosen Götzen« darzustellen.

»Die Wahrheit über den Kommunismus«, »Nein, Lenin war wirklich nicht wie die anderen«, »Frieden mit Lenin in der Linken«, »Mord im Namen des Kommunismus« waren typische Rubriken in den schwedischen Tageszeitungen im Jahre 1999. Wladimir Iljitsch Lenin provoziert und ängstigt noch immer, mehr als 75 Jahre nach seinem Tod.

1 Lenin, W. I.: Staat und Revolution. In: Lenin, W. I.: Werke, Band 25, 4. Auflage, Dietz 1974, S. 397

Staat und Revolution ist sein vielleicht wichtigstes politisches Werk. Hier spricht Lenin selbst - über die Revolution und für den Kampf um eine sozialistische Gesellschaft ohne Ausbeuterapparat. Das Thema des Buches ist eine entscheidende Frage für die heutigen KämpferInnen und SozialistInnen. Deshalb wird Staat und Revolution nicht nur aus historischen Gründen neu aufgelegt.

Die heutigen Medienkampagnen gegen Lenin gehen davon aus, dass die Menschen unwissend sind. Schamlos stellen etablierte Politiker Lenin als den stahlharten Führer einer ebenso stahlharten bolschewistische Partei dar, dessen Ziel Mord und Terror war. Üblich ist es dabei, a) sämtliche Schuld für die Verbrechen der stalinistischen Diktatur auf Lenin und die Bolschewiki zu schieben und b) Lenins kompromisslose Verteidigung von grundlegenden politischen Prinzipien als eine Verteidigung einer monolithischen Partei und eines monolithischen Staats darzustellen, in denen Debatten und Opposition verboten sind. Dazu kommt, dass auch der Stalinismus diese Sicht auf Lenin gepflegt hat und gleichzeitig dessen Führer von Stalin bis Honecker es darauf angelegt haben, wie Lenin es ausdrückte, dass die *»revolutionäre Lehre des Inhalts beraubt, ihr die revolutionäre Spitze abbricht, sie vulgarisiert«* wird.

Die heutigen etablierten PolitikerInnen und Massenmedien haben diese vulgären antikommunistischen Argumente angenommen. Dass Lenins Regime dasselbe war wie Stalins Diktatur, ist zu einem großen Teil eine Erfindung der 90er Jahre. Früher gab es sogar bürgerliche Historiker, die ein anderes und sachlicheres Bild gaben, wie der britische konservative Redakteur E.H. Carr in seinem Standardwerk Die russische Revolution. Bei einem Seminar 1969 sagte Carr:

»Nach Lenins Tod hatten seine Nachfolger nicht die Fähigkeit und Geduld, nicht annähernd so eine Massenunterstützung zu erlangen, die Lenin in der Periode von Revolution und Bürgerkrieg hinter sich hatte. Sie nahmen die Abkürzung und versuchten ihren Willen mit nackter Gewalt gegen die Massen und die Masse der Partei durchzusetzen – so wie es auch andere herrschende Eliten tun.«

Carrs Analyse ist bürgerlich, aber immer noch Lichtjahre von den heutigen antikommunistischen »HistorikerInnen« entfernt.

Die Kampagnen gegen Lenin verschweigen bewusst die enorme Anziehungskraft, die die russische Revolution auf die ArbeiterInnen und Unterdrückten in der ganzen Welt hatte. Der Kapitalismus war zwischen dem Ausbruch des ersten Weltkriegs 1914 bis zum Anfang der 20er Jahre von einer tiefen politischen und wirtschaftlichen Krise erschüttert. 1920 zitierten KommunistInnen die führende britische Zeitung Times, die die Weltlage wie folgt beschrieb:

»Ein Geist von Unruhe streift über die gesamte Welt, von Amerika bis China, vom Schwarzen Meer bis zur Ostsee. Nicht eine Gesellschaft, nicht eine Zivilisation ist ausreichend solide, nicht eine Verfassung ausreichend demokratisch, um dieser bösartigen Tendenz zu widerstehen. Von überall her zeigen Beispiele, dass die fundamentalen Verbindungen unter den langen Belastungen aufspringen und sich auflösen.«

Die russische Revolution war ein Vorbild für die Kämpfenden. *»Das kommunistische Russland wurde ein Ideal für die große Mehrheit der internationalen Arbeiterklasse«*, wie ein italienischer Verfasser kommentierte. Eugene Debs, der 1920 als sozialistischer Präsidentschaftskandidat

950.000 Stimmen erhielt, sagte, dass Lenin und Trotzki *»der herrschenden Klasse einen großen Schreck eingejagt und die Arbeiter in der ganzen Welt inspiriert haben.«* Hunderttausende Menschen wurden 1917 und in den nachfolgenden Jahren organisierte Bolschewiki, nachdem sie gesehen hatten, wie mit der Revolution der Zar gestürzt wurde, dass Arbeiterräte errichtet, der Boden aufgeteilt, die unterdrückten Nationalitäten befreit wurden und der Anfang vom Ende des ersten Weltkriegs anbrach. Im März 1919 wurde durch Lenin und die Bolschewiki die Kommunistische Internationale gegründet. Schon im September des gleichen Jahres hatte die Internationale eine halbe Million Mitglieder außerhalb Russlands. In einer Reihe von Ländern gewannen die KommunistInnen die Mehrheit in Gewerkschaften mit Massenverankerung. Aber diese Massenunterstützung konnte nicht die enorme Hetzkampagne gegen die Bolschewiki und den direkten militärischen Angriff auf die russische Revolution verhindern.

Revolution und Kommunismus

Mit dem Angriff auf Lenin und die russische Revolution versuchen die heutigen KritikerInnen speziell die Begriffe Kommunismus und Revolution zu verdrehen.

Revolution bedeutet *»das direkte Eingreifen der Massen in historische Ereignisse«*, schrieb Leo Trotzki im Vorwort zu seinem Buch *Die Geschichte der russischen Revolution.* Er nannte die Revolution *»das entscheidende Stadium, wo die Massen die alte Ordnung nicht länger aushalten können«* und deshalb *»ihre traditionellen Repräsentanten wegfegen und durch ihr eigenes Eingreifen die erste Grundlage für ein neues Regime schaffen«*. Sogar für RevolutionärInnen handelt es sich um einen objektiven Prozess, der nicht im

Vorweg gesteuert oder proklamiert werden kann. Revolutionen haben nicht mit dem Marxismus begonnen, sondern der Marxismus hat die geschichtliche Rolle von Revolutionen in allen Klassen und Gesellschaften aufgedeckt. Die klassische Revolution, auf die Marx verwies, war die französische von 1789 bis 1815.

Lenin beschrieb ein wichtiges Kennzeichen für eine revolutionäre Situation:

> *»Zur Revolution genügt es nicht, daß sich die ausgebeuteten und unterdrückten Massen der Unmöglichkeit, in der alten Weise weiterzuleben, bewußt werden und eine Änderung fordern; zur Revolution ist es notwendig, daß die Ausbeuter nicht mehr in der alten Weise leben und regieren können. Erst dann, wenn die »Unterschichten« das Alte nicht mehr wollen und die »Oberschichten« in der alten Weise nicht mehr können, erst dann kann die Revolution siegen.«*[2]

Er verstand die Revolution als einen Prozess:

> *»Die sozialistische Revolution ist kein einzelner Akt, keine einzelne Schlacht an einer Front, sondern eine ganze Epoche schärfster Klassenkonflikte, eine lange Reihe von Schlachten an allen Fronten, das heißt in allen Fragen der Ökonomie sowie der Politik, Schlachten, welche nur mit der Expropriation der Bourgeoisie enden können.«*[3]

Revolutionäre Machtübernahmen sind manchmal mit großer Gewalt verbunden, manchmal aber auch nicht. Die Gewalt und der Bürgerkrieg haben ihren Ursprung in dem

---

2 Lenin, W. I.: Der linke Radikalismus – die Kinderkrankheit des Kommunismus. In: Lenin, W. I.: Werke, Band 31, 6. Auflage, Dietz 1974, S. 71

3 Lenin, W. I.: Die sozialistische Revolution und das Selbstbestimmungsrecht der Nationen. In: Lenin, W. I.: Werke, Band 22, 2. Auflage, Dietz 1977, S. 144

Versuch der vorherigen Machthaber eine Konterrevolution zu erwirken. Die Geschichte Frankreichs im 19. Jahrhundert ist eine Chronik der Gewalt der Konterrevolution gegen Versuche der Unterdrückten, die Revolution von 1789 zu vollenden.

Die Bürgerlichen versuchen, den Ausgang der russischen Revolution als abschreckendes Beispiel zu benutzen. Sie versuchen die Revolution als einen Putschversuch einer kleinen Minderheit darzustellen.

Leo Trotzki nannte als das entscheidende Merkmal einer Revolution, dass die Massen selber die Bühne der Geschichte betreten und ihr Schicksal in die eigene Hand nehmen.

So etwas haben wir auch in den letzten Jahren immer wieder beobachten können: Portugal 1974, Nicaragua und Iran 1979, Polen 1980-81 und Rumänien 1989. Den Revolutionen begegneten die Herrschenden mit militärischer Gewalt, von Caetanos Militärdiktatur in Portugal bis zu Ceaușescus stalinistischer Diktatur in Rumänien. Friedliche Umwandlungen gab es in den Fällen, wo die Herrschenden ohne Gewalt das Handtuch schmissen, so in der DDR und der Tschechoslowakei.

Dass MarxistInnen Revolutionen vorhersehen und erklären können, bedeutete nicht, dass sie für den Ausgang aller Revolutionen verantwortlich sind oder bedingungslose Unterstützung geben. Die Rolle von MarxistInnen ist es, sich mit Hilfe der Lehren und Erfahrungen aus früheren Kämpfen und Revolutionen politisch auf solche Ereignisse vorzubereiten.

Der *Bund der Kommunisten* war der Name, den Karl Marx und Friedrich Engels 1847 ihrer Organisation gaben, um sich von den damaligen utopischen SozialistInnen abzugrenzen. Diese hatten Ideen und konkrete Vorschläge für Idealgesellschaften, während Marx verstand, dass es Klassenkämpfen und einer Revolution bedarf, um die Gesellschaft zu verändern und dass dabei die Befreiung der ArbeiterInnen das Werk der Arbeiterklasse sein muss. Marx beschrieb, dass die kapitalistische Gesellschaft durch eine sozialistische ersetzt werden wird, die von ArbeiterInnen regiert wird. Diese entwickelt sich dann weiter, zu einer kommunistischen, klassenlosen Gesellschaft. In den 1880er Jahren wuchsen große Arbeiterparteien heran, die sich sozialdemokratisch nannten. Diese bildeten 1889 die Zweite Internationale (Marx starb 1883). Marx und Engels waren kritisch gegenüber dem Begriff sozialdemokratisch, weil sie ihn als unklar ansahen. Die sozialdemokratischen Parteien waren in ihrem Programm revolutionär, mit dem Ziel einer sozialistischen beziehungsweise kommunistischen Gesellschaft. Auch Lenin und die Bolschewiki waren SozialdemokratInnen.

Die Zweite Internationale zerbrach, als 1914 der erste Weltkrieg ausbrach. Da sich die Mehrheit der sozialdemokratischen Parteien im Krieg hinter »ihre« jeweilige herrschende Klasse stellte, wurde es für Lenin und die anderen oppositionellen SozialdemokratInnen unmöglich, sich weiterhin so zu nennen. Schon im April 1917 schlug Lenin eine Namensänderung vor, aber erst im Frühjahr 1918 wurde die bolschewistische sozialdemokratische Partei in Kommunistische Partei umbenannt. Alle Parteien der Kommunistischen Internationale nahmen entsprechende Namen an, so zum Beispiel die KPD, die Kommunistische Partei Deutschlands. Die MarxistInnen in der Arbeiterbewegung nannten sich nun KommunistInnen. Aber nur während der ersten vier Kongresse 1919 bis 1922 stand die Kommunistische Internationale, mit Lenin und Trotzki in der Leitung, für eine marxistische Politik. Danach beschmutzte der Stalinismus den Begriff Kommunismus für eine gesamte historische Epoche der Degeneration.

Lenin und die Bolschewiki bis 1917

1964 schrieb der US-amerikanische FBI-Chef J. Edgar Hoover über Lenin und die Bolschewiki:

> *»Fanatismus, nicht Mitglieder, das ist der Schlüssel. Die Mitglieder [der bolschewistischen Partei, die Red.] mussten von der Revolution leben, essen, atmen und träumen. Sie mussten lügen, betrügen und morden um der Partei zu dienen. Die Disziplin musste streng sein. Keine Abweichungen konnten zugelassen werden.«*

Die schwedische Zeitung Svenska Dagbladets Editorial vom 5.12.1998:

> *»Große Teile der Linken leben fortfahrend in dem sowjetischen Propagandabild mit dem kriminellen Lenin als intellektuellem Übermenschen.«*

Lenin gehörte während der Periode vor dem ersten Weltkrieg zur Führung der russischen Sozialdemokratie und wurde 1907 in das Internationale Büro der 2. Internationale gewählt, der Internationale der sozialdemokratischen Parteien. Die russische Sozialdemokratie war im Unterschied zu anderen sozialdemokratischen Parteien eine Untergrundpartei, dessen Aktivitäten von der zaristischen Polizei verfolgt und dessen FührerInnen nach Sibirien verbannt wurden. Von dort flohen sie in vielen Fällen ins Exil nach Westeuropa. Die Sozialdemokratische Arbeiterpartei Russlands (SDAPR) wurde in Konkurrenz zu vielen anderen politischen Richtungen gegründet, die im Widerstand gegen das Zarenregime entstanden waren. In Russland gab es seit den 1870ern eine populistische Bewegung mit Basis in den ländlichen Gebieten, die Narodniki[4]. Sie führten Attentate im anarchistischen Stil durch. In den 1890er Jahren kamen die *»gesetzestreuen MarxistInnen«* dazu, Intellektuelle, die selbstzensierte sozialistische Bücher und Zeitschriften herausbrachten, die von den zaristischen Behörden geduldet wurden. Weder die Narodniki oder die gesetzestreuen MarxistInnen wollten eine Arbeiterpartei aufbauen. Die SDAPR wurde 1898 auf einem Kongress von nur acht Mitgliedern gegründet. Lokal bestand die Partei mehr aus Studien- und Propagandazirkeln als aus richtigen Parteiorganisationen.

Während des zweiten Kongresses, der erst in Brüssel und dann in London abgehalten wurde, spaltete sich die Partei in zwei Flügel, die Bolschewiki[5] und die Menschewiki[6]. Die erste Debatte entfachte sich um die Frage, wer als Parteimitglied gezählt werden könne. Lenin wollte in das Parteistatut aufnehmen, dass alle Mitglieder in den Strukturen der Partei aktiv sein sollten. Das war an die Perspektive geknüpft, dass die Partei schnell anwachsen würde, besonders unter ArbeiterInnen. Die Formulierung störte aber diejenigen, die dann zu den Menschewiki wurden, die vor allem unter Intellektuellen verankert waren. Diese wollten selbst bestimmen, ob sie zu den Mitgliedern zählten oder nicht, unabhängig von der Arbeit in der Partei. Entgegen der Legendenbildung war es der Gegenvorschlag des Menschewisten Julius Martow, dass Parteimitglieder nicht in einer Parteistruktur aktiv zu sein brauchten, was bei der Abstimmung auf dem Kongress mit 28 zu 23 Stimmen eine Mehrheit fand. Erst nachdem die Delegierten des rechten Flügels aus dem Kongress ausgezogen waren, wurden Le-

4 russisch: VolkstümlerInnen
5 aus dem russischen Wort für Mehrheit
6 aus dem russischen Wort für Minderheit

nins Anhänger die Mehrheit und der Name Bolschewiki entstand.

Die Spaltung über das Statut wurden sowohl von StalinistInnen als auch von Bürgerlichen als die entscheidende Trennung zwischen Bolschewiki und Menschewiki hervorgehoben. Das war nicht Lenins Auffassung. Dass die Mitglieder an der Arbeit der Partei teilnehmen sollten, war nicht das Rezept für eine stahlharte Partei, sondern für eine Partei allgemein. Lenins Vorschlag zielte darauf ab, die SDAPR als Partei aufzubauen. Der Vorschlag folgte nicht einem *»neuen Parteimodell«*, sondern orientierte sich an den sozialdemokratischen Parteien in Europa, besonders an der deutschen Partei.

Die zweite Aufspaltung zwischen Bolschewiki und Menschewiki kam mit der Wahl zur neuen Redaktion für die Parteizeitung Iskra. Lenin wollte davon wegkommen, dass die Redaktion sich in der Praxis selbst auswählt und forderte, dass sie vom Kongress gewählt wird und ihm gegenüber rechenschaftspflichtig ist. Sein Vorschlag war, die Redaktion von sechs auf drei Personen zu verkleinern. Diese drei waren Georgi Plechanow, Martow und er selbst, also diejenigen, die den größten Teil der Arbeit ausführten. Das bedeutete, das die Veteranen Pavel Axelrod und Vera Sassulitsch zusammen mit Alexander Potressow die Redaktion verlassen sollten. Aber Lenins Versuch, den fast familiären Geist in der Redaktion zu brechen, traf auf Widerstand von den Vertretern eben dieses Geistes. Martow weigerte sich, an der neuen Redaktion teilzuhaben, und so wurden nur zwei Mitglieder gewählt. Die Auseinandersetzungen auf dem Kongress kamen überraschend für alle Teilnehmer. Lenin sagte selbst, dass er nicht verstand, wie die Spaltung auf dem Kongress so tief werden konnte. Im Nachhinein beschrieb er die Debatten unter diesen Jahren als *»eine aufgehetzte, manchmal bittere und destruktive Kontroverse«* mit *»vielen unsympathischen Zügen«*. Aber das war gleichzeitig eine nicht zu vermeiden gewesene Debatte, wenn die Studienzirkel in eine Partei umgewandelt werden sollten. Nicht lange nach dem Kongress 1903 beugte sich Plechanow und holte die Abgesetzten in die Redaktion zurück. Die Iskra wurde damit eine menschewistische Zeitung und Lenin gab seinen Platz in der Redaktion auf.

Die Rolle der Arbeiterklasse

Im Verlauf von 1904 kristallisierten sich erhebliche Unterschiede heraus. Diese waren keine Organisationsprinzipien mehr. Bolschewiki und Menschewiki waren darüber einig, dass der Charakter einer kommenden Revolution bürgerlich sein würde. Die klassischen bürgerlichen Revolutionen mit der französischen als der erfolgreichsten hatten danach gestrebt, den Boden aufzuteilen, eine Republik sowie den Nationalstaat einzuführen und aufrechtzuerhalten und die Wirtschaft zu modernisieren. Eine klassische bürgerliche Revolution sollte Russland in eine Linie mit den bürgerlich-demokratischen Staaten in Europa bringen.

Die Debatten galten der Rolle der Arbeiterklasse in der Revolution. Wegen des bürgerlichen Charakters der Revolution meinten die Menschewiki, dass eine russische Revolution vom Bürgertum geführt werden müsste. Im Gegensatz dazu betonte Lenin die Unabhängigkeit der Arbeiterklasse. Diese Einstellung baute sowohl auf den Erfahrungen von früheren bürgerlichen Revolutionen, als auch auf den konkreten Bedingungen in Russland auf. Er wies darauf hin, dass auch wenn es eine bürgerliche Revolution ist, die KämpferInnen nicht Großbürgerliche oder Fabrikanten sein werden. Schon in der französischen Revolution 1848 gaben die Bürgerlichen nach und schlossen einen Kompromiss mit dem Adel aus Angst vor der heranwachsenden Arbeiterklasse. In einer russischen Revolution hätten die Arbeiterklasse und KleinbäuerInnen eine noch größere Rolle gespielt, und das erschreckte das Bürgertum. Die bürgerliche Klasse war sehr schwach in Russland und noch mehr als in andren Ländern mit dem alten Regime verbunden. Die Angst des Bürgertums vor der Arbeiterklasse war bedeutend höher als der Wille, den Zaren zu stürzen.

> *»Der Marxismus lehrt den Proletarier nicht, sich von der bürgerlichen Revolution fernzuhalten, auf die Teilnahme an ihr zu verzichten, die Führung in ihr der Bourgeoisie zu überlassen«*[7], *erklärte Lenin.*

Die Partei der ArbeiterInnen muss danach streben, den Kampf der ArbeiterInnen und KleinbäuerInnen anzuführen. Darauf antworteten die Menschewiki, dass so eine Taktik Gefahr laufe, die Schlagkraft der Revolution zu schwächen, weil die Bürgerlichen sich ihr entziehen würden. Lenin entgegnete, dass die Bürgerlichen sich schon im Beginn aus der Bewegung herausziehen würden. Und das war auch, was die Bolschewiki wollten. Die Revolutionen würde nicht mit einer bürgerlichen Führung durchgeführt werden können, sondern nur *»trotz deren Inkonsequenz, Eigennützigkeit und Feigheit«* von den ArbeiterInnen und BäuerInnen. Sogar Plechanow argumentierte anfangs, dass es unmöglich wäre, sich den russischen Liberalen unterzuordnen, indem man ihnen Bedingungen stellt. Sie würden an einem Tag auf die Bedingungen eingehen, um sie am

7 Lenin, W. I.: Zwei Taktiken der Sozialdemokratie in der demokratischen Revolution. In: Lenin, W. I.: Werke, Band 9, 7. Auflage, Dietz 1977, S. 39

nächsten Tag zu verraten, meinte Plechanow. Weil die Liberalen letztendlich die Reaktion immer den ArbeiterInnen vorziehen würden, war die Arbeiterklasse die einzige demokratische Kraft und musste die führende Rolle in der Revolution spielen.

Der große Unterschied zwischen den Bolschewiki und den Menschewiki bestand am Anfang also nicht aus Formulierungen oder Prinzipien über den Parteiaufbau. Die Frage war, ob *die ArbeiterInnen sich der bürgerlichen Klasse unterordnen* sollten. Lenin verteidigte das Grundprinzip des Sozialismus, nämlich dass die ArbeiterInnen ihre eigenen selbständigen Organisationen und eine unabhängige Politik brauchen.

Die Bedeutung der Bodenfrage in der Revolution und die Tatsache, dass die BäuerInnen über 80 Prozent der Bevölkerung ausmachten, brachte Lenin dazu, auch die Notwendigkeit der Allianz der ArbeiterInnen mit den BäuerInnen zu betonen. Seine Formulierung war, dass die Revolution die demokratische Diktatur der ArbeiterInnen und BäuerInnen errichten sollte. Das war eine Beschreibung, die deutlich machte, dass die Revolution eine bürgerlich - demokratische Aufgabe hatte und die gleichzeitig bewusst die genaue Machtverteilung offen hielt.

Unter dem Revolutionsjahr 1917 änderte Lenin die etwas unklare Formulierung der demokratischen Diktatur der ArbeiterInnen und BäuerInnen hin zur Forderung der Machtübernahme durch die Sowjets. In *Staat und Revolution* schreibt er, dass

> *»der Sturz der Bourgeoisie [...] nur zu verwirklichen [ist] durch die Erhebung des Proletariats zur herrschenden Klasse.«*[8]

8 Lenin, W. I.: Staat und Revolution. In: Lenin, W. I.: Werke, Band 25, 4. Auflage, Dietz 1974, S. 416

Die Aufgaben der bürgerliche Revolution konnten nur durch die Machtübernahme der Arbeiterklasse, mit Unterstützung der armen BäuerInnen und Landlosen, gelöst werden. Diese Sichtweise nahmen die Bolschewiki erst nach harten Debatten an. Sinowjew versuchte das zu verschweigen als er in seiner *Geschichte der bolschewistischen Partei* beschrieb, wie die Partei 1916 fortwährend von der demokratischen Revolution sprach.

> *»Erst nachdem wir die grundlegenden Veränderungen bemerkten, die der erste Weltkrieg für Russland und die gesamte Welt gebracht hatte, formulierten wir schließlich die Plattform für die sozialistische, proletarische Revolution.«*

Das wurde 1923 geschrieben, als Sinowjew sich Stalin anschloss. In Wirklichkeit sahen Stalin und die Altbolschewiki wie Sinowjew Lenin als *»verrückt«* an, als er im April 1917 sagte, dass die demokratischen Aufgaben der Revolution mit den sozialistischen verbunden werden mussten, um durchgesetzt werden zu können. Erst nach langen Debatten und durch den Druck der Revolution konnte Lenin die Mehrheit für seine Sicht, dass die ArbeiterInnen die Macht übernehmen mussten, gewinnen.

Nachdem Stalin und die StalinistInnen an die Macht kamen, wurde die politische Linie, beispielsweise in der chinesischen Revolution 1925 bis 1927, eine menschewistische Aufteilung in demokratische und abgeschwächte sozialistische Forderungen. Die KommunistInnen folgten Moskaus Dekret, sich den bürgerlichen Kuomintang unterzuordnen, was zu einer blutigen Niederlage der Bewegung führte.

Lenin und die Partei

Die Sichtweise auf den Parteiaufbau, den Lenin schon vor 1903 in seinem Buch *Was tun?* entwickelte, war zu einem großen Teil eine Zusammenfassung der Haltung der *Iskra* der vorhergehenden Jahre. Das Buch enthält wichtige Grundlagen für den Aufbau einer revolutionären Partei. In *Was tun?* argumentiert Lenin für eine allrussische marxistische Zeitung. Um die Zeitung herum wird die Partei organisiert, deren Aufgabe es ist, jeden fortschrittlichen Kampf zu unterstützen.

Das war in einer Linie mit dem, was Lenin schon vorher betont hatte:

> *»Die Agitation unter den Arbeitern besteht darin, dass die Sozialdemokraten an allen spontanen Kampfaktionen der Arbeiterklasse, an allen Zusammenstößen zwischen Arbeitern und Kapitalisten wegen Arbeitszeit, Arbeitslohn, Arbeitsbedingungen usw. usf. teilnehmen. Wir haben die Aufgabe, unsere Tätigkeit aufs engste mit den praktischen Tagesfragen des Arbeiterlebens zu verbinden, den Arbeitern zu helfen, sich in diesen Fragen zurechtzufinden, die Aufmerksamkeit der Arbeiter auf die gröbsten Missbrauche zu lenken, ihnen zu helfen, ihre Forderungen an die Unternehmer genauer und zweckmäßiger zu formulieren, in den Arbeitern das Bewusstsein ihrer Solidarität zu entwickeln, das Bewusstsein der gemeinsamen Interessen und der gemeinsamen Sache aller russischen Arbeiter als einer einheitlichen Arbeiterklasse, die ein Bestandteil der Weltarmee des Proletariats ist.«*[9]

9 Lenin, W. I.: Die Aufgaben der russischen Sozialdemokraten. In: Lenin, W. I.: Werke, Band 2, 1. Auflage, Dietz 1961, S. 331f.

Lenin polemisierte gegen eine Strömung unter den SozialdemokratInnen, die ÖkonomistInnen, die meinten, dass es ausreiche, den gewerkschaftlichen, also ökonomischen Kampf der ArbeiterInnen zu unterstützen. Lenin argumentierte dafür, dass die SozialdemokratInnen für demokratische und politische Fragen agitieren sollten, um das Bewusstsein zu heben und die Kämpfe zusammenzuschließen. Die Aufgabe der Partei war es, denen die kämpfen, eine Plattform zu bieten, *»den Unmut des Volkes«* zu *»einem einzigen gewaltigen Strom zu sammeln«*. Lokale Aktionen und ökonomische Streiks konnten nicht das Zarenregime oder die kapitalistische Diktatur am Arbeitsplatz beseitigen. Dafür brauchte es einen revolutionären, sozialistischen Massenkampf.

In dem damaligen Russland gab es spezielle Gründe für heimliche Strukturen und eine besonders starke Zentralisierung der Partei wegen der notwendigen Untergrundarbeit. Um die heimlichen Parteizellen herum wurden offene Arbeiterorganisationen gebildet, wie Kulturvereinigungen oder Versicherungskassen. Aber der am stärksten kritisierte Abschnitt in *Was tun?* enthielt eine zu dem Zeitpunkt ziemlich verbreitete These innerhalb der Sozialdemokratie. Lenin schreibt im Geiste des damaligen deutschen Marxisten Karl Kautsky, dass die Arbeiterklasse *»nur ein gewerkschaftliches Bewusstsein«* erreichen können, dass die sozialistischen Ideen der Arbeiterklasse von außen zugeführt werden müssten. Die Leninkritiker und sogar so genannte Anhänger glauben, dass das die Grundlage des Leninismus ist und verstehen nicht, dass es in der Polemik gegen die ÖkonomistInnen geschrieben wurde. Es war als ein Argument dafür gemeint, dass die Partei versuchen musste, die kämpfenden ArbeiterInnen zu beeinflussen und nicht abzuwarten, dass sich sozialistische Ideen spontan entwickeln. Lenin wies selbst später darauf hin, dass seine Behauptung für sich selbst genommen, falsch ist. Dass der Arbeiterkampf selbst sozialistische Ideen entwickeln kann, ist grundlegend für MarxistInnen.

Kritik und Anklagen gegen Lenins Sichtweise zum Parteiaufbau galten häufig dem demokratischen Zentralismus und Lenins Betonung auf die Notwendigkeit von BerufsrevolutionärInnen. Lenins Gegnern sehen darin den Kern des Konzepts einer »*Elitepartei*«.

Der Begriff demokratischer Zentralismus wurde anfangs von Bolschewiki und Menschewiki angewandt. Nach dem Einheitskongress von beiden Flügeln 1906 verdeutlichte Lenin den demokratischen Zentralismus:

> »*Nach unserer tiefen Überzeugung müssen die sozialdemokratischen Arbeiterorganisationen einheitlich sein, aber in diesen einheitlichen Organisationen soll eine breite und freie Erörterung der Parteifragen, eine freie und kameradschaftliche Kritik und Beurteilung der Erscheinungen des Parteilebens erfolgen. (...) Alle waren wir uns einig über das Prinzip des demokratischen Zentralismus, über die Wahrung der Rechte jeder Minderheit und jeder loyalen Opposition, über die Autonomie jeder Parteiorganisation, über die Anerkennung der Wählbarkeit, Rechenschaftspflicht und Absetzbarkeit aller Parteifunktionäre.* «[10]

Demokratischer Zentralismus war kurz gesagt Einigkeit im Handeln und volle Freiheit in der Diskussion. Lenins Bolschewiki führten viele harte Debatten, in denen organisierte oppositionelle Flügel vollwertige, demokratische Rechte erhielten. Ganz anders als im bürokratischen Zen-

10 Lenin, W. I.: Appell an die Partei.. In: Lenin, W. I.: Werke, Band 10, 7. Auflage, Dietz 1975, S. 315

tralismus, der im Stalinismus errichtet wurde und durch den sich auch die Sozialdemokratie auszeichnet.

Lenins BerufsrevolutionärInnen waren, wie es der Name sagt, Bolschewiki, die den Parteiaufbau zum Beruf hatten. Sie agitierten, organisierten, produzierten die Parteizeitungen und so weiter. Die Berufsrevolutionäre waren die Voraussetzung, um kollektiv die Lehren der Partei und der Arbeiterbewegung zu bewahren. Die deutsche Sozialdemokratie verfügte Anfang des 19. Jahrhunderts über tausende angestellte FunktionärInnen. Ein wachsender Teil von denen waren allerdings Karrieristen, Abgeordnete und konservative Gewerkschaftsfunktionäre, die sich weit von den Lebensverhältnissen der Arbeiterfamilien und damit von der revolutionären Politik entfernt hatten. Die bolschewistischen BerufsrevolutionärInnen hatten keine Privilegien. Ihre Aufgabe war es, eine marxistische Politik zu verbreiten und die Partei zu stärken, häufig unter harten Bedingungen. Dass die russischen Berufsrevolutionäre oft gezwungen waren, im Untergrund zu agieren, war kein *»bolschewistisches Prinzip«*, sondern beruhte völlig auf der damals bestehenden Unterdrückung. Lenin schrieb 1907, dass er in vorherigen Schriften die Idee vom Berufsrevolutionär *»übertrieben«* hatte, *»um sie dem Volk einzuprägen«*, aber dass das nun nicht mehr nötig ist, nachdem diese Idee sich durchgesetzt hat.

Diejenigen, die auf eine Kritik von Rosa Luxemburg von 1904 gegen Lenins Buch *Ein Schritt vorwärts, zwei Schritt zurück* (über den Kongress von 1903) verweisen, übersehen, dass Luxemburgs Kritik gegen BerufsrevolutionärInnen auf ihren deutschen Erfahrungen beruhte. Lenin antwortet selbst auf ihre Kritik, dass er ultrazentralistisch wäre:

»Genossin Luxemburg meint also, daß ich ein Organisationssystem gegen ein anderes verteidige. Das ist aber in Wirklichkeit unwahr. In dem ganzen Buch, von der ersten bis zur letzten Seite, verteidige ich die elementaren Grundsätze eines jeden Systems einer jeden nur denkbaren Parteiorganisation. Mein Buch beschäftigt sich nicht mit dem Unterschied zwischen diesem oder jenem Organisationssystem, sondern mit der Frage, auf welche Weise man jegliches System einhalten, kritisieren und korrigieren soll, ohne dem Parteiprinzip zu widersprechen.« [11]

Drei Jahre später, 1907, nahm Rosa Luxemburg als Repräsentantin der polnischen sozialdemokratischen Partei am SDAPR-Kongress teil und war zusammen mit Lenin Sprecherin der Bolschewiki. Im Gegensatz zum Bild einer leninistischen Partei, die sich nie verändert, weist die Geschichte der Bolschewiki eine extrem flexible Haltung zum Organisationsaufbau auf.

Revolution 1905

Der russisch-japanische Krieg 1904 schuf eine Massenradikalisierung in der russischen Gesellschaft. Unter ArbeiterInnen und Bürgerlichen wuchs die Hoffnung, dass der Zar gestürzt werden konnte. Diese Stimmung und die Tatsache, dass die Kosten für den Krieg die Armen tragen mussten, führte zur ersten russischen Revolution 1905. Die Revolution wurde von zufälligen FührInnen gestartet, vor allem dem Priester Gapon. Die vorherrschende Strategie war, den Zaren zu Reformen zu bewegen. Am Blutigen Sonntag, dem 9. Januar, richtete das zaristische Militär ein

11 Lenin, W. I.: Ein Schritt vorwärts, zwei zwei Schritte zurück. In: Lenin, W. I.: Werke, Band 7, 7. Auflage, Dietz 1976, S. 315

Massaker unter den Demonstranten in Gapons Marsch zum Zaren an. Damit wurde die Revolution Realität.

Die Ereignisse von 1905 zeigten, dass die vorherigen, theoretischen Fragen über die Rolle der Arbeiterklasse konkret wurden. Die Revolution führte dazu, dass viele führende russische SozialdemokratInnen die Seiten wechselten. Georgij Plechanow, der als eine führende Persönlichkeit angesehen wurde und 1903 mit Lenin gestimmt hatte, lief jetzt zu den Menschewiki über. Leo Trotzki, der auf dem Kongress mit den Menschewiki gestimmt hatte, brach jetzt mit denen und stand den Bolschewiki in allen Fragen sehr nahe, außer bis 1917 im Parteiaufbau, bis er schließlich in die Partei eintrat.

Anfang 1905 wandten die Menschewiki ihre Politik in der Praxis an. Ihre Hauptorientierung war, zusammen mit den Liberalen und Bürgerlichen an lokalen Dorfkomitees teilzunehmen. Die Bolschewiki bauten ihre Partei vor allem an den Arbeitsplätzen auf. Sie starteten eine eigene Zeitung, *Wperjod*[12], und bildeten nach regionalen Parteikonferenzen ein eigenes bolschewistisches Komitee. 1905 organisierten die Bolschewiki auch einen eigenen SDAPR-Kongress.

Die Revolution bewirkte, dass viele Mitglieder stark auf eine Einheit zwischen den Flügeln drängten. Die menschewistischen ArbeiterInnen rutschten weit nach links. Ein deutliches Beispiel dafür war die Unterstützung für Trotzki, der weder Menschewist noch Bolschewist war. Seine Zeitung *Natschalo* wurde eine populäre Arbeiterzeitung mit einer ähnlichen politischen Linie wie die der Bolschewiki. Ende 1905 wurde Trotzki zum Vorsitzenden im Petersburger Sowjet gewählt. Anfangs bildeten sich Sowjets, um den Generalstreik im Oktober zu koordinieren, aber sie wurden schnell

12 russisch: Vorwärts

zu einem Organ für die gesamte Arbeiterklasse. Wie Lenin sagte, waren die Sowjets in vielerlei Hinsicht eine Arbeiterregierung, der Anfang einer neuen Staatsmacht. Unter den Bolschewiki gab es eine sektiererische Einstellung, die erst nachdem Lenin im Herbst 1905 nach Russland zurück kam, durch viele Debatten berichtigt wurde. Viele Bolschewiki lehnten die Anhänger von Gapon und die neuen ArbeiterInnenorganisationen, zum Beispiel Gewerkschaften ab. Sogar gegenüber den Sowjets hatten einige Bolschewiki eine abwartende oder sogar negative Einstellung und sahen sie als Rivalen zur Partei. Lenin kritisierte diese Linie vehement, die in der Praxis bedeutete, sich von der wirklichen Bewegung zu isolieren. Er erklärte, dass es nicht um Partei oder Sowjet ging, sondern dass beides zählte.

Sowohl Bolschewiki als auch Menschewiki vertraten Ende 1905 die Bewaffnung der Arbeiterklasse und plädierten für einen bewaffneten Aufstand. Das bedeutete vor allem, die ArbeiterInnen über die unvermeidliche Gewalt, die mit der Konterrevolution drohte, aufzuklären.

Die SDAPR hatte insgesamt im Herbst 1905 nur einige hundert Mitglieder und dazu einige tausend SympathisantInnen in Petersburg. Diese konnten die Arbeiterklasse nicht zum Sieg führen. Im Zeitraum Oktober bis Dezember verloren die ArbeiterInnen das entscheidende Kräftemessen mit der Reaktion.

Der Generalstreik im Oktober 1905 wurde der bis dahin größte und berühmteste Generalstreik in der Welt. Die Revolution führte auch zu einem scharfen Aufschwung des Klassenkampfs in Deutschland, mit 500.000 ArbeiterInnen, die sich während dieses Jahres in den Streik begaben. Die enorme Stärke der Arbeiterklasse überraschte die Bürgerlichen, aber auch die Menschewiki. Und das, obwohl die Arbeiterklasse eine Niederlage erlitt. Denn der entscheidende Aufstand der Moskauer ArbeiterInnen wurde im Blut ertränkt.

Die Menschewiki zogen den Schluss, dass die ArbeiterInnen mit ihren Forderungen zu weit gegangen waren, während die Bolschewiki erklärten, dass die Niederlage andere Ursachen hatte. Die Revolution hatte die Sicht der Bolschewiki auf die Rolle der Arbeiterklasse im Kampf gegen die bürgerlichen Klasse bestätigt. Die Bürgerlichen wagten nicht, den Zaren herauszufordern. Diese Aufgabe fiel der Arbeiterklasse zu. Der Klassenkampf konnte 1905 das Zarenregime erschüttern, aber noch nicht stürzen, weil dafür die eigene Stärke und Organisierung noch nicht ausreichte. Der Zar hatte immer noch die Kontrolle über die Armee und genug passive Unterstützung auf dem Land, um sich an der Macht zu halten. Die Bolschewiki konnte 1905 die ArbeiterInnen nicht um das Programm für die Machtübernahme und für die Unterstützung der Kleinbäuerinnen herum organisieren. Ein weiterer Grund für das Scheitern der Revolution war die Flaute im internationalem Klassenkampf.

Im Verlauf von 1905 und der Radikalisierung, die sich sogar nach der Niederlage fortsetzte, war Lenins Betonung im Parteiaufbau völlig anders als 1902-03:

> *»Notwendig ist es, kühner, schneller und in breiterem Umfang junge Kämpfer für alle, auch für die letzten unserer Organisationen zu werben. Zu diesem Zweck ist es notwendig, ohne eine Minute zu verlieren, Hunderte neuer Organisationen zu gründen. Jawohl, Hunderte, das ist keine Übertreibung, und erwidert mir nicht, es sei jetzt ›zu spät‹, sich mit einer solch umfangreichen Organisationsarbeit zu befassen.«*[13]

13 Lenin, W. I.: Neue Aufgaben und neue Kräfte. In: Lenin, W. I.: Werke, Band 8, 4. Auflage, Dietz 1975, S. 209

Die Partei wurde notwendigerweise lockerer und offener als während der vorherigen Jahre.

Ende 1905 hatten die Bolschewiki 8400 Mitglieder, dann begann ein dramatischer Anstieg: 13.000 im April 1906, 33.000 im Oktober und 46.000 im Jahr 1907. Mit der letzten Ziffer war die bolschewistische Partei zum ersten Mal seit Beginn der Revolution größer als die menschewistische.

Die Voraussetzung für dieses erfolgreiche schnelle Wachstum waren stabile politische Grundpfeiler. Die Kader der Partei waren im Parteiprogramm, Klassenbewusstsein, Geschichte, praktischen Aufgaben der Parteiorganisation usw. geschult. Diese Tradition wurde nun an die neuen Mitglieder weiter gegeben. Der Eintritt von tausenden neuen Mitgliedern in beide Flügel der SDAPR, die durch die Revolution Erfahrung gesammelt hatten, führte zum Einheitskongress 1906. Auf dem einigten sich Bolschewiki und Menschewiki unter anderem über Lenins umstrittene Formulierung vom Parteitag 1903.

Jahre der Reaktion

Die Revolution wurde 1905 besiegt, aber der Zar war gezwungen, vorsichtig zu reagieren, um nicht neue Revolten heraufzubeschwören. Erst nach einiger Zeit war das Regime wieder stark genug, um schonungslose Unterdrückung und mehrere Jahre von tiefer Reaktion einzuleiten. Tausende wurden getötet oder gefangen gehalten. Allein 1906 wurden 1306 Todesurteile ausgesprochen. Der rasante Aufbau der bolschewistischen und menschewistischen Organisationen kehrte sich ab Mitte 1907 ins Gegenteil, eine extrem schwere Periode.

> *»Im Nachhinein können wir ohne Zweifel sagen, dass die Partei als solche nicht existierte, sie hatte sich in*

kleine vereinzelte Zirkel aufgelöst«, schreibt Sinowjew in seiner Geschichte der bolschewistischen Partei. Er schreibt, dass »man die Demobilisierung überall spüren konnte« und dass eine Entartung »in allen Kultursphären, Wissenschaft und Literatur, ein Aufblühen von Pornographie, Mystizismus und jede Form von religiöser Einstellung mit sich führte«.

Trotzki beschrieb später, wie Aberglaube und Vorurteile zurückkamen, wie die AktivistInnen ihren Einfluss am Arbeitsplatz verloren. Der Kampfgeist war durch Apathie ersetzt worden.

Für die Bolschewiki wurde das eine Zeit von Debatten und inneren Kämpfen und damit politischer Schulung. Lenin und die Bolschewiki nahmen an gemeinsamen sozialdemokratischen Kongressen mit den Menschewiki und anderen sozialdemokratischen Parteien international teil. Gleichzeitig behielten die Bolschewiki ihre eigenen Strukturen und eigene Presse aufrecht.

Jede politische Veränderung in Russland schuf umfassende Debatten und Fraktionen in der SDAPR und den Bolschewiki. In den meisten Fällen war es der angeblich »stahlharte« Lenin, der die Arbeitsweise und Richtung der Bolschewiki verändern wollte. In den zwei wichtigsten Fragen stand er allein unter den Dreien, die bis dahin die Führung der Bolschewiki bildeten. Bogdanow wurde sein Gegner in den Debatten; Krasin zog sich von der Politik zurück. Nach über zwei Jahren Debatte, in den Lenin alles darauf setzte, die Oppositionellen zu überzeugen, konstatierten die Bolschewiki 1909, dass die Opposition nicht länger der bolschewistischen Fraktion in der SDAPR angehörte. Sie wurde nicht aus der Partei ausgeschlossen, sondern gezwungen, eine eigene Fraktion in der SDAPR zu bilden.

Die erste Debatte galt den Wahlen zum Parlament, der Duma, die der Zar als Zugeständnis zur Revolution anordnen ließ. Obwohl die Duma als Feigenblatt für den Zaren dienen sollte, kamen die Gewählten schnell in Konflikt mit dem Zaren, der die Duma daraufhin auflöste. Alle revolutionären Parteien boykottierten die erste Duma 1906. Die wiedervereinigte SDAPR beschloss, an den Wahlen zur zweiten Duma teilzunehmen. Als die Wahlen zur dritten Duma 1907 anberaumt wurden, kam es zur Debatte innerhalb der Bolschewiki. Lenin argumentierte, dass ein Boykott der Wahlen 1905 mitten in der Revolution richtig war, aber 1907 falsch wäre. Lenin hatte den Schluss gezogen, dass die revolutionäre Welle definitiv vorbei war. Die Frage der Bewaffnung der Arbeiterklasse kurz vor einer neuen Revolution war nicht mehr aktuell. Nun galt es, die politische Arbeit an die neuen Verhältnisse anzupassen. Die Wahlen zu boykottieren, würde der Partei die Möglichkeit eines Dialogs mit den Massen der ArbeiterInnen nehmen, die ein Wahlkampf bieten würde. Während es 1905 galt, *»französisch zu sprechen«*, dass heißt Kühnheit und offensiven Kampf zu propagieren, war die Aufgabe nun, *»deutsch zu sprechen«*, dass heißt geduldig Schritt für Schritt zu arbeiten, erklärte Lenin. Den Fehler, den Bogdanow und die anderen Unterstützer für einen Boykott machten, war nicht von der aktuellen, sondern von einer erdachten revolutionären Situation auszugehen. Lenin sah die Frage als so wichtig an, dass er beim SDAPR-Kongress im Juli 1907 mit den Menschewiki für die Teilnahme an den Wahlen stimmte, während die Mehrheit der Bolschewiki für Boykott stimmte.

Bei der anderen wichtigen Debatte handelte es sich um die philosophischen Grundsätze des Marxismus. Bogdanow und Anatoli Lunatscharski von der Führung der

Bolschewiki entsagten sich dem Dialektischen Materialismus, der von Marx und Engels entwickelten Philosophie. Der Dialektische Materialismus ist eine materialistische Philosophie, die besagt, dass die Materie, die objektive Wirklichkeit, das Vorherrschende ist, im Gegensatz zur idealistischen Philosophie, wo Gedanken und Ideen das entscheidende sind.

Gemeint ist kein mechanischer Materialismus, wie bei Ludwig Feuerbach, der die materielle Grundlage als allein entscheidend für die Entwicklung ansah. Zum Materialismus fügten Marx und Engels die Dialektik von Hegel hinzu. Der dialektische Materialismus beschreibt die allgemeinen Bewegungsgesetze für Natur und Gesellschaft, die beinhalten, dass Entwicklung ein sprunghafter Prozess ist und diese im Grunde von Gegensätzen vorangetrieben wird.

Auf politischem Gebiet bedeutet dialektischer Materialismus grob gesagt, dass die materielle Grundlage in der Gesellschaft eine Grenze dafür setzt, welche Ideen oder Parteien sich entwickeln und Unterstützung finden können, während die Dialektik die Bedeutung vom Handeln der Parteien und Klassen, ausgehend von der objektiven materiellen Situation, unterstreicht.

1908 entwickelte Bogdanow eine Theorie, die vom österreichischen Philosophen Ernst Mach übernommen war. Bogdanow nannte seine Philosophie marxistisch, aber Machs Theorie waren idealistisch. Die einzige Wirklichkeit für Mach und Bogdanow waren die menschlichen Wahrnehmungen (Geräusche, Farben, Gefühle). Lenin wies darauf hin, dass daraus zu folgern ist, dass es ja dann unmöglich sei zu wissen, ob eine objektive Welt außerhalb der Wahrnehmungen überhaupt existiert. Daraus abgeleitet wäre der Mensch unfähig, seine Fähigkeiten zu verbessern oder diese Wirklichkeit zu verändern. Bogdanows Philosophie der menschlichen Wahrnehmung ebnete damit der idealistischen Strömungen den Weg.

Unter den Bolschewiki gab es zu dem Zeitpunkt eine große Unterstützung für Bogdanows Ideen. Lenins Buch gegen Bogdanows Philosophie, *Materialismus oder Empiriokritizismus*, sollte keine einheitliche Sicht auf marxistische Philosophie erzwingen. Die Unterstützung der GenossInnen eroberte Lenin durch seine Argumente, nicht durch ein Kommando der Parteileitung.

Die Jahre der Reaktion vertieften auch die Spaltung zwischen Bolschewiki und Menschewiki. Letztere verloren immer mehr Unterstützung in den russischen Parteistrukturen. Eine politische Strömung innerhalb der Menschewiki, die LiquidatorInnen, resignierten vor der Reaktion und wollten die Partei zu Gunsten der Arbeit in legalen Organisationen aufgeben, also nur noch sich auf die Gewerkschaften und Versicherungskassen konzentrieren, die noch vom Zarenregime toleriert wurden. Die Unterstützung für die LiquidatorInnen nahm zu. 1907 vertrat die menschewistische Zeitung diese Linie. Das Resultat war die *Liquidierung* der menschewistischen Organisation.

Die »*Abhärtung*« der Bolschewiki in diesen Jahren bestand aus vertieften politischen Debatten und Stellungnahmen. Eine jüngere Generation von Bolschewiki entwickelte sich, unter anderem Grigori Sinowjew und Nikolai Bucharin.

Die Wendungen in Russland besonders ab 1912 sollten zu einer Prüfung für die Bolschewiki werden, die das in politischen und theoretischen Schulungen Gelernte in Anspruch nehmen sollte.

Nahe der Revolution

Der Klassenkampf in Russland zog im Frühjahr 1912 stark an. Die Bolschewiki versammelten sich zu einem Kongress im Januar in Prag, um die politische Lage auszuwerten und ein Programm zu formulieren. Die Unterschiede zu den Menschewiki hatten sich unter den Jahren der Reaktion theoretisch wie auch praktisch vergrößert. Die Menschewiki standen für ein Reformprogramm und Kompromisse mit den bürgerlichen Liberalen, sogar im Rahmen einer fortgesetzten Zarenherrschaft. Die Bolschewiki gingen davon aus, dass der Klassenkampf sich erneut verschärfen und die Möglichkeiten für eine Revolution erneut eröffnen würde. Auf dem Prager Kongress konstituierten die Bolschewiki sich als eine eigene Partei, auch wenn der Name weiterhin SDAPR (Bolschewiki) blieb.

Im August sammelten sich die übrigen Flügel der SDAPR und bildeten den *Augustblock*. Daran nahmen die Menschewiki, Bogdanows AnhängerInnen und die LiquidatorInnen zusammen mit Trotzkis Gruppierung, den InitiatorInnen der Konferenz, teil. Leo Trotzki blieb nicht lange in diesem Block, der sich schnell auflöste. Trotzki kritisierte später selbst seine Linie für eine Vereinigung aller Richtungen und seine Kritik an Lenin und den Bolschewiki als Sektierer wegen der Gründung der eigenen Partei. Lenin verteidigte, dass die Parteipolitik und das Programm auf Grundlage der wirklichen Situation ausgearbeitet wurde und nicht als ein Mittelding zwischen den unterschiedlichen Strömungen der SDAPR. Die Praxis der Bolschewiki bewies, dass es sich hierbei nicht um Sektierertum handelt. Das eigene Programm und die Partei hinderte nicht an der Zusammenarbeit in allen möglichen Fragen mit anderen Strömungen und Gruppierungen außerhalb der Sozialdemokratie. Die Folge der Kongresse 1912 war, dass sich die Bolschewiki auf die kommenden Kämpfe vorbereiteten, während sich die Destabilisierung der Menschewiki weiter fortsetzte.

Lenins Rolle in den Jahren 1912 bis 1914 bestand darin, vom Exil aus die Bolschewiki in den zwei wichtigsten Arbeitsfeldern zu beraten. Er begleitete so die Arbeit der Dumagruppe und die Zeitung *Prawda*. In der Wahl der vierten Duma bekamen die Bolschewiki sechs Abgeordnete im Parlament. Das damalige Wahlsystem fußte auf einer Standeseinteilung, wo die Stimme eines Großgrundbesitzers 45 mal mehr wert sein konnte als die eines Arbeiters. Die sechs Bolschewiki wurden in ArbeiterInnenwahlkreisen von insgesamt 1,1 Millionen IndustriearbeiterInnen gewählt. Zum Vergleich: Die sieben menschewistischen Abgeordneten repräsentierten 136.000 IndustriearbeiterInnen. Die wachsende Unterstützung der Bolschewiki unter ArbeiterInnen wurde auch in der neuen Parteizeitung deutlich. Die *Prawda* hatte eine Tagesauflage zwischen 20.000 und 60.000 Stück.

Die Zeitung finanzierte sich von kleinen Beiträgen von ArbeiterInnen und enthielt viele Berichte von ArbeiterkorrespondentInnen. Der Metallarbeiter und Dumaabgeordnete A.Y. Badajev berichtete wie die Zeitung funktionierte. Als mehrere tausend TextilarbeiterInnen im Januar 1913 in Petersburg ausgesperrt wurden, setzte Badajev einen Appell in die *Prawda*, um Geld für die ArbeiterInnen einzusammeln:

> *»Die Resonanz kam sofort und war positiv, in allen Fabriken wurden Sammlungen durchgeführt. Am Abend wurde das Geld an mich übergeben und ich konnte es an die Vertreter der Streikenden weitergeben. Der erste Tag erbrachte 700 Rubel, der zweite über 500 usw.«*

Alle Vergleiche mit den Menschewiki zeigten, dass die Bolschewiki die stärkste Partei war, und die *Prawda* die einflussreichste Zeitung unter ArbeiterInnen. Anfang 1914 klagte Tschenkeli, einer der menschewistischen Abgeordneten, dass seine Dumafraktion *»allen Einfluss verloren, das politische Leben des Landes verlassen, seine Verbindungen mit den ArbeiterInnen gebrochen hatte…«*. Der Führer der Menschewiki, Martow, nannte seine Partei *»einen schwachen kleinen Zirkel«*, während andere Menschewiki von der *»Prawda-Epidemie«* sprachen. Zwischen 1913 und 1914 gewannen die Bolschewiki die meisten Gewerkschaften (die zuvor von den Menschewiki beeinflusst waren) und genauso die Kontrolle über die Versicherungskassen der ArbeiterInnen. Die hoch gepriesenen Organisationen der LiquidatorInnen bekamen bolschewistische Köpfe.

1914 entwickelte sich die größte Streikbewegung in Russland seit 1905, nicht weit vom Niveau entfernt, das die Bewegung im Jahr 1917 bekommen sollte. Im März streikten 30.000 Beschäftigte an einem Tag dagegen, dass GummiarbeiterInnen durch die Bedingungen am Arbeitsplatz vergiftet wurden.

Einige Tage danach nahmen 120.000 an Streiks teil, woraufhin die Unternehmer mit der Aussperrung von 70.000 ArbeiterInnen antworteten. Im Juli entstand eine Solidaritätsbewegung für 50.000 ÖlarbeiterInnen in Baku, die für Wohnungen streikten. Zwei Arbeiter wurden von der Polizei bei einer Solidaritätskundgebung in Baku mit 12.000 Beschäftigten der Putilowwerke in Petersburg erschossen. Einige Tage später streikten 150.000 ArbeiterInnen in der Hauptstadt.

Was in der Periode 1912 bis 1914 geschah, ist selbst für diejenigen, die heute gegen Lenin hetzen schwer, zu vertuschen. Die Fortschritte der Bolschewiki stehen im scharfen Kontrast zu allen Strömungen und Klassen: der brutalen Unterdrückung durch das Zarenregime, der Allianz der Liberalen und Kapitalisten mit dem Regime gegen die ArbeiterInnen sowie der schwachen Unterstützung der Menschewiki. Die bolschewistischen Arbeitsmethoden - Unterstützung und Aufforderung zu Streiks - verbunden mit geduldiger gewerkschaftlicher Arbeit und Schulung - entsprechen nicht dem, was heute erzählt wird. Die Bolschewiki schenkten der Lebens- und Arbeitssituation der ArbeiterInnen größte Aufmerksamkeit. 1913 startete die Partei eine Zeitung für Beschäftigte.

Die Statistik zeigte, dass in Moskau 60 Prozent der Bolschewiki ArbeiterInnen waren, in der Parteileitung der Stadt 49 Prozent. Diese ArbeiterInnen gewannen durch ihre Erfahrungen in bolschewistischer Politik, den offenen Debatten, die sie führten und der harten Arbeit, die sie leisteten Unterstützung und eine Vertrauensbasis unter den KollegInnen in den Betrieben.

Der erste Weltkrieg

Die starke Bewegung von 1914 wurde durch die Kriegsmobilisierung abgebrochen, die nach dem alten russischen Kalender am 7. Juli (30. Juli) begann.

Die Frage eines möglichen ersten Weltkrieges war schon lange vor 1914 eine Kernfrage der internationalen Arbeiterbewegung. Die sozialdemokratische Zweite Internationale und deren Parteien, die insgesamt über 25 Millionen Mitglieder hatte, diskutierte bis zur Jahreswende welche Haltung sie bezüglich des kommenden Krieges einnehmen sollte. Die Ursache des Weltkrieges lag im heranwachsenden deutschen, aber auch im amerikanischen Kapitalismus, der die englischen und französischen Imperien immer mehr herausforderten.

> »*Wenn ein Krieg auszubrechen droht, ist es die Pflicht der Arbeiterklasse und deren Repräsentanten in den betroffenen Ländern, unterstützt von den koordinierten Aktivitäten des internationalen sozialistischen Büros, ihr Äußerstes zu geben, um den Kriegsausbruch zu verhindern,*«

hieß es in der Erklärung der Internationalen vor dem Kongress 1907. Es wurde auch in der Erklärung festgehalten, dass wenn der Krieg trotzdem eingeleitet werden sollte, die unterzeichnenden Parteien verpflichtet seien, alles in ihrer Macht stehende zu tun, um den Sturz der kapitalistischen Herrschaft zu beschleunigen. Im Juli 1914 wurden große Antikriegsdemonstrationen in Europa durchgeführt. Aber als dann der Kriegsausbruch Ende Juli, Anfang August kam, stimmten nur zwei von allen Parteien der Zweiten Internationalen gegen die Kriegskredite: die Bolschewiki und die serbische Partei. Die Menschewiki stimmten gegen die ersten russischen Kriegskredite, aber gingen dann zur Kriegsunterstützung über. Im Dezember folgte der deutsche sozialdemokratische Reichstagsabgeordnete Karl Liebknecht dem bolschewistischen Beispiel und kam dafür ins Gefängnis.

Mit der SPD an der Spitze stellten sich die sozialdemokratischen Parteien hinter die eigene bürgerliche Klasse im Krieg. Die SPD sprach sich für »*die Vaterlandsverteidigung und gegen die russische Barbarei*« aus, was alle anderen Parteien im Reichstag begrüßten. Die SPD kollabierte vor dem ersten großen imperialistischen Krieg. Lenin schrieb in *Staat und Revolution*:

> »*Engels vermochte schon 1891 auf die ›Eroberungskonkurrenz‹ als auf eines der wichtigsten Merkmale*

der Außenpolitik der Großmächte hinzuweisen; doch in den Jahren 1914-1917, als gerade diese um ein vielfaches verschärfte Konkurrenz den imperialistischen Krieg hervorgerufen hat, bemänteln die Halunken des Sozialchauvinismus die Verteidigung der Raubinteressen ›ihrer‹ Bourgeoisie mit Phrasen über ›Verteidigung des Vaterlandes‹, über ›Schutz der Republik und der Revolution‹ u. dgl. m.!«[14]

Die SPD war die organisatorisch stärkste sozialdemokratische Partei mit dutzenden Tageszeitungen, Hunderttausenden von Mitgliedern und Millionen WählerInnen. Aber obwohl die Partei formell marxistisch war, hatte sich der Opportunismus in der SPD fest verankert. Die Führung hatte sich an die Legalität und die persönlichen Privilegien gewöhnt und schon lange die Revolution, wie sie Marx voraus gesehen hatte, in einen langsamen, geradlinigen Prozess des Reformismus umgewandelt. In Lenins Augen waren sie durch ihre Lebensweise verbürgerlicht. Die politische Rechte in der SPD-Führung sprach offen dem Kaiser und dessen Absichten ihr Vertrauen aus. Sogar das Parteizentrum mit dem bis dahin führenden »Marxisten« Karl Kautsky kapitulierte. Er sprach sich für eine Verteidigung des Nationalstaats als eine Voraussetzung für den Klassenkampf aus. Kautsky meinte hierzu, dass die Internationale nur ein Instrument für Friedenszeiten sei. Lenin folgerte, was auch Trotzki teilte, nämlich dass der Zusammenbruch der Zweiten Internationale real wurde und dass mit allen sozialdemokratischen Führern, die den Krieg unterstützten, gebrochen werden musste.

Im Manifest der Bolschewiki von September 1914 erklärte Lenin, wie sich die Spaltung vollzog: Die Opportu-

14 siehe S. 110.

nisten hatten über lange Zeit mit der Theorie der sozialistischen Revolution gebrochen und sie durch bürgerlichen Reformismus ersetzt. Sie hatten eine *»Zusammenarbeit der Klassen gepredigt«* und verneint, dass der Klassenkampf zum Bürgerkrieg führen kann. Sie hatten die Aussage des Kommunistischen Manifests, dass die Arbeiterklasse kein Vaterland hat, ins Gegenteil verkehrt und durch Chauvinismus und Patriotismus ersetzt. Die OpportunistInnen hingen einem sentimentalen Antimilitarismus an und erkannten nicht die Notwendigkeit, den imperialistischen Krieg in einen revolutionären Krieg der ArbeiterInnen aller Länder gegen die Bürgerlichen umzuwandeln. Sie konzentrierten sich auf den bürgerlichen Parlamentarismus und die Legalität und vergaßen dabei, dass illegale Organisationsformen und Propaganda in Krisen nötig sein können.

Die OpportunistInnen übernahmen auch die bürgerliche Propaganda, die behauptete, dass der andauernde Weltbrand der *»letzte Krieg«* sei. Im Widerspruch dazu hatte die Zweite Internationale vor dem Krieg noch darauf bestanden, dass allein die Arbeiterklasse und der Sozialismus Kriege verhindern können.

Im weiteren Verlauf des 20. Jahrhunderts haben die Krieg führende Mächte immer wieder erklärt, dass das Ziel des Krieges ist, kommende Kriege abzuschaffen.

Lenins wichtigster Ausgangspunkt war der Internationalismus. Um sich am Beginn des Krieges so deutlich wie möglich gegen die OpportunistInnen abzugrenzen, vertrat er, dass MarxistInnen in allen Ländern für ein Scheitern der eigenen Regierung eintreten müssen. Vom Kriegsausbruch an argumentierte er für eine neue Internationale. Als ersten Schritt trafen sich im März 1915 die KriegsgegnerInnen verschiedener sozialdemokratischer Parteien in

Zimmerwald in der Schweiz. Diejenigen, die die Konferenz in Zimmerwald unterstützten, gehörten durchaus unterschiedlicher Strömungen an, vertreten waren sowohl PazifistInnen als auch MarxistInnen. Zum Beispiel war dort auch die italienische sozialistische Partei, dessen rechts stehende Parteileitung durch den Druck der Mitglieder sich gegen den Krieg gestellt hatte. Lenin organisierte die Zimmerwalder Linke, die die revolutionären MarxistInnen versammelte. Unter denen waren zum Beispiel Karl Radek von der sozialdemokratischen Linken in Bremen und Zäta Höglund vom sozialdemokratischen Linksflügel in Schweden. Diese Gruppierung war nicht homogen, aber sie war vereint in dem Standpunkt, dass eine Wiedervereinigung mit den Parteien, die die ArbeiterInnen verraten hatten, nicht in Frage kam.

In Russland ging der zaristische Repressionsapparat mit dem Kriegseintritt zum Frontalangriff auf alle Arbeiterorganisationen über. Bolschewik zu sein bedeutete ständig in der Gefahr zu schweben, verhaftetet und misshandelt zu werden durch diejenigen, die von der chauvinistischen Kriegswelle mitgerissen waren. In Petersburg fielen die Bolschewiki von 6000 Mitgliedern bei Kriegsausbruch auf 100 im Dezember. Lenins Auffassung vom Krieg wurde nicht automatisch von den bolschewistischen Mitgliedern oder deren Führern angenommen. Als die Dumaabgeordnteten im Februar 1915 vor Gericht gestellt wurden, nahmen alle Mitglieder außer einem mit oppositionellen Argumenten Abstand von Lenins Kriegsanschauung. Kamenew, der als Redakteur der *Prawda* angeklagt wurde, erklärte, dass er in wichtigen Punkten gegensätzlicher Auffassung als Lenin war.

Nach und nach nahmen viele ArbeiterführerInnen von 1914 eine bolschewistische Haltung gegen den Krieg ein und so hatte die Partei Anfang des Jahres 1917 wieder 3000 Mitglieder in Petrograd.[15]

Nationaler Kampf und Imperialismus

Während des Krieges entwickelte Lenin mehrere wichtige Beiträge zum Marxismus. Mit einer Beschreibung, die bis heute nicht an Aktualität verloren hat, machte Lenin darauf aufmerksam, dass sich nationale Bewegungen, die mit dem Aufkommen des Kapitalismus entstanden, in Krisensituationen verschärfen. Er zeigte, dass der Kampf für nationale Rechte eine Schlüsselfrage für Arbeiterparteien ist. Besonders galt dies im zaristischen Russland, dem *»Nationengefängnis«* wie Lenin es bezeichnete. Bürgerliche, nationalistische Parteien konnten damals wegen der vorherrschenden Unterdrückung mehr Unterstützung in der Bevölkerung gewinnen, wagten es aber nicht, den Zar herauszufordern. Diese Bürgerlichen waren gleichzeitig Gegner des Klassenkampfes. Lenin sprach sich für die bedingungslose Unterstützung des Selbstbestimmungsrechts der unterdrückten Nationen aus, inklusive dem Recht auf einen eigenen Staat. Er sagte, dass ein russischer Sozialdemokrat, der gegen die Bildung von neuen Kleinstaaten war, sich auf die Seite der zaristischen Unterdrücker stellte und damit alle Möglichkeiten für einen gemeinsamen Kampf verlor. Lenin hob die Unterstützung der schwedischen ArbeiterInnen für Norwegens Selbständigkeit von Schweden 1905 hervor, als ein Modell für den gemeinsamen Kampf der Arbeiterklasse in beiden Ländern. Diese Idee ist auch heute brennend aktuell: auf dem Balkan, in Kurdistan, in Israel und Paläs-

15 die Stadt, die im Krieg den Namen vom deutschen Petersburg gewechselt hatte

tina, im Grenzgebiet Kaschmirs, Indiens und Pakistans sowie vielen anderen Teilen der Welt.

Während des Krieges schrieb Lenin auch seine Analyse des Imperialismus, den er als das höchste Stadium des Kapitalismus bezeichnete. Imperialismus bedeutet, dass die Großmächte in andauernder Konkurrenz und auch bewaffneten Kämpfen die Welt unter sich aufteilten. Die Ausbeutung und die Unterdrückung in den Kolonien, deren Rohstoffe und billige Arbeitskräfte, sind Voraussetzung für die kapitalistische Entwicklung im Westen.

Im Imperialismus ist es das Finanzkapital, das die immer parasitärere, kapitalistische Wirtschaft steuert. Lenin nannte den Vorschlag für eine Überwachung der heranwachsenden Konzerne »lächerlich«. Er argumentierte auch gegen diejenigen, die glaubten, dass das kapitalistische System in seiner Entwicklung stabiler werden würde und dass die Unebenheiten und Gegensätze schwächer würden.

> *»Im Gegenteil, das Monopol, das in einigen Industriezweigen entsteht, verstärkt und verschärft den chaotischen Charakter, der der ganzen kapitalistischen Produktion in ihrer Gesamtheit eigen ist.«*[16]

Kriege und Krisen mit einer ständigen Neuaufteilung der Macht waren unausweichlich.

> *»Der Kapitalismus ist zu einem Weltsystem kolonialer Unterdrückung und finanzieller Erdrosselung der übergroßen Mehrheit der Bevölkerung der Erde durch eine Handvoll ›fortgeschrittener‹ Länder geworden. Und in diese ›Beute‹ teilen sich zwei, drei weltbeherrschende, bis an die Zähne bewaffnete Räuber (Amerika, England, Japan), die die ganze Welt in ihren Krieg um die*

16 Lenin, W. I.: Der Imperialismus als höchstes Stadium des Kapitalismus. In: Lenin, W. I.: Werke, Band 22, 5. Auflage, Dietz 1975, S. 212

Teilung ihrer Beute mit hineinreißen«[17], schrieb Lenin im Vorwort zur französischen und deutschen Auflage.

Lenin verstand wie auch Leo Trotzki die Ereignisse in Russland 1917 besser als andere, weil er eine grundlegende politische Analyse hatte – die der Rolle der Bourgeoisie, des Imperialismus, der nationalen Frage, des ersten Weltkriegs. Darüber hinaus konnte er aus den Erfahrungen der Revolution 1905 und des konkreten Aufbaus der russischen Arbeiterpartei schöpfen. Lenin stellte heraus, dass der Imperialismus eine Periode von Krieg und Revolution ist, weit entfernt von einem Zustand der Harmonie, der Demokratie und des Friedens, so wie es die Bürgerlichen gerne hätten. Aus diesem Dilemma gibt es nur einen Ausweg: Dieses parasitäre System muss weltweit abgeschafft werden. Dies ist die historische Aufgabe der Arbeiterklasse.

Das, was nach dem Sturz des Zaren 1917 passierte, bestätigt dies Analyse. Die bürgerliche Provisorische Regierung schloss sich mit der Reaktion und deren imperialistischen Alliierten zusammen, um den Krieg fortzusetzen. Die bürgerliche Regierung gab den Landlosen und armen BäuerInnen keinen Boden zur Bewirtschaftung und behinderte den nationalen Befreiungskampf. Die Provisorische Regierung löste das finnische Parlament auf, bekämpfte die Befreiungsbewegung in der Ukraine und so weiter. Die ArbeiterInnen mussten deshalb nach der Februarrevolution noch weiter gehen, um die Macht zu übernehmen.

Staat und Revolution

»Staat und Revolution wurde nicht vor August/September 1917 zusammengestellt, als Lenin, stark bedrängt

17 Ebd. S. 195

von Kerenski und des Verrats angeklagt, gezwungen wurde, sich in Finnland zu verstecken«,

schrieb der französische Sozialist Alfred Rosmer in seinem Buch Moskau unter Lenin, und setzte fort,

»aber das gesamte Grundgerüst und die wichtigsten Texte hatte er aus der Schweiz mitgebracht. Während des Krieges hatte er angefangen, sie zusammenzustellen und zu kommentieren. Kurz vor seiner Abfahrt aus der Schweiz, am 17. Februar 1917, schrieb er von Zürich an Alexandra Kollontai: ›Ich bin dabei (und so gut wie fertig), eine Studie in Fragen der Beziehun gen des Marxismus zum Staat zu schreiben.‹ Und er legte so großes Gewicht auf diese Arbeit, dass er während der Julitage, als die Bolschewiki eine schwere Phase durchliefen, an Kamenew – den Stalin später dem Henker auslieferte – schrieb: ›Genosse Kamenew, zwischen uns beiden, wenn ich getötet werden sollte, bitte ich Sie, eine Schrift zu publizieren, die Marxismus und Staat heißt (sie ist in Sicherheit in Stockholm). Ein blauer, gebundener Umschlag. Darin sind alle Zitate von Marx und Engels und sogar Kautsky gegen Pannekoek gesammelt. Außerdem eine Serie von Anmerkungen und Notizen. Die müssen nur noch redigiert werden. Ich glaube, dass diese Arbeit innerhalb einer Woche publiziert werden könnte. Ich sehe das als wichtig an, denn nicht nur Kautsky und Plechanow sind vom rechten Weg abgekommen. Eine Bedingung: Alles das muss absolut zwischen uns stehen bleiben.‹«

Diese Beschreibung macht deutlich, wie wichtig es Lenin war, *Staat und Revolution* für ein Massenpublikum herauszugeben. Die Februarrevolution 1917 hatte den Zaren gestürzt und die Arbeiterräte von 1905, die Sowjets, wieder eingerichtet. Kurz nach der Revolution waren die Unterschiede zwischen den Parteien undeutlich. Die Sowjetleitungen gingen zu den Menschewiki und den SozialrevolutionärInnen, die redegewandt die Revolution lobten und sie als abgeschlossen ansahen. Sie übergaben die Macht an die neu gebildete bürgerliche Provisorische Regierung. Die wiederum verließ sich auf die Militärleitung des alten Staats. Lenin beschreibt die Situation in *Staat und Revolution* so:

> *»Alle Sozialrevolutionäre und Menschewiki zum Beispiel sind während der Revolution 1917, als sich die Frage nach der Bedeutung und der Rolle des Staates gerade in ihrer ganzen Größe erhob, sich praktisch erhob als Frage der sofortigen Aktion, und zudem der Massenaktion - alle sind sie mit einem Schlag gänzlich zur kleinbürgerlichen Theorie der ›Versöhnung‹ der Klassen durch den ›Staat‹ hinabgesunken.«*[18]

Als Lenin im April nach Russland zurückkehrte, griff er die Linie der Zusammenarbeit der Bolschewiki unter der Führung von Kamenew, Stalin und Molotow an. Diese wiederholten die alte Parole der Bolschewiki von der *»Diktatur der Arbeiter und Bauern«*, als ob diese bereits im Februar erreicht worden wäre. Sie schwankten in ihrer Kriegsanschauung nach dem Februar und waren offen für ein Zusammengehen mit den Menschewiki.

Im Gegensatz dazu erklärte Lenin in den Aprilthesen, dass sich die Situation der Doppelmacht nicht fortsetzen konnte. Die alte, allgemeine Formulierung der Bolschewiki musste an die jetzige Situation angepasst werden. Die Machtübernahme der Sowjets war eine Voraussetzung, um die Forderungen der Massen nach Frieden, Brot und

---

18 Siehe S. 107.

Boden durchzusetzen. Die bürgerlich-demokratischen Aufgaben konnten von der Februarrevolution nicht gelöst werden.

Wenn die ArbeiterInnen nicht die Macht übernehmen würden, würden die Arbeiterkämpfe und die Bauernrevolten vom Militär zerschlagen werden. Dies waren sozialistische Aufgaben, trotz der Dominanz der Landwirtschaft über die moderne Industrie in der russischen Wirtschaft. Die Durchsetzung der sozialistischen Aufgaben baute auch darauf, dass die russische Revolution der Startschuss für eine internationale Revolution sein sollte. Dies bedeutete, dass sich Lenin jetzt Trotzkis Theorie der permanenten Revolution anschloss, die jener schon 1904 entwickelt hatte.

Mit dieser Sichtweise war Lenin in der Minderheit unter den führenden Bolschewiki. Als die Aprilthesen in der Prawda veröffentlicht wurden, schrieb deren Redaktion, dass Lenins Plan von einem unmittelbaren Übergang zur sozialistischen Revolution inakzeptabel war. Lenin erklärte, dass die Machtübernahme durch die ArbeiterInnen nicht sofort geschehen könne, sondern es die Aufgabe sei, die Mehrheit für eine zweite Revolution zu gewinnen. Die Bolschewiki müssten dies, in Lenins Worten, *»geduldig erklären«*, um die Mehrheit zu erreichen. Mitte April gewann Lenin mit dieser Idee die Mehrheit der Partei nach einer Debatte mit Kamenew vor VertreterInnen der 15.000 Petrograder Bolschewiki. Eine entsprechende Debatte mit Bolschewiki aus ganz Russland kam zur selben Auffassung.

Die Aufgabe der Broschüre *Staat und Revolution* war, die Arbeiterbewegung auf die Machtübernahme vorzubereiten und Prinzipien der Arbeiterregierung aufzustellen. Diese welthistorische Frage musste konkret beantwortet werden. Wie sollte die Machtübernahme vor sich gehen? Welche Erfahrungen gab es, auf die man bauen konnte?

Vor allem die Marxschen Lehren der Pariser Kommune 1871, wo die ArbeiterInnen für drei Monate die Kontrolle und Verwaltung ausübten, nahm Lenin als Beispiel um diejenigen auszubilden, die die nächste Phase der Revolution und den Aufbau des Arbeiterstaats einführen sollten. In *Staat und Revolution* erklärte er, was den Arbeiterstaat vom bürgerlichen Staat unterscheidet.

Die Frage des Charakters eines Staates ist eine der grundsätzlichen Fragen, die die sozialdemokratische Verwässerung der sozialistischen Ideen am deutlichsten machen. Anfang des 20. Jahrhunderts, als die sozialdemokratischen FührerInnen fortwährend von einer sozialistischen Gesellschaft redeten, missbrauchten sie Marx‹ Gedanken vom *»Absterben«* des Staates um zu behaupten, das das Überwinden des Kapitalismus ein geradliniger Prozess wäre. Sie argumentierten gegen die Parole der AnarchistInnen von der Abschaffung des Staates. In der Praxis passten sich die SozialdemokratInnen dem kapitalistischen Staat an und wurden sogar dessen ausführender Untertan.

Lenin betonte, dass die Bolschewiki die Aufgabe hätten die *»wahren Marxschen Lehren vom Staat«* wieder auf die Tagesordnung zu setzen. Für ihn war es von großer Bedeutung, die Auffassung von Karl Marx und Friedrich Engels über den Staat herauszuarbeiten, vom Kommunistischen Manifest 1848 zu der Kritik des Gothaer Programms 1875 bis hin zu Engels‹ Schriften aus den 1890er Jahren.

Die grundsätzliche marxistische Analyse des Staats kann man wie folgt zusammenfassen. Der Staat ist als ein Resultat der Widersprüche in der historischen Klassengesellschaft entstanden. Die Aufgabe des Staats ist es, die Macht der herrschenden Klasse zu sichern, indem er die Konflikte zwischen den Klassen dämpft, Ordnung schafft und diejenigen, die sich nicht an diese Ordnung halten, bestraft. Um diese Aufgabe erfüllen zu können, muss der Staat so tun, als sei er unparteiisch oder würde über den Konflikten stehen. Aber er verfügt auch über *»besondere Formationen bewaffneter Menschen«*, wie es Marx und Engels bezeichneten. Diese Formationen, Polizei und Militär, sind der tatsächliche Kern des Staats.

Dass die Sozialdemokratie diese Rolle des Staats verneinte und sein Absterben betonte, baute auf eine absichtliche Verwechslung des bürgerlichen Staats und des kommenden Arbeiterstaats auf. Marx‹ Ansicht war es, dass der bürgerliche Staat abgeschafft werden muss, während der Arbeiterstaat sich selbst abschafft und abstirbt. Diese Auffassung fußte wiederum auf den Lehren der Pariser Kommune von 1871:

> *»Namentlich hat die Kommune den Beweis geliefert, dass die Arbeterklasse nicht die fertige Staatsmaschine einfach in Besitz nehme und sie für ihre eignen Zwecke in Bewegung setzen kann«*[19] *(Engels).*

Statt dessen, so erklärte Lenin, muss der bürgerliche Staat zerschlagen werden: Das stehende Heer, Militär und Polizei müssen ent- und die Arbeiterklasse bewaffnet, die alten Machtstrukturen abgeschafft und durch eine Arbeiterregierung ersetzt werden. Diese revolutionären Schlussfolgerungen wollten die sozialdemokratischen Führer ausblenden. Mit ihren Reichstagsabgeordneten, RedakteurInnen, ProfessorInnen und GewerkschaftsfunktionärInnen wurde die sozialdemokratische Führung immer mehr in den bürgerlichen Staat integriert.

Die Folgen dieser Verbürgerlichung wurden in der deutschen Novemberrevolution deutlich, die der russischen

19 Engels, F.: Vorrede zum »Manifest der Kommunistischen Partei«. In: Marx, K.; Engels, F.: Werke, Band 21, 7. Auflage, Dietz 1981, S. 358

Oktoberrevolution ein Jahr später folgte. Die SozialdemokratInnen bildeten eine neue Regierung und erklärten, dass die in der Revolution geschaffenen Arbeiterräte parallel mit der sozialdemokratischen Regierung existieren könnten. Die meisten Arbeiterräte wurden jedoch im darauf folgenden Jahr von der Regierung zerschlagen. 15.000 deutsche KommunistInnen wurden zwischen November 1918 und Mai 1920 getötet. In diesem Prozess zeigten sich die ersten Tendenzen der späteren Nazis in Form der rücksichtslosen, paramilitärischen Verbände, die Freikorps.

In Chile 1970-73 entwickelte sich ein ähnlicher Prozess in bedeutend kürzerer Zeit. Die sozialistische Allenderegierung hatte Massenunterstützung. Die ArbeiterInnen bildeten eigene Machtorgane und forderten die Bewaffnung durch die Regierung. Die von den USA und dem Westen unterstützten Militärs erhöhten den Druck auf die Allende-Regierung, die versuchte mit Kompromissen eine Lösung zu finden. General Augusto Pinochet wurde als Militäroberbefehlshaber ernannt, die Regierung lehnte die Bewaffnung der ArbeiterInnen ab. Am 11. September 1973 leitete Pinochets Militärjunta dann den blutigen Putsch ein. Tausende wurden getötet und Zehntausende gefangen genommen, ebenfalls getötet oder zur Flucht gezwungen. Der bürgerliche Staatsapparat zeigte, wie er mit der Herausforderung durch die massenhafte Arbeiterbewegung umgeht. Die Sympathiebekundungen, die Pinochet während der Gerichtsprozesse 1999 von Teilen der internationalen Kapitalistenklasse erhielt, unter anderem vom bürgerlichen Idol der 80er Jahre, Margaret Thatcher, unterstrichen dies jüngst.

Was tun, nachdem der bürgerliche Staat, gestützt auf die zaristischen Offizierskorps und Bürokratie, gestürzt worden war? In Russland 1917 war das keine abstrakte Frage, sondern sollte innerhalb einiger Monate Realität werden. Lenin wies auf die Erklärung von Marx hin, dass die Pariser Kommune »wesentlich eine Regierung der Arbeiterklasse« war. Marx verteidigte den eigenen Machtapparat der Kommune:

> *»Und hätte sich die Pariser Kommune nicht der Autorität eines bewaffneten Volkes gegen die Bourgeoisie bedient, hätte sie sich länger als einen Tag behauptet?«*[20] *Die Arbeiterklasse brauchte ihren Staat, um ihre Gegner zu unterwerfen.*

Marx und Lenin waren keine Anarchisten oder Utopisten, die dachten, dass man sofort jede Form von Steuerung oder Leitung abschaffen könnte. Sie vertraten einen freiwilligen Zentralismus.Von der Pariser Kommune übernahm Lenin die klassischen Grundregeln für den Arbeiterstaat und dessen FührerInnen:

> *»1. nicht nur Wählbarkeit, sondern auch jederzeitige Absetzbarkeit; 2. eine den Arbeiterlohn nicht zu übersteigende Bezahlung; 3. sofortiger Übergang dazu, dass alle die Funktionen der Kontrolle und Aufsicht verrichten, dass alle eine Zeitlang ›Bürokraten‹ werden, so dass daher niemand zum ›Bürokraten‹ werden kann.«*[21]

Dazu schlug er vor, dass das stehende Heer durch das bewaffnete Volk ersetzt werden muss. In seinem Buch *Die verratene Revolution* zitiert Trotzki Lenins Punkte und macht eine wichtige Ergänzung:

> *»Man soll nicht meinen, dass es sich bei Lenin um eine Jahrzehnte erfordernde Aufgabe gehandelt hätte, nein, dies ist der erste Schritt, mit dem man ›bei der Durch-*

---

20 siehe S. 171.
21 Siehe S. 227.

> *führung der proletarischen Revolution beginnen kann und muss.‹«*[22]

Lenins Punkte über den Arbeiterstaat wurden wegweisend für die russische Revolution und ein rotes Tuch für alle, die damals und heute Lenins Namen in den Dreck ziehen wollen. Die Privilegien der Herrschenden sind in der kapitalistischen Gesellschaft unantastbar. Sie beziehen ein hohes Einkommen, erhalten besonders exklusive Vergünstigungen und haben immer die Möglichkeit andere neue Jobs an der Spitze der Gesellschaft einzunehmen.

Eine jederzeitige Wähl- und Abwählbarkeit oder einen Arbeiterlohn zu fordern, gleicht einer Kriegserklärung gegen dieses System. Auch SozialdemokratInnen und StalinistInnen teilen die Menschen in privilegierte Spitzenfunktionäre und gewöhnliche ArbeiterInnen. Als Offensiv[23] in den 70er Jahren als Opposition innerhalb der Sozialdemokratie wirkte gab es nichts, was die Parteiführung mehr reizte, als unsere Forderung nach einem Arbeiterlohn für FunktionärInnen und Abgeordnete.

Wie wichtig diese Frage für den Staat ist, hat sich auch in den 90er Jahren des 20. Jahrhunderts gezeigt. Sowohl SpitzenpolitikerInnen als auch die höchsten Angestellten bekamen extreme Lohnerhöhungen. Nichtgewählte Angestellte bei Bundesbank oder Europäischer Union haben immer häufiger Aufgaben der PolitikerInnen übernommen, die sich immerhin noch zur Wahl stellen müssen. Dieser Trend wurden von den Herrschenden gepflegt, um einen verlässlicheren Staat zu bekommen.

Im zaristischen Russland galt es, einen Kampf für Versammlungsfreiheit, Organisationsfreiheit, Pressefreiheit

22 Trotzki, L: Verratene Revolution. Sozialistische Alternative – SAV 2013, S. 45f.

23 früherer Name der schwedischen Schwesterorganisation der SAV

und so weiter zu führen. In *Staat und Revolution* konstatiert Lenin:

> *»Wir sind für die demokratische Republik als die für das Proletariat unter dem Kapitalismus beste Staatsform.«* Er fügte hinzu: *»Aber wir dürfen nicht vergessen, daß auch in der allerdemokratischsten bürgerlichen Republik Lohnsklaverei das Los des Volkes ist.«*[24]

Lenin wies darauf hin, dass die Entwicklung hin zu weitergehenden demokratischen Rechte in bürgerlichen Gesellschaften nicht von alleine erfolgte. Auch in »demokratischen« Ländern hatten Frauen kein Wahlrecht. Genauso wie heute standen die Armen außerhalb des Parlaments und der Tagespresse. Die entscheidende Macht liegt damals wie heute in den Händen der Bosse.

Demokratische Rechte werden uns nicht geschenkt, sondern sind das Resultat von sozialen Kämpfen. Das Kapital hat konsequent das Wahlrecht und das Recht auf Bildung von Gewerkschaften bekämpft, und sich gegen jede Form der Verkürzung der Arbeitszeit gestellt, auch als diese noch an sieben Tagen die Woche zehn bis zwölf Stunden täglich betrug. Die wichtigsten Reformen in Schweden, zum Beispiel die Einführung des allgemeinen Wahlrechts, waren das Produkt der revolutionären Kämpfe im Land sowie der russischen und der deutschen Revolutionen 1917 bis 1918. Die Angst, dass die Bewegung in einer weiteren Revolution münden würde, trieb die herrschende Klasse zu Zugeständnissen, die sie über Jahrzehnte bekämpft hatte.

Die Bolschewiki hatten zur Jahrhundertwende mit den ÖkonomistInnen Auseinandersetzungen nicht nur über die Frage, ob Arbeitskämpfe nicht nur ökonomische Proteste waren (Löhne, Jobs und so weiter) sondern auch politische

---

24 Siehe S. 120.

seien, ebenso wie über die Frage der demokratischen Rechte. Die Bolschewiki und Lenin waren dafür, Arbeitskämpfe auch für die bescheidensten ökonomischen Verbesserungen zu unterstützen und gleichzeitig die Kämpfe auf ein höheres politisches Niveau zu heben. Im damaligen Russland war der Kampf für demokratische Rechte auch ein Kampf gegen die Zarenherrschaft. Die sogenannten »DemokratInnen«, die heute die Bolschewiki angreifen, huldigen abstrakt die »Demokratie«, aber verschweigen die ökonomischen Ausbeutung im Kapitalismus. Sie geben sich mit einer formellen Demokratie zufrieden, die dann doch nur von einer kleinen Minderheit ausgeübt werden kann.

Lenin zeigte in *Staat und Revolution*, dass die Not und Misere der Massen die Tendenz hat, innerhalb der Organisationen der Arbeiterbewegung zu Privilegien, Bürokratie und Cliquenwirtschaft zu führen.

> *»Unter dem Kapitalismus ist die Demokratie durch die ganzen Verhältnisse der Lohnsklaverei, der Not und des Elends der Massen eingeengt, eingeschnürt, gestutzt, verstümmelt. Aus diesem Grund, und nur aus diesem, werden die beamteten Personen in unseren politischen und gewerkschaftlichen Organisationen durch die Verhältnisse des Kapitalismus demoralisiert (oder, genauer gesagt, besteht die Tendenz, daß sie demoralisiert werden), neigen sie dazu, sich in Bürokraten, d.h. in den Massen entfremdete, über den Massen stehende, privilegierte Personen zu verwandeln.«*[25]

Dass Lenin Gegner der Demokratie gewesen sei, wird oft damit begründet, dass er für Diktatur eintrat, die Diktatur des Proletariats. Aber Lenin zitiert Marx, um den Begriff zu erklären:

25 Siehe S. 234.

»dass diese Diktatur selbst nur den Übergang zur Aufhebung aller Klassen und zu einer klassenlosen Gesellschaft bildet.«[26]

Die Diktatur des Proletariats ist das Gegenteil der Diktatur der Bourgeoisie und bedeutet eher Demokratie der ArbeiterInnen, in Wirklichkeit eine enorme Ausweitung der demokratischen Rechte. Die Diktatur des Proletariats ist ein Übergangsstaat, wo zum ersten Mal die Arbeiterklasse und die unterdrückte Mehrheit einen Staat benutzen, um sich gegen die vorherige herrschende Klasse, die Kapitalistenklasse, zu verteidigen. Der Übergangsstaat, die Diktatur des Proletariats, soll auf dem Weg zu einer Gesellschaft ohne Staat und Klassen absterben. Wenn man *Staat und Revolution* liest, bemerkt man, wie oft Lenin die Frage der Gleichheit in Bezug auf Arbeit und Arbeitslohn thematisiert. Schon im Übergangsstaat können unmittelbar neue demokratische Dimensionen erreicht werden, die die vorherigen Missverhältnisse ablösen.

Lenins Vorwort zu *Staat und Revolution*, geschrieben im August 1917, zeigt auch, dass er, im Gegensatz zum großrussischen Nationalismus des Stalinismus, die russische Revolution mit internationalen Augen sah: *»...jedoch kann diese ganze Revolution überhaupt nur verstanden werden als ein Glied in der Kette der sozialistischen proletarischen Revolutionen, die durch den imperialistischen Krieg hervorgerufen werden.«*[27]

Alfred Rosmer, ein früherer Syndikalist, der nach der Russischen Revolution von 1917 Kommunist wurde, beschreibt auch die Effekte von Lenins Buch: *»Einige Exemplare eines Buchs von Lenin mit dem Titel ›Staat und Revolution‹ sind in Frankreich Anfang 1919 erschienen. Das war*

26 Siehe S. 136.
27 Siehe S. 102.

ein außerordentliches Buch, und sein Schicksal war sonderbar: Der Marxist und Sozialdemokrat Lenin wurde von den Theoretikern der sozialistischen Parteien verhöhnt. ›Das ist nicht Marxismus‹, riefen sie aus, ›das ist eine Mischung von Anarchismus und Blanquismus...‹«

Die höhnenden SozialdemokratInnen waren dazu übergegangen, Sozialismus als ein langsamen, geradlinigen Prozess zu sehen, ohne Klassenkampf und Revolution. Lenin wurde deshalb des »Blanquismus« angeklagt – dass heißt dafür einzustehen, dass eine kleine Gruppe einen Putsch durchführt. Aber Lenin stritt immer für eine wirklich in den Massen verankerte Arbeiterregierung. Im Artikel Über die Doppelherrschaft schrieb Lenin: *»Um zur Staatsmacht zu werden, müssen die klassenbewußten Arbeiter die Mehrheit für sich gewinnen (...) Wir sind keine Blanquisten, keine Anhänger der Machtergreifung durch eine Minderheit«*[28] Lenin betont auch, dass sowohl AnarchistInnen als auch MarxistInnen den Unterdrückerstaat zerschlagen wollen, aber eine unterschiedliche Anschauung haben, wie das erreicht werden kann. Rosmer beschreibt das Buch wie *»...eine angenehme Nachricht für die Revolutionäre – Syndikalisten und Anarchisten – die sich außerhalb des orthodoxen Marxismus befanden (...) was man in ›Staat und Revolution‹ fand, war der revolutionäre Charakter des Marxismus: Texte von Marx und Engels, kommentiert von Lenin.«*

Rosmer fasst zusammen:

> *»auf diese Weise war die Revolution für Lenin nicht ein weit entferntes Ziel, ein vages Ideal, das stückweise im Rahmen der bürgerlichen Demokratie verwirklicht werden könnte. Sie war ein konkretes Problem, ein aktuelles*

28 Lenin, W. I.: Über die Doppelherrschaft. In: Lenin, W. I.: Werke, Band 24, 3. Auflage, Dietz 1972, S. 22

Problem, das durch den Weltkrieg aufgestellt wurde und das die Arbeiterklasse lösen sollte.«

1917 waren die Bolschewiki die einzige Partei, die den ArbeiterInnen und Unterdrückten einen Weg nach vorn aufzeigte. Andere russische Parteien mit bedeutend größeren Ressourcen verloren ihren Einfluss an Lenins Organisation. Auch im Juli, als die bolschewistische Partei für illegal erklärt wurde, die Führer verhaftet und ihre Presse zerschlagen wurde, konnte ihr Anwachsen nicht gestoppt werden. Die Bolschewiki wuchsen von 24.000 Mitgliedern im Februar auf 350.000 im Oktober. 61 Prozent der Mitgliedschaft waren ArbeiterInnen. Die Partei gewann die Mehrheit in den Sowjets und massive Unterstützung unter den Soldaten.

Alle Stellungnahmen und Beschlüsse wurden in der Bolschewistischen Partei nach demokratischen Debatten unter den Mitgliedern gefasst, nicht durch Kommando von oben, wie es die StalinistInnen und Bürgerlichen behaupten. Im Laufe des Jahres gab es viele unterschiedliche politische Strömungen innerhalb der Bolschewiki, harte Debatten und Auseinandersetzungen. Minderheiten in führenden Organen wurden nicht ausgeschlossen. Lenin bekam nicht immer die Mehrheit für seine Vorschläge und musste sich nicht selten der Mehrheit fügen. Im Herbst, als der Putschversuch von General Kornilow besiegt wurde, wurde die soziale Krise immer tiefer und die Machtübernahme durch die ArbeiterInnen immer drängender. Die Bolschewiki gewannen die Mehrheit unter den ArbeiterInnen und gleichzeitig vermehrten sich die Bauernrevolten dramatisch. Lenin bestand darauf, dass diese Situation nicht lange so bleiben könnte. Falls die ArbeiterInnen nicht die Macht übernähmen, würden sie ermüden und ein erneuter Putschversuch könnte gelingen. Mehrere Führer schwankten, und als der Beschluss zur Oktoberrevolution im bolschewistischen Zentralkomitee gefasst wurde, verurteilten Sinowjew und Kamenew ihn öffentlich. Beide verließen die Parteileitung mit sofortiger Wirkung.

Lenin verlangte ihren Ausschluss, was er in keiner anderen Debatte gefordert hatte. Er meinte, dass es unverzeihlich sei, nach einem Monat demokratischer Diskussion, den Beschluss öffentlich vor den Bürgerlichen und Militärs zu kommentieren. Das Zentralkomitee unterstützte jedoch Lenins Vorschlag nicht, sondern begnügte sich mit einer Warnung an beide.

Lenins Kampf gegen den Stalinismus

Der elfte Kongress der Kommunistischen Partei im März und April 1922 nach einer schrecklichen Periode von Krieg, Bürgerkrieg und Not sollte Lenins letzter werden. Josef Stalin wurde am 4. April zum Generalsekretär der Kommunistischen Partei gewählt. Das bedeutete einen großen Erfolg für die in Staat und Partei heranwachsende Bürokratie. Die Bürokratie war ein parasitärer Auswuchs des Arbeiterstaats, die unter Stalins Führung alle Formen der Arbeiterdemokratie vernichten sollte. Aber niemand innerhalb der Kommunistischen Partei konnte Stalins kommende Rolle voraussehen, nicht einmal Stalin selbst.

Was war seit der Revolution 1917 bis zu diesem Kongress viereinhalb Jahre später passiert? Während des Kongresses intensivierte Lenin seinen Kampf gegen die Bürokratisierung. Ein großer Teil seines Berichts über das vergangene Jahr handelte von der wachsenden Bedrohung durch die Bürokratie:

> *»Wir haben nun ein Jahr hinter uns, der Staat ist in unseren Händen — aber hat er unter den Verhältnissen*

> *der Neuen Ökonomischen Politik in diesem Jahr nach unserem Willen funktioniert? Nein, [...] der Wagen [fährt] nichtganz so und sehr häufig ganz und gar nicht so, wie derjenige, der am Steuer dieses Wagens sitzt, sich einbildet.«*[29]

Lenin zeigte auf, wie der bürokratische Apparat die Partei mit sich zog:

> *»Man nehme doch Moskau — die 4700 verantwortlichen Kommunisten — und dazu dieses bürokratische Ungetüm, diesen Haufen, wer leitet da und wer wird geleitet? Ich bezweifle sehr, ob man sagen könnte, daß die Kommunisten diesen Haufen leiten. Um die Wahrheit zu sagen, nicht sie leiten, sondern sie werden geleitet.«*[30]

Diese Unruhe bei Lenin zeigt, dass das von den Bürgerlichen und auch StalinistInnen gegebene Bild falsch ist. Deren Beschreibung ist, dass Lenin, Trotzki und die russische Revolution genau die Gesellschaft aufbauten, die sie haben wollten. Den Bürgerlichen zufolge wurde es eine Hölle auf Erden, den StalinistInnen zufolge eine sozialistische Traumgesellschaft.

Um die Frage zu beantworten, ob die stalinistische Diktatur eine zwangsläufige Folge der Revolution und der Politik von Lenin und Trotzki war, müssen wir ins Jahr der Revolution zurückkehren.

Beginn einer internationalen Revolution

Im Februar 1917 wurde also der Zar durch eine Volksrevolution von unten gestürzt. Aber die dann an die Macht

29 Lenin, W. I.: XI. Parteitag der KPR(B). In: Lenin, W. I.: Werke, Band 33, 6. Auflage, Dietz 1977, S. 266

30 Ebd. S. 275

gekommene Provisorische Regierung erfüllte keine der an sie gestellten Erwartungen.

- Der erste Weltkrieg, wo über zwei Millionen RussInnen getötet worden waren, wurde fortgesetzt und sogar intensiviert.
- Die großen Bodenreichtümer blieben Eigentum der Großgrundbesitzer.
- Das wirtschaftliche Elend und der Mangel an Lebensmittel verschlimmerten sich.
- Den unterdrückten Nationalitäten innerhalb des russischen Reiches wurde das Recht auf Selbständigkeit verweigert.
- Der Kern des Staats, diese Formationen bewaffneter Menschen, wurde weiterhin von den Generälen des Zaren kontrolliert.

Wie wir gesehen haben, gelang es Lenin im April 1917 nach harten Debatten seine Partei von der Notwendigkeit einer neuen Revolution zu überzeugen. Die Arbeiterräte, die Sowjets, mussten die Macht mit Unterstützung der Soldaten, BäuerInnen und Armen auf dem Land übernehmen. Durch ihre Parolen für Frieden, Land und Brot konnten die Bolschewiki durch die Auf- und Abschwünge der Revolution bis zum Herbst 1917 die Mehrheit für sich gewinnen.

Am 25. Oktober 1917 (nach dem altrussischen Kalender) übernahmen die ArbeiterInnen unter Leitung der Bolschewiki die Macht. Die Führer der Revolution, Lenin und Trotzki, sahen das als den Anfang der internationalen Revolution. Lenin fasste 1922 ihre Einstellung zusammen:

> »*Wir haben von allem Anfang an gesagt, daß wir ein völlig neuartiges Werk zu vollbringen haben und daß unser Werk, wenn uns die Genossen Arbeiter der kapitalistisch höher entwickelten Länder nicht rasch zu Hilfe*

kommen, unglaublich schwierig sein und es dabei zweifellos eine Reihe von Fehlern geben wird.«[31]

Russland war ein Land, dessen Bevölkerung zu 80 Prozent aus BäuerInnen bestand und das nur über eine primitive Landwirtschaft verfügte. Sozialismus ist eine höher entwickelte Demokratie mit einem höheren wirtschaftlichen Entwicklungsniveau als der Kapitalismus. Um dort hinzukommen, brauchte Russland jedoch die moderne Technik, die es zum Beispiel in Deutschland gab.

Der russischen Revolution folgten Revolutionen in anderen Ländern. Die Bolschewiki wurden von ihren Feinden als *»deutsche Agenten«* beschimpft. In Widerspruch dazu steht jedoch, dass der deutsche Kaiser jedoch selber durch die Ausweitung der Revolution gestürzt wurde. Aber in keinem Land gab es revolutionär-sozialistische Parteien, die wie die Bolschewiki die ArbeiterInnen an die Macht führen konnten. So scheiterten die Arbeiterrevolutionen in Ungarn, Deutschland, Bayern, Österreich und Italien. In Finnland wurden nach der Erhebung 30.000 ArbeiterInnen von der Konterrevolution getötet.

Die Niederlage der internationalen Revolutionen isolierte Russland und vermehrte die Schwierigkeiten um ein Tausendfaches. Die Bolschewiki standen ohne Vorgänger da. So war es auch mit der Französischen Revolution 1789 und den darauf folgenden Jahren, der Machteroberung der ArbeiterInnen in der Pariser Kommune 1871 und der eigenen verlorenen Revolution 1905.

Nach der Oktoberrevolution wurde die Regierung gebildet, der Rat der Volkskommissare. Der Linksflügel der Sozialrevolutionäre erhielt drei Ministerposten. Die neue Regierung begann, ihre Versprechen einzulösen. Einseiti-

31 Ebd. S. 255

ge Friedensverhandlungen mit Deutschland führten zum ersten Friedensvertrag des ersten Weltkriegs im Februar 1918. Der Boden, den die KleinbäuerInnen und LandarbeiterInnen schon begonnen hatten zu besetzen, wurde unter ihnen aufgeteilt. Die Bolschewiki standen auch dafür ein, dass die von Russland unterdrückten Nationalitäten die Freiheit bekamen, unter anderem Finnland im Dezember 1917. Eine Reihe Reformen wurde durchgeführt oder geplant, zum Beispiel die Einführung gleicher Rechte für Frauen und Männer.

Die Revolution rief enormen Enthusiasmus unter den ArbeiterInnen international hervor – aber auch gewaltige Angst unter den Kapitalisten. In den Nachbarländern wurden die bürgerlichen Regierungen zu Bodenreformen oder parlamentarischen Reformen wie in Schweden gezwungen, um eine Revolution zu verhindern. Aber die Antwort der Kapitalisten war vor allem militärisch. Bereits im November/Dezember 1917 begannen die alten Generäle des Zaren ihre Truppen im Süden Russlands zusammenzuziehen.

Der Bürgerkrieg

Mit der Intervention von ausländischen Armeen auf Seiten der zaristischen Truppen entstand eine noch größere militärische Bedrohung. Der Historiker E.H. Carr schrieb dazu: »*Im Frühjahr und Sommer 1918 besetzte die deutsche Armee die ehemaligen baltischen Staaten, beinahe gesamt Weißrussland und die gesamte Ukraine und war sogar in das nördliche Kaukasien und in Transkaukasien eingedrungen.*« Außerdem gab es tschechische Truppen in Sibirien, britische Truppen im Norden in Murmansk und Archangelsk, und im April 1918 besetzten japanische Truppen Wladiwostok. Zusammen genommen nahmen 21 Armeen aus 11 Ländern am Krieg gegen die Regierung in Moskau teil. 1919 kontrollierten die Weißen größere Teile des ehemaligen Zarenreichs und waren bereit, Moskau von drei Seiten aus anzugreifen.

Carr beschreibt, wie die Bolschewiki direkt nach dem Oktober mit ihren Feinden umgingen. Die Offizierskadetten im Winterpalais, die alte Regierung und feindlichen Generäle wie Krasnov wurden gegen das Versprechen freigelassen, die neue Regierung nicht mit Waffengewalt zu bekämpfen. Von Krasnov wurde das Versprechen sofort gebrochen. Die Bolschewiki schafften auch die Todesstrafe an der Front ab, die die Provisorische Regierung eingeführt hatte.

Die offene Säuberung der Armee von den weißen Generälen und die angreifenden Armeen zwangen die neue Regierung unmittelbar eine eigene Armee aufzubauen. Der Aufbau der Roten Armee wurde Trotzkis Aufgabe. Am 1. April 1918 meldeten sich 25.000 Freiwillige aus Petrograd und 15.000 aus Moskau. Die Existenz des neuen Arbeiterstaats war bedroht und die Arbeiterklasse gezwungen, sein Überleben mit der Waffe in der Hand zu verteidigen. Zum größeren Teil bestand die Rote Armee aus ArbeiterInnen. Am Ende des Bürgerkriegs 1921 waren zwei Drittel aller Offiziere ehemalige einfache Rekruten.

20 Jahre später zog Trotzki in einer Debatte die Parallele zu Spanien, wo sich die ArbeiterInnen auch mit Waffengewalt gegen Francos Militärputsch wehren mussten und zum amerikanischen Bürgerkrieg, der auf die Abschaffung der Sklaverei zielte und den Boden für das expansive Anwachsen des Kapitalismus in den USA bereitete. Auf heute bezogen lässt sich noch ergänzen, dass die vietnamesische Bevölkerung natürlich das Recht hatte sich gegen den USA-Imperialismus zu verteidigen, ebensolches galt für den Kampf gegen die Contras in Nicaragua in den 80er Jahren.

Das Sowjetrussland ging 1921 stark geschädigt aus dem dreijährigen Bürgerkrieg hervor. Das Nationaleinkommen war im Vergleich zur Vorkriegssituation 1913 um zwei Drittel gesunken, die Industrieproduktion ein Fünftel. In wichtigen Branchen war die Situation noch schlimmer: Die Kohleproduktion sackte auf ein Zehntel und die Eisenerzeugung auf ein Vierzigstel ab. Die heutigen Medienkampagnen gegen Lenin geben der *»bolschewistischen Wahnherrschaft«* die Schuld, was natürlich zurückzuweisen ist. Zum Vergleich: Das kapitalistische Deutschland, ebenfalls ein Verlierer des Ersten Weltkriegs, war 1924 noch ärmer als 1872.

Was für Sowjetrussland noch schwerer wog: Die revolutionäre Basis war erheblich geschwächt worden. Zehntausende der ArbeiterInnen, die für den Sieg gekämpft hatten, hatten im Bürgerkrieg ihr Leben lassen müssen. Die Anzahl der IndustriearbeiterInnen sank innerhalb von drei Jahren von 3 Millionen (Stand von 1917) auf 1,5 Millionen. Auch die landwirtschaftliche Produktion verminderte sich, und so waren viele ArbeiterInnen gezwungen, aufs Land zu ziehen, um die Ernährung zu sichern.

Die Ausweitung der Revolution auf internationaler Ebene wurde immer dringender.

Während des Krieges stellten sich andere politische Parteien auf die gegnerische Seite. Die bürgerlichen Kadetten unterstützten die weißen Generäle. Die linken Sozialrevolutionäre verließen die Regierung schon nach dem Friedensvertrag mit Deutschland – sie wollten die Fortsetzung des Weltkrieges. Später organisierten sie die Morde an zwei bolschewistischen Führern und ein Attentat, das Lenin schwer verletzte. Die Menschewiki wechselten schrittweise zur weißen Seite über.

Die Moskauer Menschewiki erklärten schon lange, dass die Oktoberrevolution notwendig war, die menschewistische Partei in Georgien allerdings verbot die Bolschewiki und arbeitete offen mit den deutschen und britischen Truppen zusammen.

Die konterrevolutionären Bürgerlichen hätten es natürlich begrüßt, wenn die Menschewiki und Sozialrevolutionäre den Bolschewiki die Macht abnehmen würden. Als die rechten SozialdemokratInnen in den Arbeiterräten der deutschen Revolution 1918/1919 die Führung stellten, öffneten sie der Restauration der bürgerlichen Herrschaft Tür und Tor.

Diese zugespitzte Entwicklung in Russland führte dazu, dass 1921 die Bolschewiki als einzige legale Partei bestehen blieb. Das war keine gewollte Entwicklung – Lenin und Trotzki waren keine Anhänger eines Einparteienstaats. Aber die Situation in dem vom Kriege verwüsteten und von Hungersnöten geplagten Russland zwang sie zum Verbot der Parteien, die mit Waffen gegen die Sowjetregierung kämpften. Der Stalinismus stützte allerdings später die bürgerliche Hetze, indem er über Jahrzehnte hinweg erklärte, dass der Sozialismus nur eine Partei erlauben kann. Wenn im Stalinismus andere Parteien zugelassen waren, dann waren diese nicht mehr als Marionetten, die den Schein waren sollten. So war es der Fall in den stalinistischen Regimen in Polen, der Tschechoslowakei und der DDR, wo sogar eine regimefreundliche, christlich-demokratische »Partei« existierte. Dem gleichen Weg folgten die stalinistischen Regime in China und Kuba. Eine ideologische Begründung hierfür findet man bei Lenin allerdings nicht. Aus diesem Grund ergänzen MarxistInnen heute Lenins vier Punkte zur Arbeiterdemokratie in *Staat und Revolution* um einen fünften, dem freien Recht auf Bildung eigener Parteien, außer faschistischen.

Während der Krise 1921 führten die Bolschewiki auch ein zeitweiliges Verbot aller Fraktionen in der Partei ein. Ziel war es, den Druck von außenstehenden Kräften auf die einzige legale Partei zu vermindern. Das Verbot wurde von den Parteimitgliedern gerade wegen der demokratischen Diskussionen in der Vergangenheit akzeptiert. Lenin betonte den vorübergehenden Charakter dieses Beschlusses und war gegen den Vorschlag, für die Wahlen zum nächsten Kongress keine unterschiedlichen Plattformen mehr zuzulassen. Vor dem Kongress 1921 hatten sich acht verschiedene Plattformen gebildet. Lenin wies darauf hin, dass neue, entscheidende Fragen auftauchen könnten, die die Notwendigkeit von unterschiedlichen Plattformen wieder auf die Tagesordnung setzen würden. Dies unterstrich den zeitweiligen Charakter des Fraktionsverbots. Unter Stalin wurde diese Ausnahme zur Regel und spielte eine entscheidende Rolle in der Entartung der Sowjetunion.

NÖP und die Bürokratisierung

1921 wurde die Neue Ökonomische Politik (NÖP) eingeführt. Um dem Mangel an Nahrungsmitteln zu begegnen, waren die Bolschewiki zu Zugeständnissen an GroßbäuerInnen und Geschäftsleute gezwungen, die unter der NÖP größere Profite machen durften. Schon 1920 hatte Trotzki einen solchen Schritt vorgeschlagen. Als das System eingeführt wurde, sah Lenin das als einen Wettbewerb zwischen dem sozialistischen und dem kapitalistischen Teil der Wirtschaft. Trotzki zitierte einen Professor, der diese Wirtschaftspolitik mit einem Auto verglich, das mit angezogener Handbremse den Berg hinunterfährt. Zu dem Zeitpunkt wurden Zugeständnisse und Rückschritte als das bezeichnet, was sie waren. Sie wurden nicht wie im

Stalinismus als »neue, geniale sozialistische Fortschritte« deklariert. Das bolschewistische Sowjetrussland war eine Übergangsgesellschaft, mit Zügen des Feudalismus und Kapitalismus, als auch des Staatskapitalismus und Sozialismus. Der Ausgang der gesellschaftlichen Entwicklung war offen.

Die neue Regierung war nach Krieg, Bürgerkrieg und wirtschaftlicher Katastrophe politisch stark geschwächt. Die Arbeiterklasse hatte sozial und ökonomisch die frühere herrschende Klasse gestürzt, aber hatte in dieser Situation nicht die Kontrolle über den allgemeinen Kurs. Lenin erklärte, wer stattdessen die Kontrolle ausübte:

> *»Der Staatsapparat arbeitet sehr oft gegen uns. Die Sache war die, daß uns der Staatsapparat 1917, nachdem wir die Macht ergriffen hatten, sabotierte. Wir erschraken damals sehr und baten: ›Bitte schön, kommen Sie zu uns zurück.‹ Und alle kamen zurück. Das war unser Unglück.«*[32]

Hunderttausende alte Beamte vom Zarenregime standen noch wie ein bürokratischer Koloss da. Diese ExpertInnen bekamen viel Macht, was Lenin ebenfalls thematisierte:

> *»der Angelpunkt ist vielmehr, daß die Menschen nicht an den richtigen Platz gestellt sind, daß ein verantwortlicher Kommunist, der die ganze Revolution glänzend durchlaufen hat, mit einem Handels- und Industrieposten betraut ist, von dem er nichts versteht und wo er uns hindert, die Wahrheit zu sehen, weil sich hinter seinem Rücken Geschäftemacher und Gauner ausgezeichnet zu verstecken wissen.«*[33]

32 Lenin, W. I.: IV. Kongreß der Kommunistischen Internationale. In: Lenin, W. I.: Werke, Band 34, 6. Auflage, Dietz 1977, S. 414

33 Lenin, W. I.: XI. Parteitag der KPR(B). In: Lenin, W. I.: Werke, Band

Diese Beschreibung ist Lichtjahre von der stalinistischen Prahlerei entfernt. Lenin wusste, dass nur der Sieg der Arbeiterklasse eines anderen Landes Rettung bringen konnte und die Chance, bis dahin zu überleben, lag zuerst in den Zugeständnissen durch die Neue Ökonomische Politik und später in einer Industrialisierung. Bucharin, der nun zum rechten Parteiflügel übergegangen war, sprach für einen *»Sozialismus im Schneckentempo«* und hob die Neue Ökonomische Politik, in den Himmel. In Wirklichkeit stärkte die Neue Ökonomische Politik, die Konterrevolution, durch die Unterstützung der »NÖP-Männer«, die ein Vermögen machten und reichen BäuerInnen, den Kulacken, die ökonomisch und politisch gestärkt wurden.

Nach der Revolution erhöhte sich die Mitgliedszahl der Bolschewiki innerhalb von drei Jahren von 313.000 (Anfang 1919) auf 650.000. Auch viele KarrieristInnen und frühere GegnerInnen der Bolschewiki wurden Mitglieder. Innerhalb der Partei wurde die Macht bei der zentralen, organisatorischen Leitung gestärkt. Diese war nach dem Tod des Parteisekretärs Swerdlow 1919 an eine Gruppe übergegangen, der auch Stalin angehörte. Stalins Stärke war keine politische, sondern eine organisatorische. Er begann schnell, die übrigen in der Gruppe auszustechen.

Im Mai 1919 hatte Stalins Sekretariat 30 Angestellte, 1921 waren es 602. Allein in den Jahren zwischen den Parteikongressen 1921 und 1922 sorgten sie für Umsetzung seiner Befehle oder der Ernennungen von 42.000 Parteimitgliedern. Am 4. April 1922 bekam Stalin formell den Titel des Generalsekretärs, ein Zeichen seiner wachsenden Macht. Im selben Jahr bekam Lenin seinen ersten Schlaganfall.

34, 6. Auflage, Dietz 1977, S. 291

Die konterrevolutionären Kräfte waren nicht stark genug, den Arbeiterstaat offen herauszufordern, obwohl dieser erheblich geschwächt war. Sie brauchten Verbündete im Regime selbst. Stalin wurde zu einer solchen Person, zuerst unbewusst, dann bewusst. Stalins AnhängerInnen in der Partei und der alten Zarenbürokratie hatten gemeinsam, dass sie Ruhe haben sowie ihre Privilegien festigen und erweitern wollten. Sie waren misstrauisch gegenüber Lenins und Trotzkis Kampf und deren Perspektive einer internationalen Arbeiterrevolution.

Stalins Haupteigenschaft als kommender Diktator war die Fähigkeit sich hinter anderen zu verstecken und Unterstützung bei verschiedenen Gruppen zu verschiedenen Gelegenheiten zu suchen, solange das ihm selbst und der Bürokratie diente. Deshalb konnte er Anfang der 1920er Bucharins Linie zur Neue Ökonomischen Politik (»Bauern bereichert euch«) unterstützen, um später in einer totalen Kehrtwende gerade gegen die BäuerInnen zu schlagen. Leo Trotzki konstatierte: *»Stalin weiß den einen Tag nicht, was er am nächsten Tag machen wird«.*

Lenins letzter Kampf

Im Dezember 1922 schrieb Lenin das, was später sein Testament genannt wurde. Darin hielt er fest:

> *»Gen. Stalin hat, nachdem er Generalsekretär geworden ist, eine unermeßliche Macht in seinen Händen konzentriert, und ich bin nicht überzeugt, daß er es immer verstehen wird, von dieser Macht vorsichtig genug Gebrauch zu machen.«*[34]

34 Lenin, W. I.: Brief an den Parteitag. In: Lenin, W. I.: Werke, Band 36, 4. Auflage, Dietz 1971, S. 579

Im gleichen Monat überschlugen sich die Ereignisse, die Lenins Einschätzung von Stalin weiter in diese Richtung prägten. Mit der Bildung einer Sowjetunion wurde ein loser Verband der Sowjetregierungen in Russland, der Ukraine, in Weißrussland, Georgien, Armenien und Aserbaidschan angestrebt. Stalin war Kommissar für die Nationale Frage und verantwortlich für die neue Verfassung der neuen Union.

Besonders in Georgien war das eine sensible Frage. Im März 1921 hatten die ArbeiterInnen und die Armen auf dem Land unter bolschewistischer Leitung das frühere menschewistische Regime übernommen. Die Menschewiki hatten durch ihre Zusammenarbeit mit den deutschen und britischen Truppen diese Selbständigkeit der Klasse unterminiert. Es gab ein großes Misstrauen, wieder aufs Neue von Moskau gesteuert zu werden.

Die georgischen Bolschewiki waren deshalb gegen Stalins Plan und zweifelten an dem Projekt der Sowjetunion. Stalin und sein Helfer Ordschonikidse antworteten, indem sie die georgische Partei der nationalen Abweichung anklagten, Ordschonikidse griff in einer Debatte sogar zu physischer Gewalt.

Lenin nahm den Bericht eines anderen StalinistInnen, Dserschinski, mit *»den größten Befürchtungen«* entgegen und verlangte die Absetzung Ordschonikidses. Lenin griff Stalin an, der betonte, dass jetzt die Einheit zu wahren sei.

Diese Einheit war die Einheit des Apparats, *»demselben russischen Apparat, (...), den wir vom Zarismus übernommen haben«*, sagte Lenin und fügte hinzu:

> *»Jetzt aber müssen wir [...] sagen, daß wir einen Apparat als eigenen bezeichnen, der uns in Wirklichkeit noch durch und durch fremd ist und ein bürgerlich-zaristisches Gemisch darstellt, das wir beim besten Willen in den fünf Jahren nicht überwinden konnten, in denen*

> *uns die Hilfe anderer Länder fehlte und wir uns vorwiegend militärisch »betätigten« und die Hungersnot bekämpften.«*[35]

Lenin betonte, genau wie vor der Revolution, wie wichtig es sei, *»ein größtmögliches Vertrauen von nichtrussischer Seite zu genießen«* und nicht wie ein *»brutaler, großrussischer Grobian«* aufzutreten. Elf führende Mitglieder der Kommunistischen Partei Georgiens traten im Protest gegen Stalin zurück und diese wurden nur mit von Stalin ausgesuchten Abgeordneten ersetzt. In seiner letzten politischen Handlung Anfang 1923 bot Lenin den kritischen GeorgierInnen Unterstützung und Material zur nationalen Frage an. Um einer Auseinandersetzung mit Lenin aus dem Weg zu gehen, gab Stalin auf dem Papier nach.

Neu in dieser Frage war Stalins wachsende Macht. Unter dem Druck der Bürokratie agierte er mit Stärke und Entschlossenheit für das Gedeihen des Apparats und nicht, wie die Regierung zuvor, für das Gedeihen der Revolution. Bis dahin waren Fehler und Rückschritte zugegeben worden. Über die Prinzipien der Partei wurde regelmäßig Rechenschaft abgelegt. Jetzt begannen die grundsätzlichen Ideen in den Hintergrund zu fallen und die Macht und Privilegien der Leitungen wurden das vorherrschende Ziel.

Lenins verlangte Stalins Rücktritt. Die Partei solle

> *»jemand anderen an diese Stelle zu setzen, der sich in jeder Hinsicht von Gen. Stalin nur durch einen Vorzug unterscheidet, nämlich dadurch, daß er toleranter, loyaler, höflicher und den Genossen gegenüber aufmerksamer, weniger launenhaft usw. ist.«*[36]

35 Lenin, W. I.: Zur Frage der Nationalitäten oder der »Autonomisierung.« In: Lenin, W. I.: Werke, Band 36, 4. Auflage, Dietz 1971, S. 591

36 Lenin, W. I.: Brief an den Parteitag. In: Lenin, W. I.: Werke, Band 36, 4. Auflage, Dietz 1971, S. 580

Den ArbeiterInnen und der Partei gegenüber nicht loyal zu sein, war eine verheerende Anklage gegen Stalin. Nach Lenins Tod waren die Trotzkisten die einzigen, die über dieses Dokument berichteten. Erst 1956, drei Jahre nach Stalins Tod, wurde es publiziert.

Lenin wandte sich an Trotzki im Kampf gegen die Bürokratie und schlug ihm einen Block gegen die von Stalin geführte Organisationsbürokratie und die gesamte Bürokratisierung vor. In Lenins Testament wird Trotzki als der Fähigste in der Leitung beschrieben, aber mit einem Übermaß an Selbstbewusstsein und einer Tendenz, zu viel Gewicht auf administrative Maßnahmen zu legen. Der Unterschied zur Einschätzung von Stalin ist offensichtlich.

Lenin sah, dass die Bürokratisierung nicht länger nur im Staat, sondern auch in der Partei existierte. Für den elften Parteikongress bereitete er das vor, was er als *»eine politische Bombe«* bezeichnete. Aber er wurde von dem entscheidenden Schlaganfall getroffen und war danach bis zu seinem Tod nicht mehr in der Partei- und Staatsleitung. Trotzki nahm in dieser Situation den Kampf auf dem Kongress nicht auf. Er wollte nicht als derjenige, der Lenin »beerben« will, verdächtigt werden. Stalin hatte bereits eine Kampagne gegen Trotzki und den Trotzkismus gestartet um über diesen Umweg Lenins Politik anzugreifen. Während des Kongresses wurde diese Kampagne abgeschwächt und Stalin tat so, als ob er Lenins und Trotzkis Kritik teilweise zustimmen würde. Hinter den Kulissen wurden die Verleumdungen im Rahmen von Stalins Bestrebungen nach mehr Macht fortgesetzt.

Die deutsche Revolution im Sommer und Herbst 1923 zeigte, dass die Sowjetregierung und damit die kommunistische Internationale von Lenins und Trotzkis Kurs abgekommen war.

Ohne bewusste internationale Führung entwickelten sich frühe Niederlagen wie in Ungarn und Finnland. Die Leitung der Komintern agierte mit einer Politik, die die konservative Rolle der Bürokratie widerspiegelte. Sinowjew gab mit Stalins Unterstützung den Befehl, die Revolution 1923 zurückzuhalten. Die Niederlage war besiegelt, weil die deutsche kommunistische Führung schwankte.

Die Niederlage in Deutschland 1923 und die Fortsetzung der NÖP bedeutete eine Stärkung der Bürokratie und eine deutliche Schwächung der Arbeiterklasse. Stalin konnte seine »Theorie« vom »Sozialismus in einem Land« lancieren, dass heißt einen »Sozialismus« allein in der Sowjetunion aufzubauen. Die internationalen kommunistischen Parteien wurden zu Botschafterparteien reduziert. Trotzki organisierte die Linke Opposition, die die Forderungen nach freien Debatten in der Partei, mehr ArbeiterInnen in einer Führung ohne Privilegien und für eine schnellere Entwicklung der Industrie aufstellte.

Aber für einen Sieg gegen die Bürokratie gab es nicht die materiellen Voraussetzungen in der Sowjetunion. Eine neue Aristokratie erhob sich und begann mit der Unterdrückung der Massen, die ihnen die Macht gegeben hatten. Lenins Partei hörte auf zu existieren und wurde durch die stalinistische Bürokratie ersetzt.

Der Stalinismus konnte sich in der Sowjetunion für fast 70 Jahre an der Macht halten. Die Bürokratie lebte parasitär von den Resten des Arbeiterstaats, der Planwirtschaft, die sich trotz Diktatur und Misswirtschaft schnell in der ersten Zeit des wirtschaftlichen Aufbaus entwickelte. Aus diesem Grund konnte die Sowjetunion Nazideutschland im zweiten Weltkrieg besiegen, was den Stalinismus für Jahrzehnte enorm stärkte. In den osteuropäischen Ländern, wo die Sowjetunion die Nazitruppen vertrieb, wurden stalinistische

Regime errichtet. Die Sowjetunion war ein Anziehungspunkt für die massiven, sozialen Befreiungsbewegungen in der kolonialen Welt. 1949 übernahm die Rote Armee in China unter Mao Zedong die Macht und errichtete ein politisches Regime nach Stalins Vorbild.

Nach Jahrzehnten von wirtschaftlicher Stagnation und Krise, verursacht durch die bürokratische Erstickung der Planwirtschaft, brach der Stalinismus in der Sowjetunion in den Jahren 1990-1991 zusammen. Die sozialistische Alternative - die von Trotzki schon 1936 vertreten wurde - eine neue Arbeiterrevolution, um die Bürokratie zu stürzen und eine von ArbeiterInnen kontrollierte, sozialistische Planwirtschaft aufzubauen, war zu schwach. Die stalinistischen FührerInnen wechselten die Rollen und wurden schnell zu Kapitalisten und bürgerlichen Politikern in dem neuen russischen Raubtierkapitalismus.

Per-Åke Westerlund

Lenins letzte Briefe

Über das Außenhandelsmonopol

An L. D. Trotzki[37]

Genosse Trotzki! Beiliegend ein Brief Krestinskis. Schreiben Sie schnellstens, ob Sie einverstanden sind; ich werde auf dem Plenum für das Monopol kämpfen.

Und Sie?

Ihr Lenin

P.S. Es wäre gut, wenn Sie dies schnell zurückschicken würden.

An die Genossen Frumkin und Stomoniakow[38]

Kopie an Trotzki

Durch die Verschlechterung meines Gesundheitszustandes bin ich gezwungen, auf meine Anwesenheit im Plenum zu verzichten. Ich erkenne vollkommen, wie unbequem, ja mehr als unbequem mein Benehmen gegen Euch ist, aber irgendwie mit Erfolg kann ich sowieso nicht auftreten.

Heute erhielt ich von Gen. Trotzki den beiliegenden Brief, mit welchem ich im wesentlichen einverstanden

37 geschrieben am 12. Dezember 1922, in: Lenin, W. I.: Briefe, Band 9, Dietz 1974, S. 329

38 aus Trotzki, L.: Die Fälschung der Geschichte der Russischen Revolution, Reprint [] der Ausgabe, Berlin 1971, Druck C. Janiszewski, 1927. (= Trotzki - Archiv Nr. 7). S. 54

bin, mit Ausnahme vielleicht der letzten Zeilen über den Gosplan. Ich werde Trotzki über mein Einverständnis mit ihm schreiben und ihn bitten, die Verteidigung meiner Position im Plenum, da ich krank bin, zu übernehmen.

Ich denke, dass man diese Verteidigung in drei Teile teilen muss: erstens Verteidigung des Grundprinzips des Außenhandelmonopols – ihre volle endgültige Bestätigung. Zweitens: Übergabe an eine besondere Kommission zur detailliertesten Besprechung der praktischen Pläne der Verwirklichung des Monopols, welche [Pläne] Awanessow einbringt; in dieser Kommission müssen zu gleicher Zeit Vertreter des Außenhandels sein. Drittens: die Frage über die Arbeit des Gosplan muss besonders bearbeitet werden, wobei ich meine, dass ich mit Trotzki wohl keine Differenzen haben werde, wenn er sich auf die Forderung beschränkt, dass die Arbeit des Gosplan, die unter dem Zeichen der Entwicklung steht, alle Gebiete der Tätigkeit des Kommissariats des Außenhandels berührt.

Ich hoffe Ihnen noch heute oder morgen zu schreiben und Ihnen eine Erklärung zu dieser Frage im Plenum zu schicken. In jedem Fall, wenn im Plenum keine Einigkeit erzielt wird, die Frage bis zum Kongress werde verschieben müssen. Aber bis dahin ist eine Erklärung über ein gegenwärtiges Auseinandergehen in dieser Frage in der Fraktion der RKP des bevorstehenden Sowjetkongresses abzugeben.

Lenin, 12. Dezember 1922, registriert L.F.

An L.D. Trotzki[39]

Kopie an Frumkin und Stomoniakow

Gen. Trotzki!

Ich habe Ihre Stellungnahme zu dem Brief Krestinskis und zu den Plänen Awanessows erhalten. Mir scheint, dass zwischen Ihnen und mir weitestgehende Übereinstimmung besteht und was die Staatliche Kommission betrifft, so glaube ich, dass die jetzige Fragestellung den Streit darüber, ob die Staatliche Plankommission Verfügungsrechte braucht, ausschließt (bzw. aufschiebt).

Auf jeden Fall würde ich Sie sehr bitten, auf dem bevorstehenden Plenum die Verteidigung unserer gemeinsamen Auffassung von der unbedingten Notwendigkeit der Beibehaltung und Festigung des Außenhandelsmonopols zu übernehmen. Da das vorige Plenum hierüber einen Beschluss gefasst hat, der dem Außenhandelsmonopol vollständig zuwiderläuft, und da man in dieser Frage nicht nachgeben darf, denke ich, wie ich auch in meinem Brief an Frumkin und Stomonjakow schreibe, dass wir, falls wir in dieser Frage eine Niederlage erleiden, gezwungen sein werden, sie vor dem Parteitag zu stellen. Hierzu bedarf es einer kurzen Darlegung unserer Meinungsverschiedenheiten vor der Parteifraktion des bevorstehenden Sowjetkongresses. Wenn ich es schaffe, bereite ich das vor, und ich würde mich sehr freuen, wenn Sie das auch täten. Unentschlossenheit in dieser Frage bringt uns unerhörten Schaden, die Gegenargumente aber laufen einzig und allein darauf hinaus, den Apparat der Unvollkommenheit zu bezichtigen. Unser

39 Lenin, W. I.: Briefe, Band 9, Dietz 1974, S. 330

Apparat aber ist unvollkommen, wohin wir auch blicken, und wegen der Unvollkommenheit des Apparats auf das Monopol verzichten hieße das Kind mit dem Bade auszuschütten.

Lenin

Brief an J.W. Stalin[40]

Für die Mitglieder des ZK der KPR (B)

Ich habe jetzt meine Angelegenheiten endgültig erledigt und kann ruhig wegfahren. Ich bin auch mit Trotzki zu einer Einigung über die Verteidigung meiner Ansichten über das Außenhandelsmonopol gekommen.

Es ist nur ein Umstand geblieben, der mich außerordentlich stark beunruhigt – die Unmöglichkeit, auf dem Sowjetkongress zu sprechen. Am Dienstag werden mich die Ärzte besuchen, und wir werden beraten, ob wenigstens eine kleine Chance dafür besteht. Auf die Rede verzichten zu müssen empfände ich als sehr unangenehm, um kein stärkeres Wort zu gebrauchen. Das Konzept der Rede habe ich bereits vor einigen Tagen geschrieben. Ich schlage daher vor, ohne die Vorbereitungen dafür einzustellen, dass ein anderer an meiner Stelle spricht, bis Mittwoch die Möglichkeit offenzulassen, dass ich selber auftreten werde, vielleicht mit einer Rede, die wesentlich kürzer ist als sonst, beispielsweise von etwas drei Viertel Stunde Dauer. Eine solche Rede wird die Rede meines Stellvertreters keineswegs stören (ganz gleich, wen Sie damit beauftragen), aber sie wird, denke ich, sowohl politisch als auch im persönlichen Sinne nützlich sein, denn sie wird einen Anlass zu großer Beunruhigung beseitigen. Ich bitte, das zu beachten und mich, wenn sich die Eröffnung des Kongresses noch hinziehen sollte, über meinen Sekretär rechtzeitig zu benachrichtigen.

P.S. Ich bin völlig dagegen, die Frage des Außenhandels-

40 Lenin, W. I.: Brief an die Mitglieder des ZK Betreffs der Möglichkeit, auf dem X. Gesamtrussisches Sowjetkongress zu sprechen. In: Lenin, W. I.: Werke, Band 33, 6. Auflage, Dietz 1977, S. 446; der zweite Satz und der Postskript aus dem Russischen Original, Lenin-Werke Band 54, S. 338

monopols in die Länge zu ziehen. Wenn irgendwelche Vorschläge zur Idee führen, die Frage bis zum nächsten Plenum hinauszuschieben, dann würde ich energisch dagegen protestieren, denn ich bin erstens sicher, dass Trotzki meine Ansichten nicht schlechter als ich verteidigen würde; zweitens, Ihre Erklärung, die von Sinowjew und laut Gerüchten auch die von Kamenew zeigen, dass ein Teil der Mitglieder des ZKs schon ihre früheren Meinungen geändert haben; drittens, und am wichtigsten, weitere Unentschlossenheit über dies äußerst wichtige Frage ist strikt unzulässig und wird unsere Arbeit zunichte machen.

Lenin, 15. Dezember 1922 (Telefonisch diktiert)

An L.D. Trotzki[41]

Gen. Trotzki!

Beiliegend ein Brief, den ich heute von Frumkin erhalten habe. Ich bin ebenfalls der Meinung, dass es absolut notwendig ist, ein für allemal mit dieser Frage Schluss zu machen. Wenn die Befürchtung besteht, dass mich die Sache aufregt und sich sogar auf meinen Gesundheitszustand auswirken könnte, so glaube ich, dass das überhaupt nicht zutrifft, denn das Hinziehen regt mich unendlich mehr auf, da es unsere Politik in einer der Grundfragen völlig labil macht. Deshalb lenke ich Ihre Aufmerksamkeit auf den beiliegenden Brief und bitte sehr, die unverzügliche Erörterung dieser Frage zu unterstützen. Ich bin überzeugt, dass es, falls uns die Gefahr einer Niederlage droht, viel günstiger ist, wenn es vor dem Parteitag dazu kommt und wir uns sofort an die Fraktion des Kongresses wenden, als wenn wir die Niederlage nach dem Parteitag erleiden. Vielleicht wäre solch ein Kompromiss annehmbar, dass wir jetzt einen Beschluss zur Bekräftigung des Monopols fassen, die Frage aber trotzdem auf dem Parteitag stellen und das schon jetzt vereinbaren. Einen anderen Kompromiss können wir meines Erachtens in unserem Interesse und im Interesse der Sache auf keinen Fall eingehen.

Lenin, 15. Dezember 1922

41 Lenin, W. I.: Briefe, Band 9, Dietz 1974, S. 332

An L.D. Trotzki[42]

Gen. Trotzki! Ich finde, wir sind jetzt völlig einer Meinung, und bitte Sie, dies auf dem Plenum mitzuteilen. Ich hoffe, dass unser Beschluss durchkommt, denn ein Teil derer, die im Oktober dagegen gestimmt haben, kommt jetzt teilweise oder vollständig auf unsere Seite. Sollte unser Beschluss entgegen allen Erwartungen nicht durchkommen, wenden wir uns an die Fraktion des Sowjetkongresses und erklären, dass wir die Frage vor dem Parteitag bringen.

Benachrichtigen Sie mich dann, und ich schicke meine Erklärung.

Ihr Lenin

PS. Falls diese Frage von der Tagesordnung des Plenums abgesetzt werden sollte (was ich nicht erwarte und wogegen Sie natürlich in unserer beider Namen mit aller Macht protestieren müssten), dann muss man sich meines Erachtens sowieso an die Fraktion des Sowjetkongresses wenden und verlangen, dass die Frage an den Parteitag überwiesen wird, denn weitere Schwankungen dürfen auf keinen Fall geduldet werden.

Alle Materialien, die ich Ihnen geschickt habe, können bis nach dem Plenum bei Ihnen bleiben.

42 geschrieben am 15. Dezember 1922, ebd. S 331

An L.D. Trotzki

Lew Dawydowitsch! Professor Foerster hat Wladimir Iljitsch heute erlaubt, einen Brief zu diktieren, und er hat mir nachstehenden Brief an Sie diktiert.

»Wie es scheint, ist es uns gelungen, die Stellung ohne einen einzigen Schuss, durch einfaches Manövrieren, zu nehmen. Ich schlage vor, nicht stehenzubleiben, sondern die Offensive fortzusetzen und zu diesem Zweck den Antrag zu stellen, dass auf dem Parteitag die Frage der Stärkung und Verbesserung unseres Aussenhandels beraten wird; dies in der Fraktion des Sowjetkongresses bekanntgeben. Ich hoffe, Sie haben keine Einwände und werden es nicht ablehnen, den Bericht von der Fraktion zu geben.

N. Lenin«

Wladimir Iljitsch bittet noch, ihm telefonisch zu antworten.

N. K. Uljanow, 21. Dezember 1922

Über Organisation und das Zentralkomitee

Brief an den Parteitag[43]

Ich würde sehr empfehlen, auf diesem Parteitag [im April] eine Reihe von Änderungen in unserer politischen Struktur vorzunehmen.

Ich möchte Ihnen die Erwägungen mitteilen, die ich für die wichtigsten halte.

In erster Linie rate ich, die Zahl der Mitglieder des ZK auf einige Dutzend oder sogar auf hundert zu erhöhen. Mir scheint, unserem Zentralkomitee würden, falls wir eine solche Reform nicht vornehmen, große Gefahren drohen, wenn sich der Gang der Ereignisse nicht ganz günstig für uns gestaltet (damit müssen wir aber rechnen).

Sodann möchte ich der Aufmerksamkeit des Parteitags empfehlen, den Beschlüssen der Staatlichen Plankommission unter bestimmten Voraussetzungen gesetzgeberischen Charakter zu verleihen, diesbezüglich also Genossen Trotzki bis zu einem gewissen Grad und unter gewissen Bedingungen entgegenzukommen.

Was den ersten Punkt betrifft; d. h. die Erhöhung der

43 Den Brief an den Parteitag diktierte Lenin in der Zeit vom 23. bis 26. Dezember 1922, die »Ergänzung zum Brief vom 24. Dezember 1922« aber am 4. Januar 1923. Dieser Brief wie auch die darauf folgend veröffentlichten Briefe »Über die Ausstattung der Staatlichen Plankommission mit gesetzgeberischen Funktionen« und »Zur Frage der Nationalitäten oder der ›Autonomisierung‹« lehnen sich an die letzten Arbeiten Lenins an und sie wurden auch damals in der »Prawda« veröffentlicht.

Zahl der Mitglieder des ZK, so glaube ich, dass das nötig ist, sowohl um die Autorität des ZK zu heben als auch um ernsthaft an der Verbesserung unseres Apparats zu arbeiten und um zu verhindern, dass Konflikte kleiner Teile des ZK eine übermäßig große Bedeutung für das ganze Schicksal der Partei erlangen könnten.

Ich glaube, dass unsere Partei das Recht hat, von der Arbeiterklasse 50–100 Mitglieder des ZK zu verlangen, und dass sie diese von ihr ohne übermäßige Anspannung ihrer Kräfte erhalten kann.

Eine solche Reform würde unsere Partei erheblich festigen und ihren Kampf erleichtern, den sie inmitten feindlicher Staaten zu führen hat, und der sich meiner Meinung nach in den nächsten Jahren stark zuspitzen kann und muss. Mir scheint, dass unsere Partei durch eine solche Maßnahme tausendfach an Stabilität gewinnen würde.

Lenin, Niederschrift: M. W., 23. Dezember 1922

Die Briefe über innerparteiliche Fragen wurden zu jener Zeit nicht veröffentlicht; der Brief »Zur Frage der Nationalitäten oder der ›Autonomisierung‹« wurde auf einer Beratung der Delegationsleiter des XII. Parteitags im Zusammenhang mit der Erörterung der nationalen Frage verlesen; der Brief »Über die Ausstattung der Staatlichen Plankommission mit gesetzgeberischen Funktionen« wurde im Juni 1923 an alle Mitglieder und Kandidaten des Politbüros des ZK und an die Präsidiumsmitglieder des Zentralexekutivkomitees geschickt; der »Brief an den Parteitag« wurde in den Delegationen auf dem XIII. Parteitag der Kommunistischen Partei Russlands verlesen. 1956 wurden (drei Jahre nach Stalins Tod) diese Briefe Lenins wieder öffentlich gemacht.

Lenins Testament

Fortsetzung der Aufzeichnungen, 24. Dezember 1922

Unter der Stabilität des Zentralkomitees, von der ich oben gesprochen habe, verstehe ich Maßnahmen gegen eine Spaltung, insoweit solche Maßnahmen überhaupt getroffen werden können. Denn der Weißgardist in der »Russkaja Mysl« (ich glaube, es war S. F. Oldenburg[44]) hatte natürlich recht, als er erstens seine Hoffnungen in dem Spiel dieser Leute gegen Sowjetrussland auf eine Spaltung unserer Partei setzte und als er zweitens seine Hoffnungen hinsichtlich dieser Spaltung auf sehr ernste Meinungsverschiedenheiten in der Partei setzte.

Unsere Partei stützt sich auf zwei Klassen, und deshalb ist ihre Instabilität möglich und ihr Sturz unvermeidlich, wenn es dahin käme, dass zwischen diesen beiden Klassen kein Einvernehmen erzielt werden könnte. Es ist zwecklos, für diesen Fall diese oder jene Maßnahme zu treffen und überhaupt von der Stabilität unseres ZK zu sprechen. Keinerlei Maßnahmen werden in diesem Fall eine Spaltung verhindern können. Ich hoffe jedoch, das liegt in allzu ferner Zukunft und ist ein allzu unwahrscheinliches Ereignis, als dass man darüber sprechen müsste.

Ich meine mit Stabilität die Garantie vor einer Spaltung in allernächster Zeit und beabsichtige, hier eine Reihe von Erwägungen rein persönlicher Natur anzustellen. Ich denke, ausschlaggebend sind in der Frage der Sta-

44 Der politische Beobachter der im Jahre 1922 in Prag erscheinenden weißgardistischen Zeitschrift Peter Struves »Russkaja Mysl« war nicht S. F. Oldenburg (wie im Brief gesagt wird), sondern S. S. Oldenburg. S. F. Oldenburg ist der bekannte russische Gelehrte und Orientalist, der 1922 ständiger Sekretär der Akademie der Wissenschaften war.

bilität unter diesem Gesichtspunkt solche Mitglieder des ZK wie Stalin und Trotzki. Die Beziehungen zwischen ihnen stellen meines Erachtens die größere Hälfte der Gefahr jener Spaltung dar, die vermieden werden könnte und zu deren Vermeidung meiner Meinung nach unter anderem die Erhöhung der Zahl der Mitglieder des ZK auf 50, auf 100 Personen dienen soll.

Genosse Stalin hat, nachdem er Generalsekretär geworden ist, eine unermessliche Macht in seinen Händen konzentriert, und ich bin nicht überzeugt, dass er es immer verstehen wird, von dieser Macht vorsichtig genug Gebrauch zu machen. Anderseits zeichnet sich Genosse Trotzki, wie schon sein Kampf gegen das ZK in der Frage des Volkskommissariats für Verkehrswesen bewiesen hat, nicht nur durch hervorragende Fähigkeiten aus. Persönlich ist er wohl der fähigste Mann im gegenwärtigen ZK, aber auch ein Mensch, der ein Übermaß von Selbstbewusstsein und eine übermäßige Vorliebe für rein administrative Maßnahmen hat.

Diese zwei Eigenschaften zweier hervorragender Führer des gegenwärtigen ZK können unbeabsichtigt zu einer Spaltung führen, und wenn unsere Partei nicht Maßnahmen ergreift, um das zu verhindern, so kann die Spaltung überraschend kommen.

Ich will die persönlichen Eigenschaften der anderen Mitglieder des ZK nicht weiter charakterisieren. Ich erinnere nur daran, dass die Episode mit Sinowjew und Kamenew im Oktober[45] *natürlich kein Zufall war, dass*

45 Gemeint ist das Verhalten Sinowjews und Kamenews in den Sitzungen des ZK der Partei am 10. (23.) und 16. (29.) Oktober 1917, als sie gegen Lenins Resolution über die sofortige Vorbereitung des bewaffneten Aufstands auftraten und dagegen stimmten. Nachdem Kamenew und Si-

man sie ihm [Offenbar ein Schreibfehler: statt »ihm« muss es sinngemäß »ihnen« heißen. Die Red.] aber ebenso wenig als persönliche Schuld anrechnen kann wie Trotzki den Nichtbolschewismus.

Was die jungen Mitglieder des ZK betrifft, so möchte ich einige Worte über Bucharin und Pjatakow sagen. Das sind meines Erachtens die hervorragendsten Kräfte (unter den jüngsten Kräften) und ihnen gegenüber sollte man folgendes im Auge haben: Bucharin ist nicht nur ein überaus wertvoller und bedeutender Theoretiker der Partei, er gilt auch mit Recht als Liebling der ganzen Partei, aber seine theoretischen Anschauungen können nur mit sehr großen Bedenken zu den völlig marxistischen gerechnet werden, denn in ihm steckt etwas Scholastisches (er hat die Dialektik nie studiert und, glaube ich, nie vollständig begriffen).

25. Dezember

Nun zu Pjatakow. Er ist zweifellos ein Mensch mit großer Willenskraft und glänzenden Fähigkeiten, der jedoch einen allzu starken Hang für das Administrieren und für administrative Maßnahmen hat, als dass man sich in einer ernsten politischen Frage auf ihn verlassen könnte.

Natürlich mache ich die eine wie die andere Bemerkung nur für die Gegenwart und für den Fall, dass diese bei-

nowjew in beiden Sitzungen entschieden zurückgewiesen worden waren, veröffentlichten sie am 18. Oktober in der menschewistischen Zeitung »Nowaja Shisn« eine Erklärung des Inhalts, dass die Bolschewiki den Aufstand vorbereiten, dass sie beide aber den Aufstand für ein Abenteuer halten. Damit verrieten sie den streng geheimen Beschluss des ZK über die unmittelbare Organisierung des Aufstands an Rodsjanko und Kerenski. Am gleichen Tag verurteilte W. I. Lenin in dem »Brief an die Mitglieder der Partei der Bolschewiki« diese Handlungsweise und bezeichnete sie als unerhörtes Streikbrechertum.

den hervorragenden und ergebenen Funktionäre keine Gelegenheit finden sollten, ihr Wissen zu erweitern und ihre Einseitigkeit zu überwinden.

Lenin, Niederschrift: M. W., 25. Dezember 1922

Ergänzung zum Brief vom 24. Dezember 1922

Stalin ist zu grob, und dieser Mangel, der in unserer Mitte und im Verkehr zwischen uns Kommunisten durchaus erträglich ist, kann in der Funktion des Generalsekretärs nicht geduldet werden. Deshalb schlage ich den Genossen vor, sich zu überlegen, wie man Stalin ablösen könnte, und jemand anderen an diese Stelle zu setzen, der sich in jeder Hinsicht von Genosse Stalin nur durch einen Vorzug unterscheidet, nämlich dadurch, dass er toleranter, loyaler, höflicher und den Genossen gegenüber aufmerksamer, weniger launenhaft usw. ist. Es könnte so scheinen, als sei dieser Umstand eine winzige Kleinigkeit. Ich glaube jedoch, unter dem Gesichtspunkt der Vermeidung einer Spaltung und unter dem Gesichtspunkt der von mir oben geschilderten Beziehungen zwischen Stalin und Trotzki ist das keine Kleinigkeit, oder eine solche Kleinigkeit, die entscheidende Bedeutung erlangen kann.

Lenin, Niederschrift: L. F., 4. Januar 1923

Über das Zentralkomitee

Fortsetzung der Aufzeichnungen.
26. Dezember 1922

Die Erhöhung der Zahl der Mitglieder des ZK auf 50 oder sogar 100 Personen soll meines Erachtens einem doppelten oder sogar dreifachen Ziel dienen: Je mehr Mitglieder dem ZK angehören, desto mehr Genossen werden in der ZK-Arbeit geschult und desto geringer wird die Gefahr einer Spaltung auf Grund irgendeiner Unvorsichtigkeit sein. Die Einbeziehung vieler Arbeiter in das ZK wird den Arbeitern helfen, unseren Apparat zu verbessern, der unter aller Kritik ist. Im Grunde genommen wurde er uns vom alten Regime hinterlassen, denn es war völlig unmöglich, ihn in so kurzer Zeit, besonders während des Krieges, der Hungersnot usw. umzugestalten. Daher kann man den »Kritikern«, die uns spöttisch oder boshaft mit Hinweisen auf die Defekte unseres Apparates aufwarten, ruhig antworten, dass diese Leute die Bedingungen der gegenwärtigen Revolution absolut nicht begreifen. Den Apparat in einem halben Jahrzehnt hinreichend umzugestalten ist überhaupt unmöglich, besonders unter den Bedingungen, unter denen sich die Revolution bei uns vollzogen hat. Es genügt, dass wir in fünf Jahren einen Staat von neuem Typus geschaffen haben, in dem die Arbeiter, gefolgt von den Bauern, gegen die Bourgeoisie vorgehen, auch das ist angesichts der feindlichen internationalen Umgebung eine gigantische Leistung. Aber dieses Bewusstsein darf uns den Blick nicht dafür trüben, dass wir im Grunde den alten Apparat vom Zaren und von der Bourgeoisie übernommen haben und dass jetzt, nachdem der Frie-

den gekommen und der minimale Bedarf zur Stillung des Hungers gesichert ist, alle Arbeit darauf gerichtet sein muss, den Apparat zu verbessern.

Ich stelle mir die Sache so vor, dass einige Dutzend Arbeiter, die Mitglieder des ZK werden, sich besser als irgendjemand sonst damit befassen können, unseren Apparat zu überprüfen, zu verbessern und neu zu gestalten. Die Arbeiter- und Bauerninspektion, die diese Funktion zunächst innehatte, erwies sich als außerstande, ihr gerecht zu werden, und kann lediglich als »Anhängsel« oder unter bestimmten Voraussetzungen als Helferin dieser Mitglieder des ZK Verwendung finden. Die Arbeiter, die ins ZK aufzunehmen sind, dürfen meiner Meinung nach vorwiegend nicht unter jenen Arbeitern ausgewählt werden, die einen langen Sowjetdienst durchgemacht haben (in diesem Teil meines Briefes zähle ich zu den Arbeitern überall auch die Bauern), weil sich bei diesen Arbeitern schon bestimmte Traditionen und bestimmte Vorurteile herausgebildet haben, die wir gerade bekämpfen wollen.

Arbeitermitglieder des ZK sollen vorwiegend Arbeiter sein, die unter jener Schicht stehen, welche bei uns in den fünf Jahren in die Reihen der Sowjetangestellten aufgerückt ist, und mehr zu den einfachen Arbeitern und zu den Bauern gehören, die jedoch nicht direkt oder indirekt unter die Kategorie der Ausbeuter fallen. Ich glaube, dass solche Arbeiter, die in allen Sitzungen des ZK, in allen Sitzungen des Politbüros anwesend sind und alle Dokumente des ZK lesen, einen Stamm ergebener Anhänger der Sowjetordnung bilden können, die erstens fähig sind, dem ZK selbst Stabilität zu verleihen, und die zweitens imstande sind, wirklich an der Erneuerung und Verbesserung des Apparats zu arbeiten.

Lenin, Niederschrift: L. F., 26. Dezember 1922

Über die Ausstattung der staatlichen Plankommission mit gesetzgeberischen Funktionen[46]

Fortsetzung der Aufzeichnungen.
27. Dezember 1922

Diesen Gedanken hat Genosse Trotzki, scheint mir, schon vor langem geäußert. Ich trat dagegen auf, weil ich der Ansicht war, dass sich dann im System unserer gesetzgeberischen Institutionen eine tiefgehende Unstimmigkeit zeigen werde. Aber nach aufmerksamer Prüfung finde ich, dass der Gedanke eigentlich einen gesunden Kern hat, nämlich: Die Staatliche Plankommission steht etwas abseits von unseren gesetzgeberischen Institutionen, obwohl sie als ein Gremium von Fachleuten, Experten, Vertretern der Wissenschaft und Technik im Grunde die meisten Voraussetzungen besitzt, um die Dinge richtig zu beurteilen.

Indessen sind wir bisher von dem Standpunkt ausgegangen, dass die Staatliche Plankommission dem Staat kritisch gesichtetes Material zu liefern hat, während die staatlichen Institutionen über die staatlichen Angelegenheiten entscheiden sollen. Ich glaube, bei der gegenwärtigen Lage, da sich die staatlichen Angelegenheiten ungewöhnlich kompliziert haben, da auf Schritt und Tritt abwechselnd Fragen zu lösen sind, die ein Gutachten von Mitgliedern der Staatlichen Plankommission erfordern, und solche, die ein Gutachten nicht erfordern, ja mehr noch, Angelegenheiten zu entscheiden sind,

46 Lenin, W. I.: Über die Ausstattung der staatlichen Plankommission mit gesetzgeberischen Funktionen. In: Lenin, W. I.: Werke, Band 36, 1. Auflage, Dietz 1962, S. 583ff.

in denen einige Punkte ein Gutachten der Staatlichen Plankommission erfordern, während andere Punkte ein solches Gutachten nicht erfordern - ich glaube, dass man jetzt einen Schritt in der Richtung machen soll, die Kompetenzen der Staatlichen Plankommission zu erweitern.

Ich denke mir diesen Schritt so, dass die Beschlüsse der Staatlichen Plankommission nicht im üblichen Sowjetverfahren umgestoßen werden könnten, sondern zu ihrer Abänderung eines besonderen Verfahrens bedürften, indem man beispielsweise die Frage auf einer Tagung des Gesamtrussischen Zentralexekutivkomitees vorbringt, eine neue Beschlussfassung darüber an Hand einer besonderen Instruktion vorbereitet, hierbei auf Grund besonderer Regeln schriftliche Berichte verfasst, um abzuwägen, ob der betreffende Beschluss der Staatlichen Plankommission aufzuheben ist, und schließlich, indem man besondere Fristen für die Abänderung eines Beschlusses der Staatlichen Plankommission festlegt usw.

In dieser Hinsicht, denke ich, kann und muss man Genosse Trotzki entgegenkommen, nicht aber darin, dass entweder jemand aus dem Kreis unserer politischen Führer oder der Vorsitzende des Obersten Volkswirtschaftsrats usw. der Staatlichen Plankommission vorstehen soll. Mir scheint, dass hier mit der prinzipiellen Frage gegenwärtig allzu eng die persönliche Frage verflochten ist. Ich denke, die Vorwürfe, die wir jetzt gegen den Vorsitzenden der Staatlichen Plankommission, Genosse Krshishanowski, und seinen Stellvertreter, Genosse Pjatakow, hören, Vorwürfe, die wechselseitig erhoben werden, so dass wir einerseits Beschuldigungen wegen allzu großer Nachgiebigkeit, wegen Unselbständigkeit und Charakterlosigkeit und anderseits Beschuldigungen wegen allzu großer Schroffheit, wegen Feldwebelmanieren, ungenügend solider wissenschaftlicher Vorbildung usw. hören - ich denke, dass diese Vorwürfe zwei Seiten der Sache, ins Extrem gesteigert, zum Ausdruck bringen und dass wir in Wirklichkeit in der Staatlichen Plankommission eine kluge Verbindung zweier Charaktertypen brauchen, wobei Pjatakow für den einen und Krshishanowski für den anderen als Muster dienen kann.

Ich glaube, dass an der Spitze der Staatlichen Plankommission ein Mann stehen muss, der wissenschaftlich gebildet ist, und zwar gerade auf technischem oder agronomischem Gebiet, über eine große, jahrzehntelange Arbeitserfahrung in der Technik oder Agronomie verfügt. Ich glaube, ein solcher Mann muss weniger die Eigenschaften eines Administrators besitzen als reiche Erfahrung und die Fähigkeit, Menschen zu gewinnen.

Lenin, Niederschrift: M. W., 27. Dezember 1922

Fortsetzung des Briefes über den gesetzgeberischen Charakter der Beschlüsse der Staatlichen Plankommission

28. Dezember 1922

Ich habe bei einigen unserer Genossen, die fähig sind, die Lenkung der staatlichen Angelegenheiten entscheidend zu beeinflussen, die Tendenz festgestellt, die administrative Seite zu übertreiben, die natürlich am rechten Ort und zur rechten Zeit notwendig ist, die man aber mit der wissenschaftlichen Seite, mit der Erfassung der breiten Wirklichkeit, mit der Fähigkeit, Menschen zu gewinnen, usw. nicht verwechseln darf.

In jeder staatlichen Institution, besonders in der Staatlichen Plankommission, ist die Vereinigung dieser zwei Eigenschaften notwendig, und als mir Genosse Krshishanowski sagte, er habe Pjatakow für die Staatliche Plankommission gewonnen und sich mit ihm über die Arbeit verständigt, erklärte ich mich damit einverstanden, hegte aber einerseits im stillen gewisse Zweifel, während ich anderseits manchmal hoffte, dass wir hier eine Kombination beider Typen von Staatsmännern erhalten. Ob sich diese Hoffnung erfüllt hat, muss man jetzt abwarten und auf Grund etwas längerer Erfahrung beurteilen, aber im Prinzip, glaube ich, kann es keinem Zweifel unterliegen, dass eine solche Verbindung von Charakteren und Typen (Menschen, Eigenschaften) für das richtige Funktionieren der staatlichen Institutionen unerlässlich ist. Ich denke, übertriebene »Administriererei« ist hier ebenso schädlich wie überhaupt jede Übertreibung.

Der Leiter einer staatlichen Institution muss im höchsten Grade die Fähigkeit besitzen, Menschen zu gewinnen, und zugleich über hinreichend solide wissenschaftliche und technische Kenntnisse verfügen, damit er ihre Arbeit kontrollieren kann. Das ist das Grundlegende. Fehlt es daran, so kann es keine richtige Arbeit geben. Anderseits ist es sehr wichtig, dass er zu administrieren versteht und dafür einen geeigneten Gehilfen oder deren mehrere hat. Die Vereinigung dieser beiden Eigenschaften in einer Person dürfte wohl kaum vorkommen und wohl kaum erforderlich sein.

Lenin, Niederschrift: L. F., 28. Dezember 1922

Fortsetzung der Aufzeichnungen über die Staatliche Plankommission

29. Dezember 1922

Die Staatliche Plankommission entwickelt sich bei uns offenbar allseitig zu einer Expertenkommission. An der Spitze einer solchen Institution muss unbedingt jemand mit großer Erfahrung und vielseitiger wissenschaftlicher Bildung auf dem Gebiet der Technik stehen. Die administrierende Kraft darf hier, im Grunde genommen, nur eine Stütze sein. Eine gewisse Unabhängigkeit und Selbständigkeit der Staatlichen Plankommission ist vom Standpunkt der Autorität dieser wissenschaftlichen Institution unerlässlich und setzt nur eines voraus, nämlich Gewissenhaftigkeit ihrer Mitarbeiter und deren gewissenhaftes Bemühen, unseren Plan des wirtschaftlichen und sozialen Aufbaus in die Tat umzusetzen.

Diese letzte Eigenschaft kann man jetzt selbstredend nur als Ausnahme antreffen, denn die überwiegende Mehrheit der Wissenschaftler, aus denen sich die Staatliche Plankommission natürlicherweise zusammensetzt, ist unvermeidlich mit bürgerlichen Anschauungen und bürgerlichen Vorurteilen infiziert. Sie diesbezüglich zu kontrollieren muss die Aufgabe einiger Personen sein, die das Präsidium der Staatlichen Plankommission bilden können; sie müssen Kommunisten sein und im Verlauf der Arbeit Tag für Tag verfolgen, inwieweit die bürgerlichen Wissenschaftler ergeben sind, sich von den bürgerlichen Vorurteilen lossagen und auch wie sie allmählich zum Standpunkt des Sozialismus übergehen. Diese doppelte Arbeit einer solchen wissenschaftlichen Kontrolle im Verein mit rein administrativer Arbeit sollte das Ideal der Leiter der Staatlichen Plankommission

unserer Republik sein.
Lenin, Niederschrift: M. W., 29. Dezember 1922
Ist es zweckmäßig, die von der Staatlichen Plankommission zu leistende Arbeit in einzelne Aufträge zu gliedern, oder sollte man nicht umgekehrt danach streben, einen Kreis ständiger Spezialisten zu schaffen, die durch das Präsidium der Staatlichen Plankommission systematisch kontrolliert würden und alle Fragen, für die die Staatliche Plankommission zuständig ist, in ihrer Gesamtheit lösen könnten? Ich glaube, letzteres wäre zweckmäßiger, und man sollte danach streben, die Zahl der zeitweiligen und dringlichen Einzelaufgaben zu verringern.

Lenin, Niederschrift: M.W., 29. Dezember 1922

Fortsetzung der Aufzeichnungen, 29. Dezember 1922

(zum Abschnitt über die Erhöhung der Zahl der ZK-Mitglieder)[47]

Wird die Zahl der Mitglieder des ZK erhöht, so muss man sich meines Erachtens auch und wohl hauptsächlich damit befassen, unseren Apparat, der absolut nichts taugt, zu überprüfen und zu verbessern. Zu diesem Zweck müssen wir die Dienste hochqualifizierter Spezialisten in Anspruch nehmen, und es muss die Aufgabe der Arbeiter- und Bauerninspektion sein, diese Spezialisten zu stellen.

Wie man die Arbeit dieser Kontrollspezialisten, die ausreichende Kenntnisse haben, und dieser neuen Mitglieder des ZK verbindet – diese Aufgabe muss in der Praxis gelöst werden.

Mir scheint, die Arbeiter- und Bauerninspektion hat (infolge ihrer Entwicklung und infolge unseres Befremdens über ihre Entwicklung) als Ergebnis das gezeitigt, was wir jetzt beobachten, nämlich einen Übergangszustand von einem besonderen Volkskommissariat zu einer besonderen Funktion von Mitgliedern des ZK; von einer Institution, die alle und alles revidiert, zu einem Gremium nicht sehr zahlreicher, aber erstklassiger Revisoren, die gut bezahlt werden müssen. (Das ist besonders notwendig in unserem Jahrhundert, in dem für alles gezahlt werden muss, und angesichts des Umstands, dass die Revisoren direkt im Dienste jener Institutionen stehen, von denen sie am besten bezahlt werden.)

Wird die Zahl der Mitglieder des ZK entsprechend erhöht und werden diese Mitglieder mit Hilfe solcher hochqualifizierten Spezialisten und auf allen Gebieten

47 Lenin, W. I.: (Zum Abschnitt über die Erhöhung der Zahl der ZK-Mitglieder). In: ebd. S. 588f.

kompetenten Mitglieder der Arbeiter- und Bauerninspektion Jahr für Jahr einen Lehrgang in Staatsverwaltung durchmachen, so werden wir, glaube ich, diese Aufgabe, mit der wir so lange nicht fertig werden konnten, erfolgreich lösen.
Also, noch einmal – bis zu 100 Mitglieder des ZK und nicht mehr als 400–500 Helfer, Mitarbeiter der Arbeiter- und Bauerninspektion, die im Auftrag dieser ZK-Mitglieder Revisionen vornehmen.

Lenin, Niederschrift: M. W., 29. Dezember 1922

Über die Frage der Nationalitäten und Stalin

Zur Frage der Nationalitäten oder der »Autonomisierung«[48]

Fortsetzung der Aufzeichnungen, 30. Dezember 1922

Es scheint, ich habe mich vor den Arbeitern Russlands sehr schuldig gemacht, weil ich mich nicht mit genügender Energie und Schärfe in die ominöse Frage der Autonomisierung[49] eingemischt habe, die offiziell, glaube ich,

48 Lenin, W. I.: Zur Frage der Nationalitäten oder der »Autonomisierung«. In: ebd. S. 590ff.

49 »Autonomisierung« – der Plan, die Sowjetrepubliken durch ihren Eintritt in die Russische Sozialistische Föderative Sowjetrepublik (RSFSR) auf der Grundlage der Autonomie zu vereinigen. Dieser Plan lag dem »Resolutionsentwurf über die Beziehungen zwischen der RSFSR und den unabhängigen Republiken« zugrunde, der von Stalin vorgeschlagen und im September 1922 von einer Kommission des ZK angenommen wurde, die gebildet worden war, um die Frage der weiteren Beziehungen zwischen der RSFSR, der Ukrainischen SSR, der Belorussischen SSR und der Transkaukasischen Föderation für das Plenum des ZK vorzubereiten. In seinem Brief vom 26. September 1922 an die Mitglieder des Politbüros übte Lenin an diesem Entwurf ernste Kritik. Er schlug eine prinzipiell andere Lösung der Frage vor – den freiwilligen Zusammenschluss aller Sowjetrepubliken, darunter auch der RSFSR, zu einem neuen Staatsgebilde, der Union der Sowjetrepubliken, auf der Grundlage ihrer vollen Gleichberechtigung. Lenin schrieb: »... *wir betrachten uns und die Ukrainische SSR u. a. als gleichberechtigt, und wir werden zusammen und auf gleichem Fuße mit ihnen der neuen Union, der neuen Föderation beitreten ...*« Die Kommission des ZK arbeitete den Resolutionsentwurf entsprechend den Weisungen Lenins um. Der neue Entwurf wurde im Oktober 1922 vom Plenum des Zentralkomitees der Partei bestätigt. Auf der Grundlage des ZK-Beschlusses wurde die Vorbereitungsarbeit für die Vereinigung der Republiken entfaltet. Am 30. Dezember 1922 fasste der 1. Unionskongress der Sowjets den historischen Beschluss über die Gründung der Union der Sozialistischen Sowjetrepubliken. Lenin, der größten Wert auf eine

als Frage der Union der Sozialistischen Sowjetrepubliken bezeichnet wird.

Im Sommer, als diese Frage auftauchte, war ich krank, und dann, im Herbst, setzte ich allzu große Hoffnungen auf meine Genesung und darauf, dass es mir auf dem Oktober- und Dezemberplenum50 möglich sein würde, mich in diese Frage einzuschalten. Indessen konnte ich weder auf dem Oktoberplenum (bei diesem Punkt) noch auf dem Dezemberplenum anwesend sein, so dass diese Frage fast völlig ohne mich behandelt wurde.

Ich konnte lediglich mit Genosse Dzierzynski sprechen, der vom Kaukasus gekommen war und mir erzählte, wie diese Frage in Georgien steht. Auch mit Genosse Sinowjew konnte ich ein paar Worte wechseln und ihm meine Befürchtungen hinsichtlich dieser Frage mitteilen. Auf Grund dessen, was Genosse Dzierzynski berichtete, der die Kommission leitete, die vom Zentralkomitee mit der »Untersuchung« des georgischen Zwischenfalls betraut worden war, konnte ich nur die größten Befürchtungen hegen. Wenn es so weit gekommen war, dass Ordschonikidse sich zu physischer Gewaltanwendung hinreißen ließ, wie mir Genosse Dzierzynski mitteilte, so kann man sich vorstellen, in welchem Sumpf wir ge-

---

richtige nationale Politik und auf die praktische Verwirklichung der Deklaration und des Vertrags legte, die vom Sowjetkongress angenommen worden waren, diktierte den Brief »Zur Frage der Nationalitäten oder der ›Autonomisierung‹« am 30. und 31. Dezember 1922. Lenins Brief wurde in einer Sitzung der Leiter der Delegationen zum XII. Parteitag der KPR(B) verlesen, der im April 1923 stattfand. Der Parteitag nahm eine Resolution »Zur nationalen Frage« an, der die Leninschen Leitsätze zugrunde lagen.

50 Gemeint sind die Plenartagungen des ZK der KPR(B) im Oktober und Dezember 1922. Auf der Tagesordnung der Plenartagungen standen Fragen, die mit der Gründung der UdSSR zusammenhingen.

landet sind. Offenbar war dieses ganze Unterfangen mit der »Autonomisierung« von Grund aus falsch und unzeitgemäß.

Man sagt, die Einheit des Apparats sei nötig gewesen. Woher stammten diese Behauptungen? Doch wohl von demselben russischen Apparat, den wir, wie ich schon in einer früheren Aufzeichnung meines Tagebuchs feststellte, vom Zarismus übernommen und nur ganz leicht mit Sowjetöl gesalbt haben.

Zweifellos hätte man mit dieser Maßnahme so lange warten sollen, bis wir sagen konnten, dass wir uns für unseren Apparat wirklich wie für den eigenen verbürgen. Jetzt aber müssen wir, wenn wir ehrlich sein wollen, umgekehrt sagen, dass wir einen Apparat als eigenen bezeichnen, der uns in Wirklichkeit noch durch und durch fremd ist und ein bürgerlich-zaristisches Gemisch darstellt, das wir beim besten Willen in den fünf Jahren nicht überwinden konnten, in denen uns die Hilfe anderer Länder fehlte und wir uns vorwiegend militärisch »betätigten« und die Hungersnot bekämpften.

Unter diesen Umständen ist es ganz natürlich, dass sich die »Freiheit des Austritts aus der Union«, mit der wir uns rechtfertigen, als ein wertloser Fetzen Papier herausstellen wird, der völlig ungeeignet ist, die nicht-russischen Einwohner Russlands vor der Invasion jenes echten Russen zu schützen, des großrussischen Chauvinisten, ja im Grunde Schurken und Gewalttäters, wie es der typische russische Bürokrat ist. Kein Zweifel, dass der verschwindende Prozentsatz sowjetischer und sowjetisierter Arbeiter in diesem Meer des chauvinistischen großrussischen Packs ertrinken wird wie die Fliege in der Milch.

Man sagt zur Verteidigung dieser Maßnahme, die Volkskommissariate, die mit der nationalen Mentalität, dem nationalen Bildungswesen unmittelbar zu tun haben, seien ausgesondert worden. Doch hier ergibt sich die Frage, ob man diese Volkskommissariate völlig aussondern kann, und die zweite Frage, ob wir mit genügender Sorgfalt Maßnahmen getroffen haben, um die Nichtrussen tatsächlich vor dem echt russischen Dershimorda [Polizist in Gogols »Revisor«. Zu deutsch: Halt-die-Schnauze. Die Red.] zu schützen. Ich glaube, wir haben diese Maßnahmen nicht getroffen, obwohl wir sie hätten treffen können und müssen.

Mir scheint, hier haben Stalins Eilfertigkeit und sein Hang zum Administrieren wie auch seine Wut auf den ominösen »Sozialnationalismus« eine verhängnisvolle Rolle gespielt. Wut ist in der Politik gewöhnlich überhaupt von größtem Übel.

Ich fürchte auch, dass Genosse Dzierzynski, der nach dem Kaukasus gefahren war, um die »Verbrechen« dieser »Sozialnationalisten« zu untersuchen, sich hier ebenfalls nur durch seine echt russische Gesinnung hervorgetan hat (bekanntlich neigen die russifizierten Nichtrussen stets zur Übertreibung, was die echt russische Gesinnung betrifft) und dass die Unvoreingenommenheit seiner ganzen Kommission durch Ordschonikidses »Handgreiflichkeit« hinreichend charakterisiert wird. Ich meine, diese russische Handgreiflichkeit lässt sich durch keine Provokation und sogar durch keine Beleidigung rechtfertigen, und Genosse Dzierzynski hat eine nicht wiedergutzumachende Schuld auf sich geladen, weil er sich leichtfertig zu dieser Handgreiflichkeit verhielt.

Ordschonikidse verkörperte gegenüber allen anderen Bürgern im Kaukasus die Staatsmacht. Ordschonikidse hatte kein Recht zu jener Gereiztheit, auf die er und Dzierzynski sich beriefen. Ordschonikidse war im Gegenteil verpflichtet, eine solche Zurückhaltung zu üben, wie sie kein einziger gewöhnlicher Bürger üben muss, um so weniger einer, der eines »politischen« Verbrechens angeklagt ist. Und die Sozialnationalisten waren ja, im Grunde genommen, Bürger, die eines politischen Verbrechens angeklagt waren, und die ganzen Umstände konnten diese Anklage nur so und nicht anders qualifizieren.

Hier ergibt sich bereits die wichtige prinzipielle Frage: Wie ist der Internationalismus zu verstehen.

[Weiter ist in der stenografischen Aufzeichnung folgender Text gestrichen: »Ich bin der Meinung, dass unsere Genossen in diese wichtige prinzipielle Frage nicht genügend eingedrungen sind.« Die Red.]

Lenin, Niederschrift: M. W., 30. Dezember 1922

Fortsetzung der Aufzeichnungen, 31. Dezember 1922

Ich habe bereits in meinen Schriften über die nationale Frage geschrieben, dass es nicht angeht, abstrakt die Frage des Nationalismus im Allgemeinen zu stellen. Man muss unterscheiden zwischen dem Nationalismus einer unterdrückenden Nation und dem Nationalismus einer unterdrückten Nation, zwischen dem Nationalismus einer großen Nation und dem Nationalismus einer kleinen Nation.

Was die zweite Art von Nationalismus betrifft, so haben wir Angehörigen einer großen Nation uns in der geschichtlichen Praxis fast immer einer Unzahl von Gewalttaten schuldig gemacht, ja mehr als das, unmerklich für uns selbst fügen wir den anderen eine Unzahl von Gewalttaten und Beleidigungen zu – ich brauche mir nur meine Wolgazeit ins Gedächtnis zurückzurufen und mich daran zu erinnern, wie man bei uns die Nichtrussen behandelt, wie man einen Polen nicht anders denn »Polacken« nennt, jeden Tataren als »Fürsten« verspottet, den Ukrainer nur beim Spitznamen »Chochol« ruft, alle Georgier und die Angehörigen anderer kaukasischer Stämme als »Kapkaser« verhöhnt.

Deshalb muss der Internationalismus seitens der unterdrückenden oder so genannten »großen« Nation (obzwar groß nur durch ihre Gewalttaten, groß nur in dem Sinne, wie ein Dershimorda[51] groß ist) darin bestehen, nicht nur die formale Gleichheit der Nationen zu beachten, sondern auch solch eine Ungleichheit anzuerken-

51 Polizist in Gogols Revisor, auf deutsch: Halt die Schnauze

nen, die seitens der unterdrückenden Nation, der großen Nation, jene Ungleichheit aufwiegt, die sich faktisch im Leben ergibt. Wer das nicht begriffen hat, der hat die wirklich proletarische Einstellung zur nationalen Frage nicht begriffen, der ist im Grunde auf dem Standpunkt des Kleinbürgertums stehen geblieben und muss deshalb unweigerlich ständig zum bürgerlichen Standpunkt abgleiten.

Was ist für den Proletarier wichtig? Für den Proletarier ist nicht nur wichtig, sondern geradezu lebensnotwendig, sich seitens des Nichtrussen ein Maximum von Vertrauen im proletarischen Klassenkampf zu sichern. Was ist dazu nötig? Dazu ist nicht nur die formale Gleichheit nötig. Dazu ist nötig, durch sein Verhalten oder durch seine Zugeständnisse gegenüber dem Nichtrussen so oder anders das Misstrauen, den Argwohn zu beseitigen, jene Kränkungen aufzuwiegen, die ihm in der geschichtlichen Vergangenheit von der Regierung der »Großmacht«nation zugefügt worden sind.

Ich denke für Bolschewiki, für Kommunisten ist es überflüssig, das noch weiter und eingehend zu erklären. Und ich glaube, im gegebenen Fall, in dem es sich um die georgische Nation handelt, haben wir ein typisches Beispiel dafür, wo eine wahrhaft proletarische Einstellung größte Vorsicht, Zuvorkommenheit und Nachgiebigkeit unserseits erfordert. Ein Georgier, der sich geringschätzig zu dieser Seite der Sache verhält, der leichtfertig mit Beschuldigungen des »Sozialnationalismus« um sich wirft (während er selbst ein wahrer und echter »Sozialnationalist«, ja mehr noch, ein brutaler großrussischer Dershimorda ist), ein solcher Georgier verletzt im Grunde genommen die Interessen der proletarischen Klassen-

solidarität, weil nichts die Entwicklung und Festigung der proletarischen Klassensolidarität so sehr hemmt wie die nationale Ungerechtigkeit und weil die »gekränkten« nationalen Minderheiten für nichts ein so feines Gefühl haben wie für die Gleichheit und für die Verletzung dieser Gleichheit, sei es auch nur aus Fahrlässigkeit, sei es auch nur im Scherz, für die Verletzung dieser Gleichheit durch ihre Genossen Proletarier. Deshalb ist in diesem Falle ein Zuviel an Entgegenkommen und Nachgiebigkeit gegenüber den nationalen Minderheiten besser als ein Zuwenig. Deshalb erfordert in diesem Falle das grundlegende Interesse der proletarischen Solidarität und folglich auch des proletarischen Klassenkampfes, dass wir uns zur nationalen Frage niemals formal verhalten, sondern stets den obligatorischen Unterschied im Verhalten des Proletariers einer unterdrückten (oder kleinen) Nation zur unterdrückenden (oder großen) Nation berücksichtigen.

Lenin, Niederschrift: M. W., 31. Dezember 1922

Fortsetzung der Aufzeichnungen am 31. Dezember 1922

Was für praktische Maßnahmen sind nun bei der entstandenen Lage zu ergreifen?

Erstens muss man die Union der Sozialistischen Republiken bestehen lassen und festigen; über diese Maßnahme kann kein Zweifel sein. Wir brauchen sie ebenso wie das kommunistische Weltproletariat für den Kampf gegen die Weltbourgeoisie und für die Verteidigung gegen ihre Intrigen.

Zweitens muss man die Union der Sozialistischen Republiken, was den diplomatischen Apparat betrifft, bestehen lassen. Nebenbei bemerkt, bildet dieser Apparat eine Ausnahme in unserem Staatsapparat. Wir haben dort keine einzige irgendwie einflussreiche Person aus dem alten zaristischen Apparat zugelassen. Der ganze irgendwie maßgebende Apparat besteht dort aus Kommunisten. Deshalb hat sich dieser Apparat schon (das kann man ohne weiteres sagen) den Ruf eines bewährten kommunistischen Apparats erworben, der in unvergleichlich, unermesslich höherem Maße von dem alten zaristischen, bürgerlichen und kleinbürgerlichen Apparat gesäubert ist als jener, mit dem wir uns in den anderen Volkskommissariaten behelfen müssen.

Drittens muss man Genossen Ordshonikidse exemplarisch bestrafen (ich sage das mit um so größerem Bedauern, als ich persönlich zu seinen Freunden gehöre und im Ausland, in der Emigration mit ihm zusammengearbeitet habe) sowie alle Materialien der Kommission Dzierzynskis nachträglich prüfen bzw. neu untersuchen, um die Unmenge von Unrichtigkeiten und voreingenommenen Urteilen, die es dort zweifellos gibt, zu korrigieren. Politisch verantwortlich für diese ganze wahrhaft großrussisch-nationalistische Kampagne müssen natürlich Stalin und Dzierzynski gemacht werden.

Viertens muss man äußerst strenge Vorschriften hinsichtlich des Gebrauchs der nationalen Sprache in den nichtrussischen Republiken erlassen, die unserer Union angehören, und die Befolgung dieser Vorschriften besonders sorgfältig kontrollieren. Zweifellos werden bei uns, wie unser Apparat heute beschaffen ist, unter dem Vorwand des einheitlichen Eisenbahnbetriebs, unter dem Vorwand des einheitlichen Fiskus usw. eine Menge von Missbräuchen echt russischer Art Platz greifen. Für den Kampf gegen diese Missbräuche bedarf es besonderer Findigkeit, ganz zu schweigen von der besonderen Aufrichtigkeit jener, die einen solchen Kampf aufnehmen. Hier ist ein detaillierter Kodex nötig, den nur die Angehörigen der Nation, die in der betreffenden Republik leben, einigermaßen erfolgreich zusammenstellen können. Dabei soll man keinesfalls von vornherein die Möglichkeit ausschließen, dass man auf Grund dieser ganzen Arbeit auf dem nächsten Sowjetkongress wieder einen Schritt zurück macht, d. h. die Union der Sozialistischen Sowjetrepubliken nur in militärischer und diplomatischer Hinsicht bestehen lässt, in jeder anderen Hinsicht aber die volle Selbständigkeit der einzelnen Volkskommissariate wiederherstellt.

Man muss in Betracht ziehen, dass die Zersplitterung der Volkskommissariate und die fehlende Koordinierung ihrer Arbeit mit Moskau und den anderen Zentren durch die Autorität der Partei ausreichend wettgemacht werden kann, wenn von dieser Autorität einigermaßen umsichtig und unvoreingenommen Gebrauch gemacht wird; der Schaden, der unserem Staat daraus entstehen kann, dass die nationalen Apparate mit dem russischen Apparat nicht vereinigt sind, ist unermesslich geringer, unendlich geringer als jener Schaden, der nicht nur uns erwächst, sondern auch der ganzen Internationale, den Hunderte Millionen zählenden Völkern Asiens, dem in der nächsten Zukunft bevorsteht, nach uns ins Rampenlicht der Geschichte zu treten. Es wäre unverzeihlicher Opportunismus, wenn wir am Vorabend dieses Auftretens des Ostens, zu Beginn seines Erwachens, die Autorität, die wir dort haben, auch nur durch die kleinste Grobheit und Ungerechtigkeit gegenüber unseren eigenen nichtrussischen Völkern untergraben würden. Eine Sache ist die Notwendigkeit, uns gegen die westlichen Imperialisten zusammenzuschließen, die die kapitalistische Welt verteidigen. Hier kann es keine Zweifel geben, und ich brauche nicht erst zu sagen, dass ich diese Maßnahmen rückhaltlos gutheiße. Eine andere Sache ist es, wenn wir selbst, sei es auch nur in Kleinigkeiten, in imperialistische Beziehungen zu den unterdrückten Völkerschaften hineinschlittern und dadurch unsere ganze prinzipielle Aufrichtigkeit, unsere ganze prinzipielle Verteidigung des Kampfes gegen den Imperialismus völlig untergraben. Denn der morgige Tag der Weltgeschichte wird eben der Tag sein, an dem die vom Imperialismus unterdrückten Völker, die sich schon regen, endgültig erwachen werden, an dem der lange und schwere Entscheidungskampf um ihre Befreiung beginnen wird.

Lenin, Niederschrift: M. W., 31. Dezember 1922

An L.D. Trotzki[52]

Streng vertraulich – Persönlich

Werter Gen. Trotzki!

Ich möchte Sie sehr bitten, die Verteidigung der georgischen Angelegenheit vor dem ZK der Partei zu übernehmen. Diese Sache wird gegenwärtig von Stalin und Dzierzynski »verfolgt«, und ich kann mich auf deren Unvoreingenommenheit nicht verlassen. Sogar im Gegenteil. Wenn Sie einverstanden wären, die Verteidigung zu übernehmen, dann könnte ich ruhig sein. Sollten Sie aus irgendeinem Grund nicht einverstanden sein, dann schicken Sie mir gas ganze Material zurück. Ich werde das als Zeichen ihrer Ablehnung betrachten

Mit bestem kameradschaftlichen Gruß

Lenin, Telefonisch diktiert am 5. März 1923

Als Zusatz stand auf einem Blatt Papier eine Notiz der Sekretärin:

Genosse Trotzki!

Dem Brief, der Ihnen telefonisch durchgesagt wurde, bat Wladimir Iljitsch zu Ihrer Kenntnisnahme hinzuzufügen, dass Gen. Kamenew am Mittwoch nach Georgien fährt, und dass er wissen möchte, ob Sie nicht etwas von sich aus dorthin schicken wollen.

5. März 1923.

M. Woloditschewa.

52 Lenin, W. I.: Briefe, Band 9, Dietz 1974, S. 335

An Genossen Stalin

Streng vertraulich – Persönlich

Kopie an die Genossen Kamenew und Sinowjew

Werter Gen. Stalin,

Sie besaßen die Grobheit, meine Frau ans Telefon zu rufen und sie zu beschimpfen. Obwohl sie sich Ihnen gegenüber bereit erklärt hat, das Gesagte zu vergessen, haben Sinowjew und Kamenew diese Tatsache durch Sie selbst erfahren. Ich habe nicht die Absicht, so leicht zu vergessen, was man mir angetan hat, und selbstverständlich betrachte ich das, was man meiner Frau angetan hat, als etwas, das auch mir angetan wurde. Deshalb bitte ich Sie zu erwägen, ob sie bereit sind, das Gesagte zurückzunehmen und sich zu entschuldigen, oder ob es Sie es vorziehen, die Beziehungen zwischen uns abzubrechen.

Hochachtungsvoll Lenin, 5. März 1923

Wladimir I. Lenin

Staat und Revolution

Vorwort zur ersten Auflage

Die Frage des Staates gewinnt gegenwärtig besondere Bedeutung sowohl in theoretischer als auch in praktisch-politischer Hinsicht. Der imperialistische Krieg hat den Prozeß der Umwandlung des monopolistischen Kapitalismus in staatsmonopolistischen Kapitalismus außerordentlich beschleunigt und verschärft. Die ungeheuerliche Knechtung der werktätigen Massen durch den Staat, der immer inniger mit den allmächtigen Kapitalistenverbänden verschmilzt, wird immer ungeheuerlicher. Die fortgeschrittenen Länder verwandeln sich – wir sprechen von ihrem »*Hinterland*« – in Militärzuchthäuser für die Arbeiter.

Die unerhörten Greuel und Unbilden des sich in die Länge ziehenden Krieges machen die Lage der Massen unerträglich und steigern ihre Empörung. Sichtbar reift die internationale proletarische Revolution heran. Die Frage nach ihrem Verhältnis zum Staat gewinnt praktische Bedeutung.

Die in Jahrzehnten einer verhältnismäßig friedlichen Entwicklung angesammelten Elemente des Opportunismus haben die in den offiziellen sozialistischen Parteien der ganzen Welt herrschende Strömung des Sozialchauvinismus geschaffen. Diese Strömung (Plechanow, Potressow, Breschkowskaja, Rubanowitsch, dann in leicht verhüllter Form die Herren Zereteli, Tschernow und Co. in Rußland; Scheidemann, Legien, David u.a. in Deutschland; Renaudel, Guesde, Vandervelde in Frankreich und

Belgien; Hyndman und die Fabier[53] in England usw. usf.) – Sozialismus in Worten, Chauvinismus in der Tat – ist gekennzeichnet durch die niederträchtige, lakaienhafte Anpassung der *Führer des Sozialismus* an die Interessen nicht nur *ihrer* nationalen Bourgeoisie, sondern namentlich auch *ihres* Staates, denn die meisten sogenannten Großmächte beuten seit langem eine ganze Reihe kleiner und schwacher Völkerschaften aus und unterjochen sie. Der imperialistische Krieg ist ja gerade ein Krieg um die Teilung und Neuverteilung dieser Art von Beute. Der Kampf um die Befreiung der werktätigen Massen vom Einfluß der Bourgeoisie im allgemeinen und der imperialistischen Bourgeoisie im besonderen ist ohne Bekämpfung der opportunistischen Vorurteile in Bezug auf den *Staat* unmöglich.

Wir betrachten zunächst die Lehre von Marx und Engels vom Staat und wollen besonders eingehend bei den in Vergessenheit geratenen oder opportunistisch entstellten Seiten dieser Lehre verweilen. Dann werden wir uns insbesondere mit dem Hauptvertreter dieser Entstellungen befassen, mit Karl Kautsky, dem bekanntesten Führer der II. Internationale (1889-1914), die in diesem Kriege einen so jämmerlichen Bankrott erlitten hat. Schließlich werden wir die Hauptergebnisse der Erfahrungen der russischen

53 Fabier – Mitglieder der Gesellschaft der Fabier«, einer reformistischen Organisation, die 1884 in England gegründet wurde. Die Gesellschaft nannte sich nach dem römischen Feldherrn Fabius Cunctator (»der Zauderer«), bekannt durch seine abwartende Taktik und sein Ausweichen vor Entscheidungsschlachten. Die Mitglieder der Gesellschaft der Fabier waren vorwiegend Vertreter der bürgerlichen Intelligenz: Wissenschaftler, Schriftsteller, Politiker. Sie leugneten die Notwendigkeit des proletarischen Klassenkampfes und der sozialistischen Revolution und predigten den friedlichen Übergang vom Kapitalismus zum Sozialismus mittels kleiner Reformen. Im imperialistischen Weltkrieg 1914-1918 waren die Fabier Sozialchauvinisten. (Siehe auch Lenin, W.I.: Werke, Bd.12, S.368/369; Bd.15, S.170/171; Bd.21, S.258/259.)

Revolution von 1905 und besonders der von 1917 zusammenfassen. Die letztere schließt anscheinend gegenwärtig (Anfang August 1917) die erste Phase ihrer Entwicklung ab, jedoch kann diese ganze Revolution überhaupt nur verstanden werden als ein Glied in der Kette der sozialistischen proletarischen Revolutionen, die durch den imperialistischen Krieg hervorgerufen werden. Die Frage des Verhältnisses der sozialistischen Revolution des Proletariats zum Staat gewinnt somit nicht nur eine praktisch-politische, sondern auch eine höchst aktuelle Bedeutung als eine Frage der Aufklärung der Massen darüber, was sie zu ihrer Befreiung vom Joch des Kapitals in der nächsten Zukunft zu tun haben.

August 1917
Der Verfasser

Vorwort zur zweiten Auflage

Die vorliegende zweite Auflage wird fast ohne Änderungen gedruckt. Hinzugefügt ist nur der Abschnitt 3 des II. Kapitels.

Moskau, den 17. Dezember 1918
Der Verfasser

I. Kapitel Klassengesellschaft und Staat

1. Der Staat – ein Produkt der Unversöhnlichkeit der Klassengegensätze

Mit der Lehre von Marx geschieht jetzt dasselbe, was in der Geschichte wiederholt mit den Lehren revolutionärer Denker und Führer der unterdrückten Klassen in ihrem Befreiungskampf geschah. Die großen Revolutionäre wurden zu Lebzeiten von den unterdrückenden Klassen ständig verfolgt, die ihrer Lehre mit wildestem Ingrimm und wütenstem Haß begegneten, mit zügellosen Lügen und Verleumdungen gegen sie zu Felde zogen. Nach ihrem Tode versucht man, sie in harmlose Götzen zu verwandeln, sie sozusagen heiligzusprechen, man gesteht ihrem *Namen* einen gewissen Ruhm zu zur »Tröstung« und Betörung der unterdrückten Klassen, wobei man ihre revolutionäre Lehre des *Inhalts* beraubt, ihr die revolutionäre Spitze abbricht, sie vulgarisiert.

Bei einer solchen »Bearbeitung« des Marxismus findet sich jetzt die Bourgeoisie mit den Opportunisten innerhalb der Arbeiterbewegung zusammen. Man vergißt, verdrängt und entstellt die revolutionäre Seite der Lehre, ihren revolutionären Geist. Man schiebt in den Vordergrund, man rühmt das, was für die Bourgeoisie annehmbar ist oder annehmbar erscheint. Alle Sozialchauvinisten sind heutzutage »Marxisten« – Spaß beiseite! Und immer häufiger sprechen deutsche bürgerliche Gelehrte, deren Spezialfach gestern noch die Ausrottung des Marxismus war, von dem »nationaldeutschen« Marx, der die zur Führung des Raubkrieges so glänzend organisierten Arbeiterverbände erzogen haben soll!

Bei dieser Sachlage, bei der unerhörten Verbreitung, die die Entstellungen des Marxismus gefunden haben, besteht unsere Aufgabe in erster Linie in der *Wiederherstellung* der wahren Marxschen Lehre vom Staat. Dazu wird es notwendig sein, eine ganze Reihe langer Zitate aus den Werken von Marx und Engels selbst anzuführen. Gewiß, die langen Zitate werden die Darstellung schwerfällig machen und ihrer Gemeinverständlichkeit keineswegs förderlich sein. Es ist aber absolut unmöglich, ohne sie auszukommen. Alle oder zumindest alle entscheidenden Stellen aus den Werken von Marx und Engels über die Frage des Staates müssen unbedingt möglichst vollständig angeführt werden, damit sich der Leser ein selbständiges Urteil bilden kann über die gesamten Auffassungen der Begründer des wissenschaftlichen Sozialismus und über die Entwicklung dieser Auffassungen, dann aber auch, um deren Entstellung durch das heute herrschende »Kautskyanertum« dokumentarisch nachzuweisen und anschaulich vor Augen zu führen.

Wir beginnen mit dem verbreitetsten Werk von Friedrich Engels: **Der Ursprung der Familie, des Privateigentums und des Staats**, das 1894 in Stuttgart bereits in sechster Auflage erschienen ist. Wir sind gezwungen, die Zitate selber aus dem deutschen Original zu übersetzen, da die russischen Übersetzungen, so zahlreich sie sind, zum größten Teil entweder unvollständig oder äußerst unbefriedigend sind.

>»*Der Staat*«, sagt Engels bei der Zusammenfassung seiner geschichtlichen Analyse, »*ist also keineswegs eine der Gesellschaft von außen aufgezwungenen Macht; ebensowenig ist er ›die Wirklichkeit der sittlichen Idee‹, ›das Bild und die Wirklichkeit der Vernunft‹, wie Hegel behauptet. Er ist vielmehr ein Produkt der Gesellschaft auf bestimmter Entwicklungsstufe; er ist das Eingeständnis, daß diese Gesellschaft sich in einen unlösbaren Widerspruch mit sich selbst verwickelt, sich in unversöhnliche Gegensätze gespalten hat, die zu bannen sie ohnmächtig ist. Damit aber diese Gegensätze, Klassen mit widerstreitenden ökonomischen Interessen, nicht sich und die Gesellschaft in fruchtlosem Kampf verzehren, ist eine scheinbar über der Gesellschaft stehende Macht nötig geworden, die den Konflikt dämpfen, innerhalb der Schranken der ›Ordnung‹ halten soll; und diese, aus der Gesellschaft hervorgegangene, aber sich über sie stellende, sich ihr mehr und mehr entfremdende Macht ist der Staat.*« (S.177/178 der sechsten deutschen Auflage.)[54]

Hier ist mit voller Klarheit der Grundgedanke des Marxismus über die historische Rolle und die Bedeutung des Staates zum Ausdruck gebracht. Der Staat ist das Produkt und die Äußerung der *Unversöhnlichkeit* der Klassengegensätze. Der Staat entsteht dort, dann und insofern, wo, wann und inwiefern die Klassengegensätze objektiv *nicht* versöhnt werden *können*. Und umgekehrt: Das Bestehen des Staates beweist, daß die Klassengegensätze unversöhnlich sind.

Gerade in diesem wichtigsten und grundlegenden Punkt beginnt die Entstellung des Marxismus, die in zwei Hauptlinien verläuft.

54 Der Ursprung der Familie, des Privateigentums und des Staates: Barbarei und Zivilisation (Marx u. Engels, Werke, Bd.21, S.165).

Auf der einen Seite pflegen bürgerliche und besonders kleinbürgerliche Ideologen – die sich unter dem Druck unbestreitbarer geschichtlicher Tatsachen gezwungen sehen, anzuerkennen, daß der Staat nur dort vorhanden ist, wo es Klassengegensätze und Klassenkampf gibt – Marx in einer Weise »zu verbessern«, daß der Staat sich als ein Organ der Klassen*versöhnung* erweist. Nach Marx hätte der Staat weder entstehen noch bestehen können, wenn eine Versöhnung der Klassen möglich wäre. Bei den kleinbürgerlichen und philisterhaften Professoren und Publizisten kommt es – oft unter wohlwollenden Hinweisen auf Marx! – so heraus, daß der Staat gerade die Klassen versöhne. Nach Marx ist der Staat ein Organ der Klassen*herrschaft*, ein Organ zur Unterdrückung der einen Klasse durch die andere, ist die Errichtung derjenigen »Ordnung«, die diese Unterdrückung sanktioniert und festigt, indem sie den Konflikt der Klassen dämpft. Nach Ansicht der kleinbürgerlichen Politiker ist die Ordnung gerade die Versöhnung der Klassen und nicht die Unterdrückung der einen Klasse durch die andere; den Konflikt dämpfen bedeute versöhnen und nicht, es den unterdrückten Klassen unmöglich machen, bestimmte Mittel und Methoden des Kampfes zum Sturz der Unterdrücker zu gebrauchen.

Alle Sozialrevolutionäre und Menschewiki zum Beispiel sind während der Revolution 1917, als sich die Frage nach der Bedeutung und der Rolle des Staates gerade in ihrer ganzen Größe erhob, sich praktisch erhob als Frage der sofortigen Aktion, und zudem der Massenaktion – alle sind sie mit einem Schlag gänzlich zur kleinbürgerlichen Theorie der »Versöhnung« der Klassen durch den »Staat« hinabgesunken. Die zahllosen Resolutionen und Artikel der Politiker dieser beiden Parteien sind völlig von dieser kleinbürgerlichen und philisterhaften Theorie der »Versöhnung« durchdrungen. Daß der Staat das Organ der Herrschaft einer bestimmten Klasse ist, die mit ihrem Antipoden (der ihr entgegengesetzten Klasse) *nicht* versöhnt werden *kann*, das vermag die kleinbürgerliche Demokratie nie zu begreifen. Das Verhältnis zum Staat ist eines der anschaulichsten Zeugnisse dafür, daß unsere Sozialrevolutionäre und Menschewiki gar keine Sozialisten sind (was wir Bolschewiki schon immer nachwiesen), sondern kleinbürgerliche Demokraten mit einer beinah-sozialistischen Phraseologie.

Auf der anderen Seite ist die »kautskyanische« Entstellung des Marxismus viel feiner. »Theoretisch« wird weder in Abrede gestellt, daß der Staat ein Organ der Klassenherrschaft ist noch daß die Klassengegensätze unversöhnlich sind. Außer acht gelassen oder vertuscht wird aber folgendes: Wenn der Staat das Produkt der Unversöhnlichkeit der Klassengegensätze ist, wenn er eine über der Gesellschaft stehende und »sich ihr **mehr und mehr entfremdende**« Macht ist, so ist es klar, daß die Befreiung der unterdrückten Klasse unmöglich ist nicht nur ohne gewaltsame Revolution, **sondern auch ohne Vernichtung** des von der herrschenden Klasse geschaffenen Apparates der Staatsgewalt, in dem sich diese »Entfremdung« verkörpert. Diese theoretisch von selbst einleuchtende Schlußfolgerung hat Marx, wie wir weiter unten sehen werden, auf Grund einer konkreten historischen Analyse der Aufgaben der Revolution mit größter Bestimmtheit gezogen. Und gerade diese Schlußfolgerung hat Kautsky, wir werden das ausführlich in unserer weiteren Darlegung nachweisen, ... »vergessen« und entstellt.

2. Besondere Formationen bewaffneter Menschen, Gefängnisse u.a.

»Gegenüber der alten Gentilorganisation«, fährt Engels fort, *»kennzeichnet sich der Staat erstens durch die Einteilung der Staatsangehörigen nach dem Gebiet.«*

Uns kommt diese Einteilung »natürlich« vor, sie hat aber einen langwierigen Kampf gegen die alte Organisation nach Geschlechtern und Stämmen erfordert.

> *»Das zweite ist die Einrichtung einer öffentlichen Gewalt, welche nicht mehr unmittelbar zusammenfällt mit der sich selbst als bewaffnete Macht organisierenden Bevölkerung. Diese besondre, öffentliche Gewalt ist nötig, weil eine selbsttätige bewaffnete Organisation der Bevölkerung unmöglich geworden seit der Spaltung in Klassen ... Diese öffentliche Gewalt existiert in jedem Staat; sie besteht nicht bloß aus bewaffneten Menschen, sondern auch aus sachlichen Anhängseln, Gefängnissen und Zwangsanstalten aller Art, von denen die Gentilgesellschaft nicht wußte.«*

Engels entwickelt nun den Begriff jener »Macht«, die man als Staat bezeichnet, der Macht, die aus der Gesellschaft hervorgegangen ist, sich aber über sie stellt und sich ihr mehr und mehr entfremdet. Worin besteht hauptsächlich diese Macht? In besonderen Formationen bewaffneter Menschen, die Gefängnisse und anderes zu ihrer Verfügung haben.

Wir sind berechtigt, von besonderen Formationen bewaffneter Menschen zu sprechen, weil die jedem Staat eigentümliche öffentliche Gewalt *»nicht mehr unmittelbar zusammenfällt«* mit der bewaffneten Bevölkerung, mit ihrer *»selbsttätigen bewaffneten Organisation«*. Wie alle großen revolutionären Denker sucht Engels die Aufmerksamkeit der klassenbewußten Arbeiter gerade auf das zu lenken, was dem herrschenden Spießertum am wenigsten beachtenswert, am gewohntesten erscheint, auf das, was nicht nur durch fest eingewurzelte, sondern, man kann sagen, durch verknöcherte Vorurteile geheiligt ist. Das stehende Heer und die Polizei sind die Hauptwerkzeuge der Gewaltausübung der Staatsmacht, aber – kann denn das anders sein?

Vom Standpunkt der ungeheuren Mehrheit der Europäer am Ausgang des 19. Jahrhunderts, an die sich Engels wandte und die keine einzige große Revolution selbst miterlebt oder aus der Nähe beobachtet hatten, kann das nicht anders sein. Für sie ist es völlig unverständlich, was das für eine *»selbsttätige bewaffnete Organisation der Bevölkerung«* ist. Auf die Frage, warum besondere, über die Gesellschaft gestellte und sich ihr entfremdende Formationen bewaffneter Menschen (Polizei, stehendes Heer) nötig geworden seien, ist der westeuropäische und der russische Philister geneigt, mit ein paar bei Spencer oder Michailowski entlehnten Phrasen zu antworten, auf die Komplizierung des öffentlichen Lebens, die Differenzierung der Funktionen u.dgl. mehr hinzuweisen.

Ein solcher Hinweis hat den Anschein der »Wissenschaftlichkeit« und schläfert den Spießbürger vortrefflich ein, da er das Wichtigste und Grundlegende vertuscht: die Spaltung der Gesellschaft in einander unversöhnlich feindliche Klassen.

Ohne diese Spaltung würde sich die *»selbsttätige bewaffnete Organisation der Bevölkerung«* zwar durch ihre Kompliziertheit, die Höhe ihrer Technik usw. von der primitiven Organisation der mit Baumästen bewaffneten Affenherde oder der des Urmenschen oder der in der

Gentilgesellschaft zusammengeschlossenen Menschen unterscheiden, aber eine derartige Organisation wäre möglich.

Sie ist unmöglich, weil die zivilisierte Gesellschaft in feindliche und noch dazu unversöhnlich feindliche Klassen gespalten ist, deren »selbsttätige« Bewaffnung zu einem bewaffneten Kampf unter ihnen führen würde. Es bildet sich der Staat heraus, es wird eine besondere Macht geschaffen, besondere Formationen bewaffneter Menschen entstehen, und jede Revolution, die den Staatsapparat zerstört, zeigt uns sehr deutlich, wie die herrschende Klasse die *ihr* dienenden besonderen Formationen bewaffneter Menschen zu erneuern sucht und wie die unterdrückte Klasse danach strebt, eine neue Organisation dieser Art zu schaffen, die fähig ist, nicht den Ausbeutern, sondern den Ausgebeuteten zu dienen.

Engels wirft in der angeführten Betrachtung theoretisch dieselbe Frage auf, die uns jede große Revolution in der Praxis anschaulich und zudem im Ausmaß der Massenaktion stellt, nämlich die Frage nach dem Verhältnis zwischen den »besonderen« Formationen bewaffneter Menschen und der *»selbsttätigen bewaffneten Organisation der Bevölkerung«*. Wir werden sehen, wie diese Frage durch die Erfahrungen der europäischen und der russischen Revolutionen konkret illustriert wird.

Doch kehren wir zur Darstellung von Engels zurück.

Er weist darauf hin, daß zuweilen, zum Beispiel hier und dort in Nordamerika, diese öffentliche Gewalt schwach ist (es handelt sich um eine für die kapitalistische Gesellschaft seltene Ausnahme und um diejenigen Teile Nordamerikas in seiner vorimperialistischen Periode, wo der freie Kolonist vorherrschte), daß sie sich aber, allgemein gesprochen, verstärkt:

> *»Sie«* (die öffentliche Gewalt) *»verstärkt sich aber in dem Maß, wie die Klassengegensätze innerhalb des Staats sich verschärfen und wie die einander begrenzenden Staaten größer und volkreicher werden – man sehe nur unser heutiges Europa an, wo Klassenkampf und Eroberungskonkurrenz die öffentliche Macht auf eine Höhe emporgeschraubt haben, auf der sie die ganze Gesellschaft und selbst den Staat zu verschlingen droht.«*

Das ist nicht später als Anfang der neunziger Jahre des vorigen Jahrhunderts geschrieben worden. Das letzte Vorwort von Engels datiert vom 16. Juni 1891. Damals nahm die Wendung zum Imperialismus – sowohl im Sinne der völligen Herrschaft der Trusts und der Allmacht der größten Banken als auch im Sinne einer grandiosen Kolonialpolitik usw. – in Frankreich gerade erst ihren Anfang, noch schwächer war sie in Nordamerika und Deutschland.

Seitdem hat die *»Eroberungskonkurrenz«* Riesenschritte vorwärts getan, um so mehr, als zu Beginn des zweiten Jahrzehnts des 20. Jahrhunderts der Erdball endgültig unter diese *»konkurrierenden Eroberer«*, d.h. die räuberischen Großmächte, aufgeteilt war. Seit dieser Zeit sind die Rüstungen zu Lande und zu Wasser ins Ungeheure gewachsen, und der Raubkrieg 1914-1917 um die Beherrschung der Welt durch England oder Deutschland, um die Teilung der Beute hat das »Verschlingen« aller Kräfte der Gesellschaft durch die räuberische Staatsmacht in solchem Maße gesteigert, daß eine völlige Katastrophe naht.

Engels vermochte schon 1891 auf die *»Eroberungskonkurrenz«* als auf eines der wichtigsten Merkmale der Außenpolitik der Großmächte hinzuweisen; doch in den Jahren 1914-1917, als gerade diese um ein vielfaches verschärfte Konkurrenz den imperialistischen Krieg hervorgerufen hat, bemänteln die Halunken des Sozialchauvinismus die

Verteidigung der Raubinteressen »ihrer« Bourgeoisie mit Phrasen über »*Verteidigung des Vaterlandes*«, über »*Schutz der Republik und der Revolution*« u.dgl.m.!

3. Der Staat – ein Werkzeug zur Ausbeutung der unterdrückten Klasse

Zur Aufrechterhaltung einer besonderen, über der Gesellschaft stehenden öffentlichen Gewalt sind Steuern und Staatsschulden nötig.

> »*Im Besitz der öffentlichen Gewalt und des Rechts der Steuereintreibung*«, schreibt Engels, »*stehn die Beamten nun da als Organe der Gesellschaft über der Gesellschaft. Die freie, willige Achtung, die den Organen der Gentilverfassung gezollt wurde, genügt ihnen nicht, selbst wenn sie sie haben könnten ...*« Es werden Ausnahmegesetze über die Heiligkeit und Unverletzlichkeit der Beamten geschaffen. »*Der lumpigste Polizeidiener ... hat mehr ›Autorität‹ als alle Organe der Gentilgesellschaft zusammengenommen; aber der mächtigste Fürst und der größte Staatsmann oder Feldherr der Zivilisation kann den geringsten Gentilvorsteher beneiden um die unerzwungene und unbestrittene Achtung, die ihm gezollt wird.*«

Hier wird die Frage nach der priviligierten Stellung der Beamten als Organe der Staatsgewalt aufgeworfen. Als das Grundlegende wird hervorgehoben: Was stellt sie *über* die Gesellschaft? Wir werden sehen, wie die Pariser Kommune 1871 diese theoretische Frage praktisch zu lösen suchte und wie Kautsky sie 1912 reaktionär vertuschte.

> »*Da der Staat entstanden ist aus dem Bedürfnis, Klassengegensätze im Zaum zu halten, da er aber gleichzei-*

> *tig mitten im Konflikt dieser Klassen entstanden ist, so ist er in der Regel Staat der mächtigsten, ökonomisch herrschenden Klasse, die vermittelst seiner auch politisch herrschende Klasse wird und so neue Mittel erwirbt zur Niederhaltung und Ausbeutung der unterdrückten Klasse.«*

Nicht nur der antike und der Feudalstaat waren Organe zur Ausbeutung der Sklaven und leibeigenen und hörigen Bauern, sondern es ist auch

> *»der moderne Repräsentativstaat Werkzeug der Ausbeutung der Lohnarbeit durch das Kapital. Ausnahmsweise indes kommen Perioden vor, wo die kämpfenden Klassen einander so nahe das Gleichgewicht halten, daß die Staatsgewalt als scheinbare Vermittlerin momentan eine gewisse Selbständigkeit gegenüber beiden erhält.«*

So die absolute Monarchie des 17. und 18. Jahrhunderts, so der Bonapartismus des ersten und zweiten Kaiserreichs in Frankreich, so Bismarck in Deutschland.

Und so – fügen wir von uns hinzu – die Regierung Kerenski im republikanischen Rußland, nachdem sie dazu übergegangen ist, das revolutionäre Proletariat zu verfolgen, in einem Moment, da die Sowjets infolge der Führung der kleinbürgerlichen Demokraten *schon* machtlos sind und die Bourgeoisie *noch* nicht stark genug ist, um sie ohne weiteres auseinanderzujagen.

In der demokratischen Republik, fährt Engels fort, *»übt der Reichtum seine Macht indirekt, aber um so sicherer aus«*, und zwar erstens durch seine *»direkte Beamtenkorruption«* (Amerika) und zweitens durch die *»Allianz von Regierung und Börse«* (Frankreich und Amerika).

Heute haben Imperialismus und Herrschaft der Banken diese beiden Methoden, die Allmacht des Reichtums in jeder beliebigen demokratischen Republik zu behaupten und auszuüben, zu einer außergewöhnlichen Kunst »entwickelt«. Wenn beispielsweise schon in den ersten Monaten der demokratischen Republik in Rußland, sozusagen im Honigmond des Ehebundes der »Sozialisten« - der Sozialrevolutionäre und der Menschewiki - mit der Bourgeoisie, Herr Paltschinski in der Koalitionsregierung alle Maßnahmen zur Zügelung der Kapitalisten und ihrer Raubgier, ihrer Plünderung der Staatskasse durch Heereslieferungen, sabotierte, wenn dann der aus dem Ministerium ausgetretene Herr Paltschinski (der natürlich durch einen anderen, ebensolchen Paltschinski ersetzt worden ist) von den Kapitalisten durch ein Pöstchen mit einem Gehalt von 120.000 Rubel jährlich »belohnt« wurde - wie nennt man das dann? Direkte Korruption oder indirekte? Allianz der Regierung mit den Syndikaten oder »nur« freundschaftliche Beziehungen? Welche Rolle spielen die Tschernow und Zereteli, die Awksentjew und Skobelew? Sind sie »direkte« Bundesgenossen der Millionäre, die den Staat bestehlen, oder nur indirekte?

Die Allmacht des »Reichtums« ist in der demokratischen Republik deshalb *sicherer*, weil sie nicht von einzelnen Mängeln des politischen Mechanismus, von einer schlechten politischen Hülle des Kapitalismus abhängig ist. Die demokratische Republik ist die denkbar beste politische Hülle des Kapitalismus, und daher begründet das Kapital, nachdem es (durch die Paltschinski, Tschernow, Zereteli und Co.) von dieser besten Hülle Besitz ergriffen hat, seine Macht derart zuverlässig, derart sicher, daß *kein* Wechsel, weder der Personen noch der Institutionen noch der Parteien der bürgerlich-demokratischen Republik, diese Macht erschüttern kann.

Es muß noch hervorgehoben werden, daß Engels mit größter Entschiedenheit das allgemeine Stimmrecht als

Werkzeug der Herrschaft der Bourgeoisie bezeichnet. Das allgemeine Stimmrecht, sagt er unter offensichtlicher Berücksichtigung der langjährigen Erfahrungen der deutschen Sozialdemokratie, ist »... *der Gradmesser der Reife der Arbeiterklasse. Mehr kann und wird es nie sein im heutigen Staat ...*«

Die kleinbürgerlichen Demokraten vom Schlage unserer Sozialrevolutionäre und Menschewiki sowie ihre leiblichen Brüder, alle Sozialchauvinisten und Opportunisten Westeuropas, erwarten eben vom allgemeinen Stimmrecht »mehr«. Sie sind in dem falschen Gedanken befangen und suggerieren ihn dem Volke, das allgemeine Stimmrecht sei »im *heutigen* Staat« imstande, den Willen der Mehrheit der Werktätigen wirklich zum Ausdruck zu bringen und seine Realisierung zu sichern.

Wir können hier diesen falschen Gedanken nur anführen, nur darauf hinweisen, daß die vollkommen klare, genaue, konkrete Erklärung von Engels in der Propaganda und Agitation der »offiziellen« (d.h. opportunistischen) sozialistischen Parteien auf Schritt und Tritt entstellt wird. Wie völlig falsch dieser Gedanke ist, den Engels hier verwirft, wird in unseren weiteren Darlegungen der Auffassungen von Marx und Engels über den *»heutigen«* Staat ausführlich klargelegt.

Engels faßt seine Auffassungen in seinem populärsten Werk in folgenden Worten zusammen:

> *»Der Staat ist also nicht von Ewigkeit her. Es hat Gesellschaften gegeben, die ohne ihn fertig wurden, die von Staat und Staatsgewalt keine Ahnung hatten. Auf einer bestimmten Stufe der ökonomischen Entwicklung, die mit der Spaltung der Gesellschaft in Klassen notwendig verbunden war, wurde durch diese Spaltung der Staat eine Notwendigkeit. Wir nähern uns jetzt mit raschen*

Schritten einer Entwicklungsstufe der Produktion, auf der das Dasein dieser Klassen nicht nur aufgehört hat, eine Notwendigkeit zu sein, sondern ein positives Hindernis der Produktion wird. Sie werden fallen, ebenso unvermeidlich, wie sie früher entstanden sind. Mit ihnen fällt unvermeidlich der Staat. Die Gesellschaft, die die Produktion auf Grundlage freier und gleicher Assoziation der Produzenten neu organisiert, versetzt die ganze Staatsmaschine dahin, wohin sie dann gehören wird: ins Museum der Altertümer, neben das Spinnrad und die bronzene Axt.«

Man trifft dieses Zitat in der Propaganda- und Agitationsliteratur der heutigen Sozialdemokratie nicht oft an. Aber selbst dann, wenn dieses Zitat vorkommt, gebraucht man es meistenteils so, als machte man eine Verbeugung vor einem Heiligenbild, d.h. als offizielle Bekundung der Ehrerbietung vor Engels, ohne jeden Versuch, zu erfassen, einen wie weittragenden und tiefgreifenden Aufschwung der Revolution dieses »*Versetzen der ganzen Staatsmaschine ins Museum der Altertümer*« voraussetzt. Meistenteils fehlt sogar das Verständnis für das, was Engels als Staatsmaschine bezeichnet.

4. Das »Absterben« des Staates und die gewaltsame Revolution

Die Worte Engels' über das »Absterben« des Staates sind weit und breit so bekannt, sie werden so oft zitiert, zeigen so plastisch, worin die Quintessenz der landläufigen Verfälschung des Marxismus zum Opportunismus besteht, daß es geboten erscheint, eingehend bei ihnen zu verweilen. Wir zitieren die ganze Betrachtung, der sie entnommen sind:

»Das Proletariat ergreift die Staatsgewalt und verwandelt die Produktionsmittel zunächst in Staatseigentum. Aber damit hebt es sich selbst als Proletariat, damit hebt es alle Klassenunterschiede und Klassengegensätze auf, und damit auch den Staat als Staat. Die bisherige, sich in Klassengegensätzen bewegende Gesellschaft hatte den Staat nötig, das heißt eine Organisation der jedesmaligen ausbeutenden Klasse zur Aufrechterhaltung ihrer äußeren Produktionsbedingungen, also namentlich zur gewaltsamen Niederhaltung der ausgebeuteten Klasse in den durch die bestehende Produktionsweise gegebnen Bedingungen der Unterdrückung (Sklaverei, Leibeigenschaft oder Hörigkeit, Lohnarbeit). Der Staat war der offizielle Repräsentant der ganzen Gesellschaft, ihre Zusammenfassung in einer sichtbaren Körperschaft, aber er war dies nur, insofern er der Staat derjenigen Klasse war, welche selbst für ihre Zeit die ganze Gesellschaft vertrat: im Altertum Staat der sklavenhaltenden Staatsbürger, im Mittelalter des Feudaladels, in unsrer Zeit der Bourgeoisie. Indem er endlich tatsächlich Repräsentant der ganzen Gesellschaft wird, macht er sich selbst überflüssig. Sobald es keine Gesellschaftsklasse mehr in der Unterdrückung zu halten gibt, sobald mit der Klassenherrschaft und dem in der bisherigen Anarchie der Produktion begründeten Kampf ums Einzeldasein auch die daraus entspringenden Kollisionen und Exzesse beseitigt sind, gibt es nichts mehr zu reprimieren, das eine besondre Repressionsgewalt, einen Staat, nötig machte. Der erste Akt, worin der Staat wirklich als Repräsentant der ganzen Gesellschaft auftritt – die Besitzergreifung der Produktionsmittel im Namen der Gesellschaft –, ist zugleich sein letzter selbständiger Akt als Staat. Das Eingreifen einer Staatsgewalt in gesellschaftliche

Verhältnisse wird auf einem Gebiete nach dem andern überflüssig und schläft dann von selbst ein. An die Stelle der Regierung über Personen tritt die Verwaltung von Sachen und die Leitung von Produktionsprozessen. Der Staat wird nicht ›abgeschafft‹, ***er stirbt ab****. Hieran ist die Phrase vom ›freien Volksstaat‹ zu messen, also sowohl nach ihrer zeitweiligen agitatorischen Berechtigung wie nach ihrer endgültigen wissenschaftlichen Unzulänglichkeit; hieran ebenfalls die Forderung der sogenannten Anarchisten, der Staat solle von heute auf morgen abgeschafft werden.«* (**Anti-Dühring, Herrn Eugen Dührings Umwälzung der Wissenschaft**, dritte deutsche Ausgabe, S.301-303.)[55]

Ohne zu fürchten fehlzugehen, darf man sagen, daß von dieser wunderbar gedankenreichen Engelsschen Betrachtung nur so viel wirkliches Gemeingut des sozialistischen Denkens in den heutigen sozialistischen Parteien geworden ist, daß der Staat nach Marx »*abstirbt*«, im Unterschied zur anarchistischen Lehre von der »Abschaffung« des Staates. Den Marxismus so zurechtstutzen heißt ihn zu Opportunismus herabmindern, denn bei einer solchen »Auslegung« bleibt nur die vage Vorstellung von einer langsamen, gleichmäßigen, allmählichen Veränderung übrig, als gebe es keine Sprünge und Stürme, als gebe es keine Revolution. Das »*Absterben*« des Staates im landläufigen, allgemein verbreiteten Sinne, im Massensinne, wenn man so sagen darf, bedeutet zweifellos eine Vertuschung, wenn nicht gar eine Verneinung der Revolution.

Indessen bedeutet eine solche »Auslegung« die gröbste, nur für die Bourgeoisie vorteilhafte Entstellung des Marxismus, die theoretisch auf dem Außerachtlassen der

55 Anti-Dühring: Theoretisches (Marx u. Engels, Werke, Bd.20, S.261/262).

wichtigsten Umstände und Erwägungen beruht, wie sie allein schon in der gleichen, von uns vollständig zitierten »zusammenfassenden« Betrachtung von Engels dargelegt sind.

Erstens. Ganz zu Anfang dieser Betrachtung sagt Engels, daß das Proletariat, indem es die Staatsgewalt ergreift, *»den Staat als Staat aufhebt«*. Darüber nachzudenken, was das zu bedeuten hat, ist »nicht üblich«. Gewöhnlich wird dies entweder ganz ignoriert oder für eine Art »hegelianische Schwäche« von Engels gehalten. In Wirklichkeit drücken diese Worte kurz die Erfahrungen einer der größten proletarischen Revolutionen, die Erfahrungen der Pariser Kommune von 1871 aus, worüber an entsprechender Stelle ausführlicher gesprochen werden soll. In Wirklichkeit spricht Engels hier von der *»Aufhebung«* des Staates der *Bourgeoisie* durch die proletarische Revolution, während sich die Worte vom Absterben auf die Überreste des *proletarischen* Staatswesens *nach* der sozialistischen Revolution beziehen. Der bürgerliche Staat *»stirbt«* nach Engels nicht *»ab«*, sondern er wird in der Revolution vom Proletariat »**aufgehoben**«. Nach dieser Revolution stirbt der proletarische Staat oder Halbstaat ab.

Zweitens. Der Staat ist *»eine besondre Repressionsgewalt«*. Diese großartige und überaus tiefe Definition legt Engels hier ganz klar und eindeutig dar. Aus ihr folgt aber, daß die *»besondre Repressionsgewalt«* der Bourgeoisie gegen das Proletariat, einer Handvoll reicher Leute gegen die Millionen der Werktätigen, abgelöst werden muß durch eine »besondre Repressionsgewalt« des Proletariats gegen die Bourgeoisie (die Diktatur des Proletariats). Darin eben besteht die *»Aufhebung des Staates als Staat«*. Darin eben besteht der *»Akt«* der Besitzergreifung der Produktionsmittel im Namen der Gesellschaft. Und es ist ohne weiteres klar, daß eine *solche* Ablösung der einen (bürgerlichen) *»besondren Gewalt«* durch eine andere (proletarische) *»besondre Gewalt«* unter keinen Umständen in Form des *»Absterbens«* erfolgen kann.

Drittens. Vom *»Absterben«* und noch plastischer und bildhafter vom *»Einschlafen«* spricht Engels ganz klar und eindeutig in bezug auf die Epoche *nach* der *»Besitzergreifung der Produktionsmittel durch den Staat im Namen der gesamten Gesellschaft«*, d.h. NACH der sozialistischen Revolution. Wir wissen alle, daß die politische Form des »Staates« in dieser Zeit die vollkommenste Demokratie ist. Doch keinem der Opportunisten, die den Marxismus schamlos verzerren, kommt es in den Sinn, daß hier bei Engels somit vom *»Einschlafen«* und *»Absterben«* der *Demokratie* die Rede ist. Auf den ersten Blick mag das sehr sonderbar erscheinen. Doch »unverständlich« bleibt das nur dem, der nicht bedacht hat, daß die Demokratie *auch* ein Staat ist und daß folglich auch die Demokratie verschwinden wird, sobald der Staat verschwindet. Den bürgerlichen Staat kann nur die Revolution *»aufheben«*. Der Staat überhaupt, d.h. die vollkommenste Demokratie, kann nur *»absterben«*.

Viertens. Nachdem Engels seinen berühmten Satz »Der Staat stirbt ab« aufgestellt hat, erläutert er sofort konkret, daß dieser Satz sich sowohl gegen die Opportunisten als auch gegen die Anarchisten richtet. Dabei steht bei Engels an erster Stelle diejenige Folgerung aus dem Satz vom »Absterben des Staates«, die gegen die Opportunisten gerichtet ist.

Man könnte wetten, daß von 10.000 Menschen, die vom »Absterben« des Staates gelesen oder gehört haben, 9.990 überhaupt nicht wissen oder sich nicht entsinnen, daß Engels seine Schlußfolgerungen aus diesem Satz *nicht nur* gegen die Anarchisten richtete. Und von den übrigen zehn Menschen wissen neun sicherlich nicht, was der »freie Volksstaat« ist und warum in dem Angriff auf diese Losung ein Angriff auf die Opportunisten steckt. So wird Geschichte geschrieben! So wird die große revolutionäre Lehre unmerklich dem herrschenden Spießbürgertum angepaßt. Die Schlußfolgerung gegen die Anarchisten wurde Tausende Male wiederholt, banalisiert und möglichst versimpelt in die Köpfe eingehämmert und gewann die Festigkeit eines Vorurteils. Die Schlußfolgerung gegen die Opportunisten aber wurde vertuscht und »vergessen«!

Der »freie Volksstaat« war eine Programmforderung und landläufige Losung der deutschen Sozialdemokraten der siebziger Jahre. Irgendeinen politischen Inhalt, außer einer kleinbürgerlich schwülstigen Umschreibung des Begriffs Demokratie, hat diese Losung nicht. Soweit in ihr legal die demokratische Republik angedeutet wurde, war Engels bereit, aus agitatorischen Gründen »zeitweilig« die »Berechtigung« dieser Losung gelten zu lassen. Diese Losung war aber opportunistisch, denn sie brachte nicht nur eine Beschönigung der bürgerlichen Demokratie, sondern auch ein Verkennen der sozialistischen Kritik an jedwedem Staat überhaupt zum Ausdruck. Wir sind für die demokratische Republik als die für das Proletariat unter dem Kapitalismus beste Staatsform, aber wir dürfen nicht vergessen, daß auch in der allerdemokratischsten bürgerlichen Republik Lohnsklaverei das Los des Volkes ist. Ferner. Jedweder Staat ist *»eine besondere Repressionsgewalt«* gegen die unterdrückte Klasse. Darum ist ein *jeder* Staat *unfrei* und *kein* Volksstaat. Marx und Engels haben das ihren Parteigenossen in den siebziger Jahren wiederholt auseinandergesetzt.

Fünftens. In dem gleichen Werk von Engels, in dem die Betrachtung über das Absterben des Staates enthalten ist – an die sich alle erinnern –, finden sich Ausführungen über die Bedeutung der gewaltsamen Revolution. Die geschichtliche Bewertung ihrer Rolle wird bei Engels zu einer wahren Lobrede auf die gewaltsame Revolution. Dessen »erinnert sich niemand«; über die Bedeutung dieses Gedankens zu reden, ja auch nur nachzudenken, ist in den heutigen sozialistischen Parteien nicht üblich, in der täglichen Propaganda und Agitation unter den Massen spielen diese Gedanken gar keine Rolle. Indes sind sie mit dem »Absterben« des Staates untrennbar zu einem harmonischen Ganzen verbunden.

Hier diese Ausführungen von Engels:

> »*Daß die Gewalt aber noch eine andre Rolle*« (als die einer Vollbringerin des Bösen) »*in der Geschichte spielt, eine revolutionäre Rolle, daß sie, in Marx' Worten, die Geburtshelferin jeder alten Gesellschaft ist, die mit einer neuen schwanger geht, daß sie das Werkzeug ist, womit sich die gesellschaftliche Bewegung durchsetzt und erstarrte, abgestorbne politische Formen zerbricht – davon kein Wort bei Herrn Dühring. Nur unter Seufzen und Stöhnen gibt er die Möglichkeit zu, daß zum Sturz der Ausbeutungswirtschaft vielleicht Gewalt nötig sein werde – leider! denn jede Gewaltanwendung demoralisiere den, der sie anwendet. Und das angesichts des hohen moralischen und geistigen Aufschwungs, der die Folge jeder siegreichen Revolution war! Und das in Deutschland, wo ein gewaltsamer Zusammenstoß, der dem Volk ja aufgenötigt werden kann, wenigstens den Vorteil hätte, die aus der Erniedrigung des Dreißigjährigen Krieges in das nationale Bewußtsein gedrungene Bedientenhaftigkeit auszutilgen. Und diese matte, saft- und kraftlose Predigerdenkweise macht den Anspruch, sich der revolutionärsten Partei aufzudrängen, die die*

Geschichte kennt?« (S.193, dritte deutsche Auflage, Schluß des IV. Kapitels, Zweiter Abschnitt.)[56]

Wie läßt sich diese Lobrede auf die gewaltsame Revolution, die Engels beharrlich von 1878 bis 1894, d.h. bis zu seinem Tode, den deutschen Sozialdemokraten darbot, mit der Theorie vom »Absterben« des Staates in einer Lehre vereinen?

Gewöhnlich vereint man beides mit Hilfe des Eklektizismus, eines ideenlosen oder sophistischen Herausgreifens willkürlich (oder den Machthabern zu Gefallen) bald der einen, bald der anderen Betrachtung, wobei in 99 von 100 Fällen, wenn nicht noch öfter, gerade das »Absterben« in den Vordergrund geschoben wird. Die Dialektik wird durch Eklektizismus ersetzt. Das ist, was den Marxismus anbelangt, die allgemein übliche, am weitesten verbreitete Erscheinung in der offiziellen sozialdemokratischen Literatur unserer Tage. Ein solches Ersetzen ist natürlich nichts Neues, es war sogar in der Geschichte der klassischen griechischen Philosophie zu beobachten. Bei der Verfälschung des Marxismus in Opportunismus pflegt die Verfälschung der Dialektik in Eklektizismus die Massen am leichtesten zu täuschen, sie gewährt eine scheinbare Befriedigung, berücksichtigt scheinbar alle Seiten des Prozesses, alle Entwicklungstendenzen, alle widerspruchsvollen Einflüsse usw., während sie in Wirklichkeit gar keine einheitliche, keine revolutionäre Auffassung des gesellschaftlichen Entwicklungsprozesses gibt.

Wir haben schon oben davon gesprochen und werden in der weiteren Darstellung ausführlicher zeigen, daß die Lehre von Marx und Engels von der Unvermeidlichkeit der gewaltsamen Revolution sich auf den bürgerlichen

56 Anti-Dühring: Gewaltstheorie (Marx u. Engels, Werke, Bd.20, S.171).

Staat bezieht. Dieser *kann* durch den proletarischen Staat (die Diktatur des Proletariats) *nicht* auf dem Wege des »Absterbens« abgelöst werden, sondern, als allgemeine Regel, nur durch eine gewaltsame Revolution. Die Lobrede, die Engels auf die gewaltsame Revolution hält und die den vielfachen Erklärungen von Marx durchaus entspricht (erinnern wir uns an den Schluß des **Elends der Philosophie**[57] und des **Kommunistischen Manifests**[58] mit der stolzen und offenen Erklärung, daß die gewaltsame Revolution unausbleiblich ist; erinnern wir uns an die **Kritik des Gothaer Programms** vom Jahre 1875[59], fast dreißig Jahre später, in der Marx den Opportunismus dieses Programms schonungslos geißelte) – diese Lobrede ist durchaus keine »Schwärmerei«, durchaus keine Deklamation, kein polemischer Ausfall. Die Notwendigkeit, die Massen systematisch in *diesen*, gerade in diesen Auffassungen über die gewaltsame Revolution zu erziehen, liegt der *gesamten* Lehre von Marx und Engels zugrunde. Der Verrat an ihrer Lehre durch die heutzutage vorherrschenden sozialchauvinistischen und kautskyanischen Strömungen kommt besonders plastisch darin zum Ausdruck, daß man hier wie dort *diese* Propaganda, diese Agitation vergessen hat.

---

57 Das Elend der Philosophie (Marx u. Engels, Werke, Bd.4, S.63-182.)

58 Manifest der kommunistischen Partei (Marx u. Engels, Werke, Bd.4, S.493.)

59 Kritik des Gothaer Programms (Marx u. Engels, Werke, Bd.19, S.11-32, 521/522.) Auf dem Parteitag in Gotha 1875 vereinigten sich die »Eisenacher« (Bebel, Liebknecht, Marx, Engels) mit den »Lassalleanern« (Lassalle) zur »Sozialistischen Arbeiterpartei Deutschlands«. Das neue, gemeinsame Programm enthielt zwar wichtige politische und soziale Forderungen, war jedoch insgesamt durchdrungen vom opportunistischen Gedankengut des Lassalleanismus. Marx und Engels unterzogen den Entwurf des Gothaer Programms einer vernichtenden Kritik und bezeichneten ihn als entschiedenen Rückschritt gegenüber dem Eisenacher Programm von 1869.

Die Ablösung des bürgerlichen Staates durch den proletarischen ist ohne gewaltsame Revolution unmöglich. Die Aufhebung des proletarischen Staates, d.h. die Aufhebung jeglichen Staates, ist nicht anders möglich als auf dem Wege des »Absterbens«.

Eine ausführliche und konkrete Entwicklung dieser Auffassungen lieferten Marx und Engels, indem sie jede einzelne revolutionäre Situation studierten, die Lehren aus den Erfahrungen jeder einzelnen Revolution analysierten. Wir gehen nunmehr zu diesem fraglos wichtigsten Teil ihrer Lehre über.

II. Kapitel Die Erfahrungen der Jahre 1848 – 1851

1. Der Vorabend der Revolution

Die ersten Werke des reifen Marxismus, **Das Elend der Philosophie** und das **Kommunistische Manifest**, stammen aus der Zeit unmittelbar vor dem Ausbruch der Revolution von 1848. Infolgedessen besitzen wir hier neben einer Darlegung der allgemeinen Grundlagen des Marxismus bis zu einem gewissen Grade ein Spiegelbild der damaligen konkreten revolutionären Situation, und so wäre es zweckmäßig, zu untersuchen, was die Verfasser dieser Werke über den Staat ausführten, unmittelbar bevor sie ihre Schlußfolgerungen aus den Erfahrungen der Jahre 1848-1851 zogen.

> *»Die arbeitende Klasse«*, schreibt Marx im **Elend der Philosophie**, *»wird im Laufe der Entwicklung an die Stelle der alten bürgerlichen Gesellschaft eine Assoziation setzen, welche die Klassen und ihren Gegensatz ausschließt, und es wird keine eigentliche politische Gewalt mehr geben, weil gerade die politische Gewalt der offizielle Ausdruck des Klassengegensatzes innerhalb der bürgerlichen Gesellschaft ist.«* (S.182 der deutschen Ausgabe von 1885.)[60]

60 Das Elend der Philosophie (Marx u. Engels, Werke, Bd.4, S.182.)

Es ist lehrreich, dieser allgemeinen Darlegung des Gedankens über das Verschwinden des Staates nach der Aufhebung der Klassen die Ausführungen gegenüberzustellen, die in dem einige Monate später, nämlich im November 1847, von Marx und Engels verfaßten **Kommunistischen Manifest** enthalten sind:

»Indem wir die allgemeinsten Phasen der Entwicklung des Proletariats zeichneten, verfolgten wir den mehr oder minder versteckten Bürgerkrieg innerhalb der bestehenden Gesellschaft bis zu dem Punkt, wo er in eine offene Revolution ausbricht und durch den gewaltsamen Sturz der Bourgeoisie das Proletariat seine Herrschaft begründet.«

»Wir sahen schon oben, daß der erste Schritt in der Arbeiterrevolution die Erhebung des Proletariats zur herrschenden Klasse, die Erkämpfung der Demokratie ist.

Das Proletariat wird seine politische Herrschaft dazu benutzen, der Bourgeoisie nach und nach alles Kapital zu entreißen, alle Produktionsinstrumente in den Händen des Staates, d.h. des als herrschende Klasse organisierten Proletariats zu zentralisieren und die Masse der Produktionskräfte möglichst rasch zu vermehren.« (S.31 und 37, siebente deutsche Ausgabe 1906.)[61]

Hier haben wir die Formulierung einer der bedeutsamsten und wichtigsten Ideen des Marxismus in der Frage des Staates, nämlich der Idee der *»Diktatur des Proletariats«* (wie Marx und Engels nach der Pariser Kommune sich auszudrücken begannen), ferner eine höchst interessante Definition des Staates, die gleichfalls zu den »vergessenen

61 Manifest der kommunistischen Partei (Marx u. Engels, Werke, Bd.4, S.473, 481.)

Worten« des Marxismus gehört. *»Der Staat, das heißt das als herrschende Klasse organisierte Proletariat.«*

Nicht nur, daß diese Definition des Staates niemals in der herrschenden Propaganda- und Agitationsliteratur der offiziellen sozialdemokratischen Parteien erläutert worden ist. Mehr als das. Sie ist geradezu vergessen worden, da sie mit dem Reformismus völlig unvereinbar ist, da sie den landläufigen opportunistischen Vorurteilen und kleinbürgerlichen Illusionen über eine »friedliche Entwicklung der Demokratie« ins Gesicht schlägt.

Das Proletariat braucht den Staat – das wiederholen alle Opportunisten, Sozialchauvinisten und Kautskyaner, wobei sie beteuern, dies sei die Lehre von Marx, sie *»vergessen«* aber hinzuzufügen, daß erstens das Proletariat nach Marx nur einen absterbenden Staat braucht, d.h. einen Staat, der so beschaffen ist, daß er sofort abzusterben beginnt und zwangsläufig absterben muß. Und zweitens brauchen die Werktätigen den »Staat«, »das heißt das als herrschende Klasse organisierte Proletariat«.

Der Staat ist eine besondere Machtorganisation, eine Organisation der Gewalt zur Unterdrückung einer Klasse. Welche Klasse aber muß vom Proletariat unterdrückt werden? Natürlich nur die Ausbeuterklasse, d.h. die Bourgeoisie. Die Werktätigen brauchen den Staat nur, um den Widerstand der Ausbeuter niederzuhalten, aber dieses Niederhalten zu leiten, in die Tat umzusetzen ist allein das Proletariat imstande als die einzige konsequent revolutionäre Klasse, als einzige Klasse, die fähig ist, alle Werktätigen und Ausgebeuteten im Kampf gegen die Bourgeoisie, im Kampf um deren völlige Beseitigung zu vereinigen.

Die ausbeutenden Klassen bedürfen der politischen Herrschaft im Interesse der Aufrechterhaltung der Ausbeutung, d.h. im eigennützigen Interesse einer verschwindend kleinen Minderheit gegen die ungeheure Mehrheit des Volkes. Die ausgebeuteten Klassen bedürfen der politischen Herrschaft im Interesse der völligen Aufhebung jeder Ausbeutung, d.h. im Interesse der ungeheuren Mehrheit des Volkes gegen die verschwindend kleine Minderheit der modernen Sklavenhalter, d.h. der Gutsbesitzer und Kapitalisten.

Die kleinbürgerlichen Demokraten, diese Pseudosozialisten, die den Klassenkampf durch Träumereien von Klassenharmonie ersetzen, stellten sich auch die sozialistische Umgestaltung träumerisch vor, nicht als Sturz der Herrschaft der ausbeutenden Klasse, sondern als friedliche Unterordnung der Minderheit unter die sich ihrer Aufgaben bewußt gewordene Mehrheit. Diese mit der Anerkennung eines über den Klassen stehenden Staates unzertrennlich verbundene kleinbürgerliche Utopie führt in der Praxis zum Verrat an den Interessen der werktätigen Klassen, wie dies z.B. die Geschichte der französischen Revolutionen von 1848 und 1871, wie dies die Erfahrungen der Beteiligung von »Sozialisten« an bürgerlichen Regierungen in England, Frankreich, Italien und anderen Ländern am Ausgang des 19. und Anfang des 20. Jahrhunderts gezeigt haben.

Marx bekämpfte sein ganzes Leben lang diesen kleinbürgerlichen Sozialismus, der jetzt in Rußland durch die Parteien der Sozialrevolutionäre und Menschewiki zu neuem Leben erweckt worden ist. Marx hat die Lehre vom Klassenkampf konsequent bis zu der Lehre von der politischen Macht, vom Staat, entwickelt.

Die Herrschaft der Bourgeoisie stürzen kann nur das Proletariat als besondre Klasse, deren wirtschaftliche Existenzbedingungen es darauf vorbereiten, ihm die Möglichkeit und die Kraft geben, diesen Sturz zu vollbringen.

Während die Bourgeoisie die Bauernschaft und alle kleinbürgerlichen Schichten zersplittert und zerstäubt, schließt sie das Proletariat zusammen, einigt und organisiert es. Nur das Proletariat ist – kraft seiner ökonomischen Rolle in der Großproduktion – fähig, der Führer ALLER werktätigen und ausgebeuteten Massen zu sein, die von der Bourgeoisie vielfach nicht weniger, sondern noch mehr ausgebeutet, geknechtet und unterdrückt werden als die Proletarier, aber zu einem *selbständigen* Kampf um ihre Befreiung nicht fähig sind.

Die Lehre vom Klassenkampf, von Marx auf die Frage des Staates und der sozialistischen Revolution angewandt, führt notwendig zur Anerkennung der *politischen Herrschaft* des Proletariats, seiner Diktatur, d.h. einer mit niemand geteilten und sich unmittelbar auf die bewaffnete Gewalt der Massen stützenden Macht. Der Sturz der Bourgeoisie ist nur zu verwirklichen durch die Erhebung des Proletariats zur *herrschenden Klasse*, die fähig ist, den unvermeidlichen, verzweifelten Widerstand der Bourgeoisie niederzuhalten und für die Neuordnung der Wirtschaft *alle* werktätigen und ausgebeuteten Massen zu organisieren.

Das Proletariat braucht die Staatsgewalt, eine zentralisierte Organisation der Macht, eine Organisation der Gewalt sowohl zur Unterdrückung des Widerstands der Ausbeuter als auch zur *Leitung* der ungeheuren Masse der Bevölkerung, der Bauernschaft, des Kleinbürgertums, der Halbproletarier, um die sozialistische Wirtschaft »in Gang zu bringen«.

Durch die Erziehung der Arbeiterpartei erzieht der Marxismus die Avantgarde des Proletariats, die fähig ist, die Macht zu ergreifen und *das ganze Volk* zum Sozialismus *zu führen*, die neue Ordnung zu leiten und zu organisieren,

Lehrer, Leiter, Führer aller Werktätigen und Ausgebeuteten zu sein bei der Gestaltung ihres gesellschaftlichen Lebens ohne die Bourgeoisie und gegen die Bourgeoisie. Der heute herrschende Opportunismus dagegen erzieht in der Arbeiterpartei die Vertreter der besser bezahlten Arbeiter, die sich den Massen entfremden und sich unter dem Kapitalismus leidlich »einzurichten« wissen, die ihr Erstgeburtsrecht für ein Linsengericht verkaufen, d.h. auf die Rolle revolutionärer Führer des Volkes gegen die Bourgeoisie verzichten.

»Der Staat, das heißt das als herrschende Klasse organisierte Proletariat« – diese Theorie von Marx ist untrennbar verbunden mit seiner ganzen Lehre von der revolutionären Rolle des Proletariats in der Geschichte. Die Vollendung dieser Rolle ist die proletarische Diktatur, die politische Herrschaft des Proletariats.

Wenn aber das Proletariat den Staat als eine *besondere* Organisation der Gewalt *gegen* die Bourgeoisie braucht, so drängt sich von selbst die Frage auf, ob es denkbar ist, eine solche Organisation zu schaffen ohne vorherige Abschaffung, ohne Zerstörung der Staatsmaschine, die die Bourgeoisie *für sich* geschaffen hat. Zu dieser Schlußfolgerung führt uns unmittelbar das **Kommunistische Manifest**, und von ihr spricht Marx, wenn er das Fazit aus den Erfahrungen der Revolution von 1848 bis 1851 zieht.

2. Die Ergebnisse der Revolution

In der uns interessierenden Frage des Staates zieht Marx das Fazit der Revolution von 1848-1851 in folgenden Ausführungen seines Werkes **Der Achtzehnte Brumaire des Louis Bonaparte**:

> *»Aber die Revolution ist gründlich. Sie ist noch auf der Reise durch das Fegefeuer begriffen. Sie vollbringt ihr*

Geschäft mit Methode. Bis zum 2. Dezember 1851« (dem Tag des Staatsstreichs Louis Bonapartes) »*hatte sie die eine Hälfte ihrer Vorbereitung absolviert, sie absolviert jetzt die andere. Sie vollendete erst die parlamentarische Gewalt, um sie stürzen zu können. Jetzt, wo sie dies erreicht, vollendet sie die* ***Exekutivgewalt****, reduziert sie auf ihren reinsten Ausdruck, isoliert sie, stellt sie sich als einzigen Vorwurf gegenüber,* ***um alle ihre Kräfte der Zerstörung gegen sie zu konzentrieren****«* (von uns hervorgehoben). »*Und wenn sie diese zweite Hälfte ihrer Vorarbeit vollbracht hat, wird Europa von seinem Sitze aufspringen und jubeln: Brav gewühlt, alter Maulwurf!*

Diese Exekutivgewalt mit ihrer ungeheuern bürokratischen und militärischen Organisation, mit ihrer weitschichtigen und künstlichen Staatsmaschinerie, ein Beamtenheer von einer halben Million neben einer Armee von einer andern halben Million, dieser fürchterliche Parasitenkörper, der sich wie eine Netzhaut um den Leib der französischen Gesellschaft schlingt und ihr alle Poren verstopft, entstand in der Zeit der absoluten Monarchie, beim Verfall des Feudalwesens, den er beschleunigen half.« Die erste französische Revolution entwickelte die Zentralisation, »*... aber zugleich den Umfang, die Attribute und die Handlanger der Regierungsgewalt. Napoleon vollendete diese Staatsmaschinerie. Die legitime Monarchie und die Julimonarchie fügten nichts hinzu als eine größere Teilung der Arbeit ...«*

»Die parlamentarische Republik endlich sah sich in ihrem Kampfe wider die Revolution gezwungen, mit den Repressivmaßregeln die Mittel und die Zentralisation der Regierungsgewalt zu verstärken. ***Alle Umwälzun-***

> ***gen vervollkommneten diese Maschine statt sie zu brechen***« (von uns hervorgehoben). *»Die Parteien, die abwechselnd um die Herrschaft rangen, betrachteten die Besitznahme dieses ungeheuren Staatsgebäudes als die Hauptbeute des Siegers.«* (**Der Achtzehnte Brumaire des Louis Bonaparte**, S.98 und 99, vierte Auflage, Hamburg 1907.)[62]

In diesen großartigen Ausführungen macht der Marxismus im Vergleich zum **Kommunistischen Manifest** einen gewaltigen Schritt vorwärts. Dort wird die Frage des Staates noch äußerst abstrakt, in ganz allgemeinen Begriffen und Wendungen behandelt. Hier wird die Frage konkret gestellt, und es wird eine äußerst genaue, bestimmte, praktisch-greifbare Schlußfolgerung gezogen: Alle früheren Revolutionen haben die Staatsmaschinerie vervollkommnet, aber man muß sie zerschlagen, zerbrechen.

Diese Folgerung ist das Hauptsächliche, das Grundlegende in der Lehre des Marxismus vom Staat. Und gerade dies Grundlegende ist von den herrschenden offiziellen sozialdemokratischen Parteien nicht nur total *vergessen*, sondern auch (wie wir weiter unten sehen werden) von dem prominentesten Theoretiker der II. Internationale, K. Kautsky, direkt *entstellt* worden.

Im **Kommunistischen Manifest** sind die allgemeinen Ergebnisse der Geschichte zusammengefaßt, die uns veranlassen, im Staat ein Organ der Klassenherrschaft zu sehen, und uns zu dem unbedingten Schluß führen, daß das Proletariat die Bourgeoisie nicht stürzen kann, ohne vorher die politische Macht erobert, ohne die politische Herrschaft erlangt und den Staat in das *»als herrschende Klasse organisierte Proletariat«* verwandelt zu haben, und

62 Der Achtzehnte Brumaire des Louis Bonaparte (Marx u. Engels, Werke, Bd.8, S.196, 197.)

daß dieser proletarische Staat sofort nach seinem Sieg beginnen wird abzusterben, denn in einer Gesellschaft ohne Klassengegensätze ist der Staat unnötig und unmöglich. Hier wird nicht die Frage aufgeworfen, wie – vom Standpunkt der historischen Entwicklung aus gesehen – diese Ablösung des bürgerlichen Staates durch den proletarischen erfolgen soll.

Eben diese Frage stellt und löst Marx im Jahre 1852. Getreu seiner Philosophie des dialektischen Materialismus, nimmt Marx als Grundlage die historische Erfahrung der großen Revolutionsjahre 1848 bis 1851. Die Lehre von Marx ist wie stets, so auch hier, eine von tiefer philosophischer Weltanschauung und reicher Kenntnis der Geschichte durchdrungene *Zusammenfassung der Erfahrung.*

Die Frage des Staates wird konkret gestellt: Wie ist der bürgerliche Staat, diese für die Herrschaft der Bourgeoisie notwendige Staatsmaschinerie, historisch entstanden? Welcherart sind ihre Veränderungen, welches ist ihre Evolution im Verlauf der bürgerlichen Revolutionen und angesichts der selbständigen Aktionen der unterdrückten Klassen? Welches sind die Aufgaben des Proletariats in bezug auf diese Staatsmaschinerie?

Die der bürgerlichen Gesellschaft eigentümliche Staatsgewalt entstand in der Epoche des Niedergangs des Absolutismus. Zwei Institutionen sind für diese Staatsmaschinerie besonders kennzeichnend: das Beamtentum und das stehende Heer. Wie diese Institutionen durch tausenderlei Fäden namentlich mit der Bourgeoisie verknüpft sind, davon ist in den Werken von Marx und Engels oft die Rede. Die Erfahrungen eines jeden Arbeiters verdeutlichen diesen Zusammenhang mit der größten Anschaulichkeit und Eindringlichkeit. Die Arbeiterklasse lernt diesen Zusammenhang am eigenen Leibe kennen, deshalb erfaßt sie auch so leicht die Wissenschaft von der Unvermeidlichkeit dieses Zusammenhangs und eignet sie sich so gründlich an, eine Wissenschaft, die die kleinbürgerlichen Demokraten entweder aus Unwissenheit und Leichtfertigkeit ablehnen oder noch leichtfertiger »im allgemeinen« anerkennen, wobei sie vergessen, die entsprechenden praktischen Konsequenzen zu ziehen.

Beamtentum und stehendes Heer, das sind die »Schmarotzer« am Leib der bürgerlichen Gesellschaft, Schmarotzer, die aus inneren Widersprüchen, die diese Gesellschaft zerklüften, entstanden sind, aber eben Parasiten, die die Lebensporen »verstopfen«. Der jetzt in der offiziellen Sozialdemokratie herrschende kautskyanische Opportunismus hält die Anschauung, die im Staat einen *parasitären Organismus* erblickt, für ein besonderes und ausschließliches Attribut des Anarchismus. Diese Entstellung des Marxismus paßt natürlich den Kleinbürgern ausgezeichnet, die den Sozialismus bis zu der unerhörten Schmach einer Rechtfertigung und Beschönigung des imperialistischen Krieges herabgewürdigt haben, indem sie den Begriff der »Vaterlandsverteidigung« auf diesen Krieg anwandten, aber dennoch bleibt es unbedingt eine Entstellung.

Durch alle bürgerlichen Revolutionen hindurch, die Europa seit dem Verfall des Feudalismus in großer Anzahl erlebt hat, zieht sich die Entwicklung, Vervollkommnung und Festigung dieses Beamten- und Militärapparats. Insbesondere wird gerade das Kleinbürgertum auf die Seite der Großbourgeoisie hinübergezogen und ihr weitgehend unterworfen vermittels dieses Apparats, der den oberen Schichten der Bauernschaft, der kleinen Handwerker, Händler u.a. verhältnismäßig bequeme, ruhige und ehrenvolle Pöstchen verschafft, die deren Inhaber *über* das Volk erheben. Man betrachte, was in Rußland während des halben Jahres nach dem 27. Februar 1917 vor sich gegangen ist: Beamtenstellen, die früher vorzugsweise den Schwarzhundertern zufielen, sind zum Beuteobjekt der Kadetten, Menschewiki und Sozialrevolutionäre geworden. An irgendwelche ernste Reformen dachte man im Grunde genommen nicht, man war bemüht, sie »bis zur Konstituierenden Versammlung« hinauszuschieben – die Einberufung der Konstituierenden Versammlung aber so sachte bis zum Kriegsende zu verschleppen! Mit der Teilung der Beute, mit der Besetzung der Posten der Minister, der Vizeminister, der Generalgouverneure usw. usf. zögerte man dagegen nicht und wartete man auf keine Konstituierende Versammlung! Das Spiel mit den verschiedenen Kombinationen bei der Bildung der Regierungen war im Grunde lediglich der Ausdruck dieser Teilung und Neuverteilung der »Beute«, die sowohl oben als auch unten, im ganzen Lande, in der ganzen zentralen und lokalen Verwaltung vor sich geht. Das Ergebnis, das objektive Ergebnis des halben Jahres vom 27. Februar bis zum 27. August 1917 steht fest: Die Reformen sind zurückgestellt, die Verteilung der Beamtenpöstchen hat stattgefunden, und die »Fehler« in der Verteilung werden durch einige Neuverteilungen wiedergutgemacht.

Doch je mehr im Beamtenapparat »Neuverteilungen« der Posten unter die verschiedenen bürgerlichen und kleinbürgerlichen Parteien (unter die Kadetten, Sozialrevolutionäre und Menschewiki, wenn man das russische Beispiel nimmt) stattfinden, um so klarer wird den unterdrückten Klassen und dem Proletariat an ihrer Spitze ihre unversöhnliche Feindschaft gegenüber der *ganzen* bürgerlichen Gesellschaft. Hieraus ergibt sich für alle bürgerlichen Parteien, selbst für die demokratischsten und darunter für die »revolutionär-demokratischen«, die Notwendigkeit, die

Repressalien gegen das revolutionäre Proletariat zu verschärfen, den Repressionsapparat, d.h. diese selbe Staatsmaschinerie zu verstärken. Dieser Gang der Ereignisse zwingt die Revolution, *»alle ihre Kräfte der Zerstörung zu konzentrieren«* gegen die Staatsgewalt, zwingt sie, sich nicht die Verbesserung der Staatsmaschinerie, sondern ihre *Zerstörung*, ihre *Vernichtung* zur Aufgabe zu machen.

Nicht logische Erwägungen, sondern die tatsächliche Entwicklung der Ereignisse, die lebendige Erfahrung der Jahre 1848-1851 haben dazu geführt, daß diese Aufgabe so gestellt wurde. Wie streng sich Marx an die der geschichtlichen Erfahrung zugrunde liegenden Tatsachen hält, geht daraus hervor, daß er 1852 noch nicht konkret die Frage stellt, **wodurch** die zu vernichtende Staatsmaschinerie zu ersetzen sei. Die Erfahrung gab damals noch keine Unterlagen für diese Frage, die von der Geschichte später, im Jahre 1871, auf die Tagesordnung gesetzt wurde. 1852 konnte man mit der Genauigkeit einer naturgeschichtlichen Beobachtung lediglich feststellen, daß die proletarische Revolution an die Aufgabe **herangekommen** war, *»alle ihre Kräfte der Zerstörung zu konzentrieren«* gegen die Staatsgewalt, an die Aufgabe, die Staatsmaschinerie *»zu zerbrechen«*.

Hier kann die Frage auftauchen, ob eine Verallgemeinerung der Erfahrung, der Beobachtungen und Schlußfolgerungen von Marx, ob ihre Übertragung auf umfassendere Gebiete als das der Geschichte Frankreichs während der drei Jahre 1848-1851 richtig ist. Zur Untersuchung dieser Frage erinnern wir zunächst an eine Bemerkung von Engels und gehen dann zu den Tatsachen über.

> *»Frankreich«*, schrieb Engels in der Vorrede zur dritten Auflage des **Achtzehnten Brumaire**, *»ist das Land, wo die geschichtlichen Klassenkämpfe mehr als anderswo jedesmal bis zur Entscheidung durchgefochten wur-*

den, wo also auch die wechselnden politischen Formen, innerhalb deren sie sich bewegen und in denen ihre Resultate sich zusammenfassen, in den schärfsten Umrissen ausgeprägt sind. Mittelpunkt des Feudalismus im Mittelalter, Musterland der einheitlichen ständischen Monarchie seit der Renaissance, hat Frankreich in der großen Revolution den Feudalismus zertrümmert und die reine Herrschaft der Bourgeoisie begründet in einer Klassizität wie kein anderes europäisches Land. Und auch der Kampf des aufstrebenden Proletariats gegen die herrschende Bourgeoisie tritt hier in einer, anderswo unbekannten, akuten Form auf.« (S.4 der Auflage von 1907.)

Die letzte Bemerkung ist veraltet, da seit 1871 im revolutionären Kampf des französischen Proletariats eine Unterbrechung eingetreten ist, obgleich diese Unterbrechung, wie lange sie auch dauern möge, keineswegs die Möglichkeit ausschließt, daß sich Frankreich in der kommenden proletarischen Revolution als das klassische Land des Klassenkampfes bis zur Entscheidung erweisen wird.

Werfen wir jedoch einen allgemeinen Blick auf die Geschichte der fortgeschrittenen Länder am Ausgang des 19. und zu Beginn des 20. Jahrhunderts. Wir sehen, daß sich langsamer, vielgestaltiger und auf viel weiterem Schauplatz der gleiche Prozeß abspielte: einerseits der Ausbau der »parlamentarischen Macht« sowohl in den republikanischen Ländern (Frankreich, Amerika, Schweiz) als auch in den monarchistischen (England, bis zu einem gewissen Grade Deutschland, Italien, die skandinavischen Länder usw.), andererseits der Kampf um die Macht zwischen den verschiedenen bürgerlichen und kleinbürgerlichen Parteien, die bei unveränderter Grundlage der bürgerlichen Ordnung die »Beute«, die Beamtenpöstchen aufteilten und neu verteilten, und schließlich die Vervollkommnung und Festigung der »Exekutivgewalt«, ihres Beamten- und Militärapparats.

Es unterliegt keinem Zweifel, daß dies gemeinsame Züge der ganzen neueren Entwicklung der kapitalistischen Staaten überhaupt sind. Frankreich zeigte in den drei Jahren 1848-1851 in rascher, ausgeprägter, konzentrierter Form dieselben Entwicklungsprozesse, die der ganzen kapitalistischen Welt eigen sind.

Insbesondere aber weist der Imperialismus, weist die Epoche des Bankkapitals, die Epoche der gigantischen kapitalistischen Monopole, die Epoche des Hinüberwachsens des monopolistischen Kapitalismus in den staatsmonopolistischen Kapitalismus, eine ungewöhnliche Stärkung der »Staatsmaschinerie« auf, ein unerhörtes Anwachsen ihres Beamten- und Militärapparates in Verbindung mit verstärkten Repressalien gegen das Proletariat sowohl in den monarchistischen als auch in den freiesten, republikanischen Ländern.

Die Weltgeschichte führt jetzt zweifellos in ungleich größerem Ausmaß, als das 1852 der Fall war, zur »Konzentrierung aller Kräfte« der proletarischen Revolution auf die »Zerstörung« der Staatsmaschinerie.

Was das Proletariat an ihre Stelle setzen wird, darüber hat die Pariser Kommune höchst lehrreiches Material geliefert.

3. Marx' Fragestellung im Jahre 1852[63]

Im Jahre 1907 veröffentlichte Mehring in der **Neuen Zeit**[64] (XXV, 2, 164) Auszüge aus einem Brief von Marx an

63 Dieses Kapitel wurde von Lenin in der zweiten Auflage hinzugefügt.

64 Die Neue Zeit – theoretische Zeitschrift der Sozialdemokratischen Partei Deutschlands, die von 1883 bis 1923 in Stuttgart erschien. Engels

Weydemeyer vom 5. März 1852. In diesem Brief befindet sich unter anderem folgende bemerkenswerte Betrachtung:

> »*Was mich nun betrifft, so gebührt mir nicht das Verdienst, weder die Existenz der Klassen in der modernen Gesellschaft noch ihren Kampf unter sich entdeckt zu haben. Bürgerliche Geschichtsschreiber hatten längst vor mir die historische Entwicklung dieses Kampfes der Klassen und bürgerliche Ökonomen die ökonomische Anatomie derselben dargestellt. Was ich neu tat, war 1. nachzuweisen, daß die Existenz der Klassen bloß an bestimmte historische Entwicklungsphasen der Produktion gebunden ist; 2. daß der Klassenkampf notwendig zur Diktatur des Proletariats führt; 3. daß diese Diktatur selbst nur den Übergang zur Aufhebung aller Klassen und zu einer klassenlosen Gesellschaft bildet.*«[65]

In diesen Worten ist es Marx gelungen, mit erstaunlicher Prägnanz erstens den Haupt- und Grundunterschied seiner Lehre von der Lehre der führenden und tiefsten Denker der Bourgeoisie und zweitens das Wesen seiner Lehre vom Staat zum Ausdruck zu bringen.

Das Wesentliche der Lehre von Marx sei der Klassenkampf. Das wird sehr oft gesagt und geschrieben. Doch das ist unrichtig, und aus dieser Unrichtigkeit ergibt sich auf Schritt und Tritt eine opportunistische Entstellung des Marxismus, seine Verfälschung in einem Geiste, der ihn für die Bourgeoisie annehmbar macht. Denn die Lehre

half der Redaktion der Zeitschrift ständig und übte oft Kritik daran, daß sie Abweichungen vom Marxismus in der Zeitschrift zuließ. Anfang des 20. Jahrhunderts ging Die Neue Zeit mehr und mehr auf zentristische Positionen über. Während des imperialistischen Weltkriegs 1914-1918 bezog sie einen sozialpazifistischen Standpunkt und unterstützte faktisch die Sozialchauvinisten.

65 Siehe Marx u. Engels, Werke, Bd.28, S.507/508.

vom Klassenkampf ist *nicht* von Marx, *sondern vor* ihm von der Bourgeoisie geschaffen worden und ist, allgemein gesprochen, für die Bourgeoisie *annehmbar*. Wer *nur* den Klassenkampf anerkennt, ist noch kein Marxist, er kann noch in den Grenzen bürgerlichen Denkens und bürgerlicher Politik geblieben sein. Den Marxismus auf die Lehre vom Klassenkampf beschränken heißt den Marxismus stutzen, ihn entstellen, ihn auf das reduzieren, was für die Bourgeoisie annehmbar ist. Ein Marxist ist nur, wer die Anerkennung des Klassenkampfes auf die Anerkennung der *Diktatur des Proletariats* erstreckt. Hierin besteht der tiefste Unterschied des Marxisten vom durchschnittlichen Klein- (und auch Groß-) Bourgeois. Das muß der Prüfstein für das *wirkliche* Verstehen und Anerkennen des Marxismus sein. Und es ist nicht verwunderlich, daß, als die Geschichte Europas *praktisch* die Arbeiterklasse vor diese Frage stellte, nicht nur alle Opportunisten und Reformisten, sondern auch alle »Kautskyaner« (Leute, die zwischen Reformismus und Marxismus pendeln) sich als erbärmliche Philister und kleinbürgerliche Demokraten erwiesen, die die Diktatur des Proletariats *ablehnen*. Kautskys Broschüre **Die Diktatur des Proletariats**, die im August 1918, d.h. lange nach der ersten Auflage des vorliegenden Buches, erschien, ist ein Musterstück kleinbürgerlicher Entstellung des Marxismus, der niederträchtigen Verleugnung des Marxismus *in der Tat*, bei heuchlerischer Anerkennung des Marxismus *in Worten* (siehe meine Broschüre **Die proletarische Revolution und der Renegat Kautsky**, Petrograd und Moskau, 1918).

Der heutige Opportunismus, verkörpert in der Person seines Hauptvertreters, des früheren Marxisten K. Kautsky, fällt voll und ganz unter die angeführte Marxsche Charakteristik der *bürgerlichen* Haltung, denn dieser

Opportunismus beschränkt das Gebiet der Anerkennung des Klassenkampfes auf das Gebiet bürgerlicher Verhältnisse. (Und innerhalb dieses Gebietes, im Rahmen dieses Gebietes, wird es kein einziger gebildeter Liberaler ablehnen, den Klassenkampf »prinzipiell« anzuerkennen!) Der Opportunismus *macht* in der Anerkennung des Klassenkampfes gerade vor der Hauptsache *halt*, vor der Periode des ÜBERGANGS vom Kapitalismus zum Kommunismus, vor der Periode des *Sturzes* der Bourgeoisie und ihrer völligen *Vernichtung*. In Wirklichkeit ist diese Periode unvermeidlich eine Periode unerhört erbitterten Klassenkampfes, unerhört scharfer Formen dieses Kampfes, und folglich muß auch der Staat dieser Periode unvermeidlich *auf neue Art* demokratisch (für die Proletarier und überhaupt für die Besitzlosen) und *auf neue Art* diktatorisch (gegen die Bourgeoisie) sein.

Weiter. Das Wesen der Marxschen Lehre vom Staat hat nur erfaßt, wer begriffen hat, daß die Diktatur *einer* Klasse nicht nur schlechthin für jede Klassengesellschaft notwendig ist, nicht nur für das *Proletariat*, das die Bourgeoisie gestürzt hat, sondern auch für die ganze *historische Periode*, die den Kapitalismus von der »klassenlosen Gesellschaft«, vom Kommunismus, trennt. Die Formen der bürgerlichen Staaten sind außerordentlich mannigfaltig, ihr Wesen ist aber ein und dasselbe: Alle diese Staaten sind so oder so, aber in letzter Konsequenz unbedingt eine *Diktatur der Bourgeoisie*. Der Übergang vom Kapitalismus zum Kommunismus muß natürlich eine ungeheure Fülle und Mannigfaltigkeit der politischen Formen hervorbringen, aber das Wesentliche wird dabei unbedingt das *eine* sein: *die Diktatur des Proletariats*.

III. Kapitel Die Erfahrungen der Pariser Kommune vom Jahre 1871.

Die Analyse von Marx

1. Worin bestand der Heroismus des Versuchs der Kommunarden?

Es ist bekannt, daß Marx einige Monate vor der Kommune, im Herbst 1870, die Pariser Arbeiter warnte und nachwies, daß der Versuch, die Regierung zu stürzen, eine verzweifelte Torheit wäre. Als aber im März 1871 den Arbeitern der Entscheidungskampf *aufgezwungen* wurde und sie ihn aufnahmen, als der Aufstand zur Tatsache geworden war, begrüßte Marx, trotz der schlimmen Vorzeichen, die proletarische Revolution mit der größten Begeisterung. Marx versteifte sich nicht auf eine pedantische Verurteilung der »unzeitgemäßen« Bewegung, wie das der zu trauriger Berühmtheit gelangte russische Renegat des Marxismus, Plechanow, tat, der im November 1905 so schrieb, daß er die Arbeiter und Bauern zum Kampf ermunterte, nach dem Dezember 1905 aber wie ein Liberaler zeterte: *»Man hätte nicht zu den Waffen greifen sollen.«*

Marx begnügte sich jedoch nicht damit, den Heroismus der, wie er sich ausdrückte, »himmelstürmenden« Kommunarden Begeisterung zu zollen. Er sah in der revolutionären Massenbewegung, obwohl sie ihr Ziel nicht erreichte, einen historischen Versuch von ungeheurer Tragweite, einen gewissen Schritt vorwärts in der proletarischen Weltrevolution, einen praktischen Schritt, der wichtiger ist als Hunderte von Programmen und Auseinandersetzungen. Diesen Versuch zu analysieren, aus ihm Lehren für die Taktik zu ziehen, auf Grund dieses Versuchs seine eigene Theorie zu überprüfen – das war die Aufgabe, die sich Marx stellte.

Die einzige »Korrektur«, die Marx am **Kommunistischen Manifest** vorzunehmen für notwendig erachtete, machte er auf Grund der revolutionären Erfahrungen der Pariser Kommunarden.

Die letzte Vorrede zur neuen deutschen Auflage des **Kommunistischen Manifests**, die von seinen beiden Verfassern unterzeichnet ist, datiert vom 24. Juni 1872. In dieser Vorrede erklären die Verfasser, Karl Marx und Friedrich Engels, daß das Programm des *Kommunistischen Manifests »heute stellenweise veraltet«* sei.

> *»Namentlich«*, **fahren sie fort**, *»hat die Kommune den Beweis geliefert, daß ›die Arbeiterklasse nicht die fertige Staatsmaschine einfach in Besitz nehmen und sie für ihre eignen Zwecke in Bewegung setzen kann‹.«*[66]

Die in einfache Anführungszeichen (›...‹) gesetzten Worte dieses Zitats haben seine Verfasser der Marxschen Schrift **Der Bürgerkrieg in Frankreich** entnommen.

Somit maßen Marx und Engels der einen Haupt- und Grundlehre der Pariser Kommune eine so ungeheure Be-

66 Siehe Marx u. Engels, Werke, Bd.18, S.96.

deutung bei, daß sie sie als wesentliche Korrektur zum **Kommunistischen Manifest** hinzufügten.

Es ist überaus bezeichnend, daß gerade diese wesentliche Korrektur von den Opportunisten entstellt worden ist und daß ihr eigentlicher Sinn sicherlich neun von zehn, wenn nicht gar neunundneunzig von hundert Lesern des **Kommunistischen Manifests** unbekannt ist. Ausführlicher sprechen wir von dieser Entstellung weiter unten in dem Kapitel, das sich speziell mit den Entstellungen befaßt. Vorläufig mag der Hinweis genügen, daß die landläufige, vulgäre »Auffassung« des von uns zitierten berühmten Ausspruchs von Marx darin besteht, daß Marx hier angeblich die Idee der allmählichen Entwicklung im Gegensatz zur Ergreifung der Macht unterstreiche und dergleichen mehr.

In Wirklichkeit ist es **gerade umgekehrt**. Der Marxsche Gedanke besteht gerade darin, daß die Arbeiterklasse *»die fertige Staatsmaschine«* **zerschlagen, zerbrechen** muß und sich nicht einfach auf ihre Besitzergreifung beschränken darf.

Am 12. April 1871, d.h. gerade während der Kommune, schrieb Marx an Kugelmann:

> *»Wenn Du das letzte Kapitel meines* ***Achtzehnten Brumaire*** *nachsiehst, wirst Du finden, daß ich als nächsten Versuch der französischen Revolution ausspreche, nicht mehr wie bisher die bürokratisch-militärische Maschinerie aus einer Hand in die andere zu übertragen, sondern sie zu* ***zerbrechen«*** (hervorgehoben von Marx), *»und dies ist die Vorbedingung jeder wirklichen Volksrevolution auf dem Kontinent. Dies ist auch der Versuch unserer heroischen Pariser Parteigenossen.«* (S.709,

Neue Zeit, XX, 1, 1901/1902.)[67] (Die Briefe von Marx an Kugelmann sind in russischer Sprache in mindestens zwei Ausgaben erschienen, eine davon unter meiner Redaktion und mit einem Vorwort von mir.)[68]

In diesen Worten: *»die bürokratisch-militärische Maschinerie zu zerbrechen«*, ist, kurz ausgedrückt, die Hauptlehre des Marxismus von den Aufgaben des Proletariats in der Revolution gegenüber dem Staat enthalten. Und gerade diese Lehre ist nicht nur völlig vergessen, sondern durch die herrschende, kautskyanische »Auslegung« des Marxismus geradezu entstellt worden!

Was den Hinweis von Marx auf den **Achtzehnten Brumaire** anbelangt, so haben wir die betreffende Stelle weiter oben vollständig zitiert. Es ist von Interesse, zwei Stellen aus der angeführten Betrachtung von Marx besonders hervorzuheben. Erstens beschränkt er seine Schlußfolgerung auf den Kontinent. Das war 1871 verständlich, als England noch das Muster eines rein kapitalistischen Landes war, aber eines Landes ohne Militarismus und in hohem Grade ohne Bürokratie. Marx schloß daher England aus, wo eine Revolution und selbst eine Volksrevolution *ohne* die Vorbedingung der Zerstörung der *»fertigen Staatsmaschine«* damals möglich zu sein schien und möglich war.

Jetzt, im Jahre 1917, in der Epoche des ersten großen imperialistischen Krieges, fällt diese Einschränkung von Marx fort. Sowohl England als auch Amerika, die im Sinne des Nichtvorhandenseins von Militarismus und Bürokratismus größten und letzten Vertreter angelsächsischer »Freiheit« in der ganzen Welt, sind vollständig in den allgemeinen europäischen, schmutzigen, blutigen Sumpf der bürokratisch-militärischen Institutionen hinabgesunken,

67 Siehe Marx u. Engels, Werke, Bd.33, S.205.
68 Siehe Lenin, Werke, Bd.12, S.95-104.

die sich alles unterordnen, die alles erdrücken. Jetzt bildet sowohl für England als auch für Amerika das **Zerbrechen**, das **Zerstören** der *»fertigen Staatsmaschine«* (die dort in den Jahren 1914-1917 die »europäische«, allgemein-imperialistische Vollkommenheit erreicht hat) die *»Vorbedingung jeder wirklichen Volksrevolution«*.

Zweitens verdient die außerordentlich tiefe Bemerkung von Marx besondere Beachtung, daß die Zerstörung der bürokratisch-militärischen Staatsmaschinerie *»die Vorbedingung jeder wirklichen* ***Volks****revolution«* ist. Dieser Begriff der »Volks«revolution mutet im Munde von Marx sonderbar an, und die russischen Plechanowleute und Menschewiki, diese Nachfolger Struves, die als Marxisten gelten möchten, könnten am Ende diesen Ausdruck von Marx als »falschen Zungenschlag« hinstellen. Sie haben den Marxismus zu einem so armselig-liberalen Zerrbild herabgewürdigt, daß für sie außer der Gegenüberstellung von bürgerlicher und proletarischer Revolution nichts anderes existiert, und selbst diese Gegenüberstellung wird von ihnen unglaublich starr aufgefaßt. Nimmt man als Beispiel die Revolutionen des 20. Jahrhunderts, so wird man natürlich sowohl die portugiesische als auch die türkische Revolution als bürgerliche auffassen müssen. Aber weder die eine noch die andere ist eine »Volks«revolution, denn die Volksmasse, die ungeheure Mehrheit des Volkes, ist weder in der einen noch in der anderen Revolution aktiv, selbständig, mit ihren eigenen wirtschaftlichen und politischen Forderungen sichtbar hervorgetreten. Dagegen war die russische bürgerliche Revolution von 1905 bis 1907, obgleich ihr so »glänzende« Erfolge versagt blieben, wie sie zeitweilig der portugiesischen und der türkischen Revolution beschieden waren, zweifellos eine »wirkliche Volks«revolution, denn die Masse des Volkes, seine Mehrheit, die »untersten« Gesellschaftsschichten, zermürbt durch Unterjochung und Ausbeutung, erhoben sich selbständig und drückten dem ganzen Verlauf der Revolution den Stempel *ihrer* Forderungen auf, *ihrer* Versuche, auf eigene Art eine neue Gesellschaft an Stelle der zu zerstörenden alten aufzubauen.

Auf dem europäischen Kontinent bildete 1871 das Proletariat in keinem Lande die Mehrheit des Volkes. Eine »Volks«revolution, die tatsächlich die Mehrheit des Volkes in die Bewegung einbezieht, konnte nur dann eine solche sein, wenn sie sowohl das Proletariat als auch die Bauernschaft erfaßte. Diese beiden Klassen bildeten damals eben das »Volk«. Beide Klassen sind dadurch vereint, daß die *»bürokratisch-militärische Staatsmaschinerie«* sie knechtet, bedrückt und ausbeutet. Diese Maschinerie zu *zerschlagen*, die zu *zerbrechen* – das verlangt das wirkliche Interesse des »Volkes«, seiner Mehrheit, der Arbeiter und der Mehrzahl der Bauern, das ist die »Vorbedingung« für ein freies Bündnis der armen Bauern mit den Proletariern, ohne dieses Bündnis aber ist die Demokratie nicht von Dauer und die sozialistische Umgestaltung unmöglich.

Zu einem solchen Bündnis bahnte sich bekanntlich denn auch die Pariser Kommune den Weg, die aus einer Anzahl innerer und äußerer Gründe ihr Ziel nicht erreichte.

Folglich hat Marx, als er von einer »wirklichen Volksrevolution« sprach, ohne die Eigentümlichkeiten des Kleinbürgertums im geringsten zu vergessen (er sprach viel und oft davon), das tatsächliche Kräfteverhältnis der Klassen in den meisten Staaten des europäischen Kontinents im Jahre 1871 ganz genau berücksichtigt. Anderseits aber konstatierte er, daß das »Zerschlagen« der Staatsmaschinerie im Interesse sowohl der Arbeiter als auch der Bauern notwendig ist, sie einigt, sie vor die gemeinsame Aufgabe stellt, den »Schmarotzer« zu beseitigen und ihn durch etwas Neues zu ersetzen.

Und zwar wodurch?

2. Wodurch ist die zerschlagene Staatsmaschinerie zu ersetzen?

Auf diese Frage gab Marx 1847 im **Kommunistischen Manifest** eine noch völlig abstrakte Antwort, richtiger: eine Antwort, die die Aufgaben, aber nicht die Methoden ihrer Lösung zeigte. Sie ist zu ersetzen durch die *»Organisation des Proletariats als herrschende Klasse«*, durch die *»Erkämpfung der Demokratie«* – das war die Antwort des **Kommunistischen Manifests.**

Ohne sich auf Utopien einzulassen, erwartete Marx von den *Erfahrungen* der Massenbewegung eine Antwort auf die Frage, welche konkreten Formen diese Organisation des Proletariats als herrschende Klasse annehmen wird, in welcher Weise sich diese Organisation vereinen lassen wird mit der möglichst vollständigen und folgerichtigen »Erkämpfung der Demokratie«.

Die Erfahrungen der Kommune, so gering sie auch waren, unterzieht Marx in seinem **Bürgerkrieg in Frankreich** der genauesten Analyse. Wir führen hier die wichtigsten Stellen aus dieser Schrift an:

> Im 19. Jahrhundert entwickelte sich die aus dem Mittelalter stammende »... *zentralisierte Staatsmacht, mit ihren allgegenwärtigen Organen – stehende Armee, Polizei, Bürokratie, Geistlichkeit, Richterstand ...*«.

> Mit der Entwicklung des Klassengegensatzes zwischen Kapital und Arbeit »... *erhielt die Staatsmacht mehr und mehr den Charakter einer öffentlichen Gewalt zur*

Unterdrückung der Arbeiterklasse, einer Maschine der Klassenherrschaft. Nach jeder Revolution, die einen Fortschritt des Klassenkampfs bezeichnet, tritt der rein unterdrückende Charakter der Staatsmacht offener und offener hervor.« Die Staatsmacht wird nach der Revolution von 1848/1849 »... das nationale Kriegswerkzeug des Kapitals gegen die Arbeit«. Das zweite Kaiserreich festigt dieses.

»Der gerade Gegensatz des Kaisertums war die Kommune.« »Die Kommune war die bestimmte Form ...« »... einer Republik, die nicht nur die monarchische Form der Klassenherrschaft beseitigen sollte, sondern die Klassenherrschaft selbst.«

Worin bestand nun diese *»bestimmte«* Form der proletarischen, sozialistischen Republik? Wie war der Staat beschaffen, den sie aufzubauen begonnen hatte?

»Das erste Dekret der Kommune war ... die Unterdrückung des stehenden Heeres und seine Ersetzung durch das bewaffnete Volk.«

Diese Forderung steht heute in den Programmen aller Parteien, die als sozialistische gelten wollen. Aber was ihre Programme wert sind, erkennt man am besten aus dem Verhalten unserer Sozialrevolutionäre und Menschewiki, die gerade nach der Revolution vom 27. Februar auf die Verwirklichung dieser Forderung in der Praxis verzichtet haben!

»Die Kommune bildete sich aus den durch allgemeines Stimmrecht in den verschiedenen Bezirken von Paris gewählten Stadträten. Sie waren verantwortlich und jederzeit absetzbar. Ihre Mehrzahl bestand selbstredend aus Arbeitern oder anerkannten Vertretern der Arbeiterklasse ...

> *Die Polizei, bisher das Werkzeug der Staatsregierung, wurde sofort aller ihrer politischen Eigenschaften entkleidet und in das verantwortliche und jederzeit absetzbare Werkzeug der Kommune verwandelt. Ebenso die Beamten aller andern Verwaltungszweige. Von den Mitgliedern der Kommune an abwärts, mußte der öffentliche Dienst für* ***Arbeiterlohn*** *besorgt werden. Die erworbnen Anrechte und die Repräsentationsgelder der hohen Staatswürdenträger verschwanden mit diesen Würdenträgern selbst ... Das stehende Heer und die Polizei, die Werkzeuge der materiellen Macht der alten Regierung einmal beseitigt, ging die Kommune sofort darauf aus, das geistliche Unterdrückungswerkzeug, die Pfaffenmacht, zu brechen ... Die richterlichen Beamten verloren jede scheinbare Unabhängigkeit, ... sie sollten ... fernerhin gewählt, verantwortlich und absetzbar sein.«*[69]

Die zerschlagene Staatsmaschinerie wurde also von der Kommune scheinbar »nur« durch eine vollständigere Demokratie ersetzt: Beseitigung des stehenden Heeres, vollkommene Wählbarkeit und Absetzbarkeit aller Amtspersonen. In Wirklichkeit jedoch bedeutet dieses »nur«, daß im riesigen Ausmaß die einen Institutionen durch Institutionen prinzipiell anderer Art ersetzt wurden. Hier ist gerade einer der Fälle des »*Umschlagens von Quantität in Qualität*« wahrzunehmen: Die mit dieser denkbar größten Vollständigkeit und Folgerichtigkeit durchgeführte Demokratie verwandelt sich aus der bürgerlichen Demokratie in die proletarische, aus dem Staat (= einer besonderen Gewalt zur Unterdrückung einer bestimmten Klasse) in etwas, was eigentlich kein Staat mehr ist.

69 Der Bürgerkrieg in Frankreich (Marx u. Engels, Werke, Bd.17, S.336-339). Weiter unten im Text zitiert Lenin dieselbe Schrift von Marx. (Ebenda, S.339-342.)

Es ist immer noch notwendig, die Bourgeoisie und ihren Widerstand niederzuhalten. Für die Kommune war das ganz besonders notwendig, und eine der Ursachen ihrer Niederlage bestand darin, daß sie das nicht entschlossen genug getan hat. Aber das unterdrückende Organ ist hier schon die Mehrheit und nicht, wie dies bisher immer, sei es unter der Sklaverei, der Leibeigenschaft oder der Lohnsklaverei der Fall war, die Minderheit der Bevölkerung. Wenn aber die Mehrheit des Volkes *selbst* ihre Bedrücker unterdrückt, so ist eine »besondre Repressionsgewalt« **schon nicht mehr nötig**! In diesem Sinne *beginnt* der Staat *abzusterben.* An Stelle besonderer Institutionen einer bevorzugten Minderheit (privilegiertes Beamtentum, Offizierskorps des stehenden Heeres) kann das die Mehrheit selbst unmittelbar besorgen, und je größeren Anteil das gesamte Volk an der Ausübung der Funktionen der Staatsmacht hat, um so weniger bedarf es dieser Macht.

Besonders bemerkenswert ist in dieser Beziehung eine von Marx hervorgehobene Maßnahme der Kommune: die Beseitigung der Repräsentationsgelder jeder Art, aller finanziellen Privilegien der Beamten, die Reduzierung der Gehälter *aller* Amtspersonen im Staat auf das Niveau des *»Arbeiterlohnes«*. Hier gerade kommt am klarsten der *Umschwung* zum Ausdruck – von der bürgerlichen Demokratie zur proletarischen, von der Unterdrückerdemokratie zur Demokratie der unterdrückten Klassen, vom Staat als *»besondrer Gewalt«* zur Niederhaltung einer bestimmten Klasse, zur Niederhaltung der Unterdrücker durch die allgemeine Gewalt der Mehrheit des Volkes, der Arbeiter und Bauern. Und gerade in diesem, besonders anschaulichen und, was den Staat betrifft, wohl wichtigsten Punkt hat man die Marxschen Lehren am gründlichsten vergessen! In den populären Kommentaren, deren Zahl Legion ist, wird davon nicht gesprochen. Es ist »üblich«, darüber zu schweigen, als handelte es sich um eine überlebte »Naivität«, ungefähr so, wie die Christen die »Naivitäten« des Urchristentums mit seinem demokratisch-revolutionären Geiste »vergaßen«, nachdem das Christentum zur Staatsreligion erhoben worden war.

Die Herabsetzung der Gehälter der höheren Staatsbeamten erscheint »einfach« als Forderung eines naiven, primitiven Demokratismus. Einer der »Begründer« des neuesten Opportunismus, der frühere Sozialdemokrat Eduard Bernstein, übte sich wiederholt im Nachplappern der trivialen bürgerlichen Spötteleien über den »primitiven« Demokratismus. Wie alle Opportunisten, wie auch die jetzigen Kautskyaner, hat er absolut nicht begriffen, erstens, daß der Übergang vom Kapitalismus zum Sozialismus ohne eine gewisse »Rückkehr« zu »primitivem« Demokratismus *unmöglich* ist (wie soll denn sonst der Übergang zur Ausübung der staatlichen Funktionen durch die Mehrheit der Bevölkerung, ja durch die ganze Bevölkerung ohne Ausnahme erfolgen?), und zweitens, daß »primitiver Demokratismus« auf der Basis des Kapitalismus und der kapitalistischen Kultur etwas anderes ist als der primitive Demokratismus der Urzeit oder der vorkapitalistischen Zeit. Die kapitalistische Kultur hat die Großproduktion, hat Fabriken, Eisenbahnen, Post, Telefon u.a. *geschaffen*, und *auf dieser Basis* sind die meisten Funktionen der alten »Staatsmacht« so vereinfacht worden und können auf so einfache Operationen der Registrierung, Buchung und Kontrolle zurückgeführt werden, daß diese Funktionen alle Leute, die des Lesens und Schreibens kundig sind, ausüben können, so daß man sie für gewöhnlichen »Arbeiterlohn« wird leisten und ihnen jeden Schimmer eines Vorrechts, eines »Vorgesetztenrechts« wird nehmen können (und müssen).

Die uneingeschränkte Wählbarkeit und die *jederzeitige* Absetzbarkeit ausnahmslos aller beamteten Personen, die Reduzierung ihrer Gehälter auf den gewöhnlichen »Arbeiterlohn«, diese einfachen und »selbstverständlichen« demokratischen Maßnahmen, bei denen sich die Interessen der Arbeiter völlig mit denen der Mehrheit der Bauern decken, dienen gleichzeitig als Brücke, die vom Kapitalismus zum Sozialismus führt. Diese Maßnahmen betreffen die staatliche, rein politische Umgestaltung der Gesellschaft, aber sie bekommen vollen Sinn und Bedeutung selbstverständlich erst im Zusammenhang mit der in Verwirklichung oder Vorbereitung begriffenen »Expropriation der Expropriateure«, d.h. mit dem Übergang des kapitalistischen Privateigentums an den Produktionsmitteln in gesellschaftliches Eigentum.

»Die Kommune«, schrieb Marx, »machte das Stichwort aller Bourgeoisrevolutionen - wohlfeile Regierung - zur Wahrheit, indem sie die beiden größten Ausgabequellen, die Armee und das Beamtentum, aufhob.«

Aus der Bauernschaft wie auch aus den anderen Schichten des Kleinbürgertums gelangt nur eine geringfügige Minderheit »nach oben«, »bringt es zu etwas« im bürgerlichen Sinne, d.h. wird entweder zu wohlhabenden Leuten, zu Bourgeois, oder zu gut versorgten, privilegierten Beamten. Die gewaltige Mehrheit der Bauernschaft wird in jedem kapitalistischen Land, in dem es überhaupt Bauern gibt (was in den meisten kapitalistischen Ländern der Fall ist), von der Regierung unterdrückt und sehnt deren Sturz, sehnt eine »wohlfeile« Regierung herbei. Verwirklichen kann das *nur* das Proletariat, und indem es das verwirklicht, macht es zugleich einen Schritt zur sozialistischen Umgestaltung des Staates.

3. Aufhebung des Parlamentarismus

»Die Kommune«, schrieb Marx, *»sollte nicht eine parlamentarische, sondern eine arbeitende Körperschaft sein, vollziehend und gesetzgebend zu gleicher Zeit ...*

Statt einmal in drei oder sechs Jahren zu entscheiden, welches Mitglied der herrschenden Klasse das Volk im Parlament ver- und zertreten soll, sollte das allgemeine Stimmrecht dem in Kommunen konstituierten Volk dienen, wie das individuelle Stimmrecht jedem andern Arbeitgeber dazu dient, Arbeiter, Aufseher und Buchhalter in seinem Geschäft auszusuchen.«

Diese bemerkenswerte Kritik am Parlamentarismus, die aus dem Jahre 1871 stammt, gehört jetzt infolge des herrschenden Sozialchauvinismus und Opportunismus ebenfalls zu den »vergessenen Werten« des Marxismus. Die Minister und Berufsparlamentarier, die Verräter am Proletariat und »Geschäfts«sozialisten unserer Tage überließen die Kritik am Parlamentarismus gänzlich den Anarchisten und verschrien aus diesem erstaunlich klugen Grunde *jede* Kritik am Parlamentarismus als »Anarchismus«!! Es ist durchaus nicht verwunderlich, daß das Proletariat der »fortgeschrittenen« parlamentarischen Länder, angeekelt durch den Anblick solcher »Sozialisten« wie der Scheidemann, David, Legien, Sembat, Renaudel, Henderson, Vandervelde, Stauning, Branting, Bissolati, und Co., seine Sympathien immer öfter dem Anarchosyndikalismus zuwandte, obwohl dieser der leibliche Bruder des Opportunismus ist.

Doch für Marx war die revolutionäre Dialektik nie jenes leere Modewort, jene Kinderklapper, zu der sie Plechanow, Kautsky und andere gemacht haben. Marx verstand es, mit den Anarchisten rücksichtslos zu brechen, weil diese es nicht vermochten, auch nur den »Saustall« des bürgerlichen Parlamentarismus auszunutzen, besonders in Zeiten, da offensichtlich keine revolutionäre Situation vorhanden ist; gleichzeitig verstand er aber auch, eine wahrhaft revolutionär-proletarische Kritik am Parlamentarismus zu üben.

Einmal in mehreren Jahren zu entscheiden, welches Mitglied der herrschenden Klasse das Volk im Parlament niederhalten und zertreten soll – das ist das wirkliche Wesen des bürgerlichen Parlamentarismus, nicht nur in den parlamentarisch-konstitutionellen Monarchien, sondern auch in den allerdemokratischsten Republiken.

Wirft man aber die Frage des Staates auf, betrachtet man den Parlamentarismus als eine der Institutionen des Staates unter dem Gesichtspunkt der Aufgaben des Proletariats auf *diesem* Gebiet, wo ist dann der Ausweg aus dem Parlamentarismus? Wie soll man da ohne ihn auskommen? Wieder und immer wieder muß man sagen: Die auf dem Studium der Kommune begründeten Marxschen Lehren sind so gründlich vergessen worden, daß dem heutigen »Sozialdemokraten« (lies: dem heutigen Verräter am Sozialismus) eine andere Kritik am Parlamentarismus als eine anarchistische oder reaktionäre einfach unverständlich ist. Der Ausweg aus dem Parlamentarismus ist natürlich nicht in der Aufhebung der Vertretungskörperschaften und der Wählbarkeit zu suchen, sondern in der Umwandlung der Vertretungskörperschaften aus Schwatzbuden in »arbeitende« Körperschaften. *»Die Kommune sollte nicht eine parlamentarische, sondern eine arbeitende Körperschaft sein, vollziehend und gesetzgebend zu gleicher Zeit.«*

»Nicht eine parlamentarische, sondern eine arbeitende Körperschaft« – das ist den modernen Parlamentariern und parlamentarischen »Schoßhündchen« der Sozialdemokra-

tie direkt ins Stammbuch geschrieben! Man sehe sich ein beliebiges parlamentarisch regiertes Land an, von Amerika bis zur Schweiz, von Frankreich bis England, Norwegen u.a.: die eigentlichen »Staats«geschäfte werden hinter den Kulissen abgewickelt und von den Departements, Kanzleien und Stäben verrichtet. In den Parlamenten wird nur geschwatzt, speziell zu dem Zweck, das »niedere Volk« hinters Licht zu führen. Das ist so wahr, daß sich selbst in der russischen Republik, in der bürgerlich-demokratischen Republik sofort, noch bevor sie Zeit fand, ein richtiges Parlament zu schaffen, alle diese Sünden des Parlamentarismus geltend machten. Solche Helden des modrigen Spießbürgertums wie die Skobelew und Zereteli, Tschernow und Awksentjew haben es zuwege gebracht, auch die Sowjets nach dem Vorbild des schäbigsten bürgerlichen Parlamentarismus zu versauen, sie in bloße Schwatzbuden zu verwandeln. In den Sowjets hauen die Herren »sozialistischen« Minister die vertrauensseligen Bäuerlein mit Phrasen und Resolutionen übers Ohr. In der Regierung wird ein ewiger Tanz aufgeführt, einerseits, um der Reihe nach möglichst viele Sozialrevolutionäre und Menschewiki »an die Krippe« gut bezahlter und ehrenvoller Posten zu setzen, und anderseits, um die »Aufmerksamkeit« des Volkes »zu beschäftigen«. In den Kanzleien, in den Stäben wird inzwischen »Staats«arbeit »geleistet«!

Delo Naroda, das Organ der an der Regierung beteiligten Partei der »Sozialrevolutionäre«, erklärte kürzlich in einem redaktionellen Leitartikel mit der unnachahmlichen Offenherzigkeit der Menschen aus der »guten Gesellschaft«, in der »alle« politische Prostitution treiben, daß selbst in den von (mit Verlaub zu sagen!) »Sozialisten« geleiteten Ministerien, daß selbst hier der gesamte Beamtenapparat im Grunde der alte bleibt, auf diese alte Weise funktioniert und jedes revolutionäre Beginnen ganz »frei« sabotiert! Ja selbst wenn dieses Eingeständnis nicht vorläge, ist denn der tatsächliche Verlauf der Beteiligung der Sozialrevolutionäre und Menschewiki an der Regierung nicht Beweis genug? Bezeichnend ist hier nur, daß die Herren Tschernow, Russanow, Sensinow und sonstigen Redakteure des »Delo Naroda«, die sich in ministerieller Gemeinschaft mit den Kadetten befinden, dermaßen jede Scham verloren haben, daß sie sich nicht scheuen – als handle es sich um eine Bagatelle –, öffentlich zu erzählen, ohne zu erröten, daß »bei ihnen« in den Ministerien alles beim alten ist!! Revolutionär-demokratische Phrasen zur Betörung der einfältigen Bauern und bürokratische Verschleppung aller Angelegenheiten zur »Zufriedenstellung« der Kapitalisten – das ist das *Wesen* der »ehrlichen« Koalition.

Den korrupten und verfaulten Parlamentarismus in bürgerlicher Gesellschaft ersetzt die Kommune durch Körperschaften, in denen die Freiheit des Urteils und der Beratung nicht in Betrug ausartet, denn die Parlamentarier müssen selbst arbeiten, selbst ihre Gesetze ausführen, selbst kontrollieren, was bei der Durchführung herauskommt, selbst unmittelbar vor ihren Wählern die Verantwortung tragen. Die Vertretungskörperschaften bleiben, aber den Parlamentarismus als besonderes System, als Trennung der gesetzgebenden von der vollziehenden Tätigkeit, als Vorzugsstellung für Abgeordnete gibt es hier *nicht.* Ohne Vertretungskörperschaften können wir uns eine Demokratie nicht denken, auch die proletarische Demokratie nicht; ohne Parlamentarismus können und *müssen* wir sie uns denken, soll die Kritik an der bürgerlichen Gesellschaft für uns nicht ein leeres Gerede sein, soll das Streben nach dem Sturz der Herrschaft der Bourgeoisie aufrichtig und ernst gemeint und nicht eine »Wahl«parole sein, um

Arbeiterstimmen zu fangen, wie es bei den Menschewiki und Sozialrevolutionären, den Scheidemann und Legien, den Sembat und Vandervelde der Fall ist.

Es ist äußerst lehrreich, daß Marx da, wo er auf die Funktion *jener* Beamtenschaft zu sprechen kommt, die auch die Kommune und die proletarische Demokratie braucht, zum Vergleich die Angestellten eines *»jeden andern Arbeitgebers«* heranzieht, d.h. ein gewöhnliches kapitalistisches Unternehmen mit *»Arbeitern, Aufsehern und Buchhaltern«*.

Bei Marx findet man auch nicht die Spur von Utopismus in dem Sinne, daß er sich die »neue« Gesellschaft erdichtet, zusammenphantasiert. Nein, er studiert – wie einen naturgeschichtlichen Prozeß – die *Geburt* der neuen Gesellschaft **aus** der alten, studiert die Übergangsformen von der alten zur neuen. Er hält sich an die tatsächlichen Erfahrungen der proletarischen Massenbewegung und ist bemüht, aus ihr praktische Lehren zu ziehen. Er »lernt« von der Kommune, wie alle großen revolutionären Denker sich nicht gescheut haben, aus den Erfahrungen der großen Bewegungen der unterdrückten Klassen zu lernen, ohne jemals pedantische »Moralpredigten« an sie zu richten (in der Art von Plechanow: *»Man hätte nicht zu den Waffen greifen sollen«* oder Zereteli: *»Eine Klasse muß sich Selbstbeschränkung auferlegen«*).

Von einer Vernichtung des Beamtentums mit einem Schlag, überall, restlos, kann keine Rede sein. Das wäre eine Utopie. Aber mit einem Schlag die alte Beamtenmaschinerie *zerbrechen* und sofort mit dem Aufbau einer neuen beginnen, die allmählich jegliches Beamtentum überflüssig macht und aufhebt – das ist **keine** Utopie, das lehrt die Erfahrung der Kommune, das ist die direkte, nächstliegende Aufgabe des revolutionären Proletariats.

Der Kapitalismus vereinfacht die Funktionen der »Staats«verwaltung, er macht es möglich, das »Vorgesetztenwesen« zu beseitigen und das Ganze auf die Organisation der Proletarier (als herrschende Klasse) zu reduzieren, die im Namen der gesamten Gesellschaft *»Arbeiter, Aufseher und Buchhalter«* einstellen wird.

Wir sind keine Utopisten. Wir »träumen« nicht davon, wie man *unvermittelt* ohne jede Verwaltung, ohne jede Unterordnung auskommen könnte; diese anarchistischen Träumereien, die auf einem Verkennen der Aufgaben der Diktatur des Proletariats beruhen, sind dem Marxismus wesensfremd, sie dienen in Wirklichkeit nur dazu, die sozialistische Revolution auf die Zeit zu verschieben, da die Menschen anders geworden sein werden. Nein, wir wollen die sozialistische Revolution mit den Menschen, wie sie gegenwärtig sind, den Menschen, die ohne Unterordnung, ohne Kontrolle, ohne *»Aufseher und Buchhalter«* nicht auskommen werden.

Aber unterzuordnen hat man sich der bewaffneten Avantgarde aller Ausgebeuteten und Werktätigen – dem Proletariat. Die spezifische »Vorgesetztenrolle« der Staatsbeamten kann und muß man sofort, von heute auf morgen, durch die einfachen Funktionen von *»Aufsehern und Buchhaltern«* zu ersetzen beginnen, Funktionen, denen der heutige Städter bei seinem Entwicklungsniveau im allgemeinen schon vollauf gewachsen ist und die für einen »Arbeiterlohn« durchaus ausführbar sind.

Organisieren wir Arbeiter *selber* die Großproduktion, davon ausgehend, was der Kapitalismus bereits geschaffen hat, auf unsere Arbeitererfahrung gestützt, mit Hilfe strengster, eiserner Disziplin, die von der Staatsgewalt der bewaffneten Arbeiter aufrechterhalten wird; machen wir die Staatsbeamten zu einfachen Vollstreckern unserer

Aufträge, zu verantwortlichen, absetzbaren, bescheiden bezahlten *»Aufsehern und Buchhaltern«* (dazu natürlich Techniker jeder Art, jeden Ranges und Grades) – das ist *unsere* proletarische Aufgabe, damit kann und muß man bei der Durchführung der proletarischen Revolution *beginnen.* Ein solcher Anfang führt auf der Basis der Großproduktion von selbst zum allmählichen »Absterben« jedweden Beamtentums, zur allmählichen Schaffung einer Ordnung – einer Ordnung ohne Anführungszeichen, die mit Lohnsklaverei nichts zu tun hat –, einer Ordnung, bei der die sich immer mehr vereinfachenden Funktionen der Aufsicht und Rechenschaftslegung der Reihe nach von allen ausgeübt, später zur Gewohnheit werden und schließlich als *Sonder*funktionen einer besonderen Schicht von Menschen in Fortfall kommen.

Ein geistreicher deutscher Sozialdemokrat der siebziger Jahre des vorigen Jahrhunderts bezeichnete die *Post* als Muster sozialistischer Wirtschaft. Das ist durchaus richtig. Gegenwärtig ist die Post ein Betrieb, der nach dem Typ des staats*kapitalistischen* Monopols organisiert ist. Der Imperialismus verwandelt nach und nach alle Trusts in Organisationen ähnlicher Art. Über den »einfachen« Werktätigen, die schuften und darben, steht hier die gleiche bürgerliche Bürokratie. Doch der Mechanismus der gesellschaftlichen Wirtschaftsführung ist hier bereits fertig vorhanden. Man stürze die Kapitalisten, man breche mit der eisernen Faust der bewaffneten Arbeiter den Widerstand dieser Ausbeuter, man zerschlage die bürokratische Maschinerie des modernen Staates – und wir haben einen von dem »Schmarotzer« befreiten technisch hochentwickelten Mechanismus vor uns, den die vereinigten Arbeiter sehr wohl selbst in Gang bringen können, indem sie Techniker, Aufseher, Buchhalter anstellen und ihrer aller Arbeit, wie die Arbeit aller »Staats«beamten überhaupt, mit dem Arbeiterlohn bezahlen. Das ist eine konkrete, praktische Aufgabe, die in bezug auf alle Trusts sofort ausführbar ist, wobei die Werktätigen von der Ausbeutung befreit und die Erfahrungen verwertet werden, die bereits die Kommune (insbesondere auf dem Gebiet des Staatsaufbaus) praktisch zu machen begann.

Unser nächstes Ziel ist, die *gesamte* Volkswirtschaft nach dem Vorbild der Post zu organisieren, und zwar so, daß die unter der Kontrolle und Leitung des bewaffneten Proletariats stehenden Techniker, Aufseher, Buchhalter sowie *alle* beamteten Personen ein den »Arbeiterlohn« nicht übersteigendes Gehalt beziehen. Das ist der Staat, das ist die ökonomische Grundlage des Staates, wie wir sie brauchen. Das wird uns die Beseitigung des Parlamentarismus und das Beibehalten der Vertretungskörperschaften bringen, das wird die arbeitenden Klassen von der Prostituierung dieser Körperschaften durch die Bourgeoisie befreien.

4. Organisierung der Einheit der Nation

»In einer kurzen Skizze der nationalen Organisation, die die Kommune nicht die Zeit hatte, weiter auszuarbeiten, hieß es ausdrücklich, daß die Kommune die politische Form selbst des kleinsten Dorfes sein ... sollte.« Von den Kommunen sollte auch die »Nationaldelegation« in Paris gewählt werden.

»Die wenigen, aber wichtigen Funktionen, welche dann noch für eine Zentralregierung übrigblieben, sollten nicht, wie dies absichtlich gefälscht worden, abgeschafft, sondern an kommunale, d.h. streng verantwortliche Beamte übertragen werden.

> *Die Einheit der Nation sollte nicht gebrochen, sondern im Gegenteil organisiert werden durch die Kommunalverfassung; sie sollte eine Wirklichkeit werden durch die Vernichtung jener Staatsmacht, welche sich für die Verkörperung dieser Einheit ausgab, aber unabhängig und überlegen sein wollte gegenüber der Nation, an deren Körper sie doch nur ein Schmarotzerauswuchs war. Während es galt, die bloß unterdrückenden Organe der alten Regierungsmacht abzuschneiden, sollten ihre berechtigten Funktionen einer Gewalt, die über der Gesellschaft zu stehn beanspruchte, entrissen und den verantwortlichen Dienern der Gesellschaft zurückgegeben werden.«*

In welchem Maße die Opportunisten der modernen Sozialdemokratie diese Ausführungen von Marx nicht verstanden haben – vielleicht richtiger: nicht verstehen wollten –, beweist am besten das herostratisch[70] berühmte Buch des Renegaten Bernstein **Die Voraussetzungen des Sozialismus und die Aufgaben der Sozialdemokratie**. Gerade in bezug auf die zitierten Worte von Marx schrieb Bernstein, das sei ein Programm, *»das seinem politischen Gehalt nach in allen wesentlichen Zügen die größte Ähnlichkeit aufweist mit dem Föderalismus – Proudhons ... Bei allen sonstigen Verschiedenheiten zwischen Marx und dem ›Kleinbürger‹ Proudhon«* (Bernstein setzt das Wort *»Kleinbürger«* in Anführungszeichen, die seiner Meinung nach Ironie ausdrücken sollen) *»ist in diesen Punkten der Gedankengang bei ihnen so nahe wie nur möglich.«* Natürlich, fährt Bernstein fort, wächst die Bedeutung der Munizipalitäten[71], doch meint er:

70 herostratisch = ruhmsüchtig (Duden). Nach dem Griechen Herostratos, der den Artemistempel zu Ephesus anzündete, um berühmt zu werden.

71 Munizipalitäten; lt. Duden abgeleitet von Munizipium (altrömische

> »*Ob freilich eine solche Auflösung der modernen Staatswesen und die völlige Umwandlung ihrer Organisation, wie Marx und Proudhon sie schildern (die Bildung der Nationalversammlung aus Delegierten der Provinz- bzw. Bezirksversammlungen, die ihrerseits aus Delegierten der Kommunen zusammenzusetzen wären), das erste Werk der Demokratie zu sein hätte, so daß also die bisherige Form der Nationalvertretungen wegfiele, erscheint mir zweifelhaft.*« (Bernstein, **Voraussetzungen**, S.134 und 136 der deutschen Ausgabe von 1899.)

Das ist geradezu ungeheuerlich: Marx' Ansichten über die »*Vernichtung der Staatsmacht, des Schmarotzerauswuchses*« mit dem Föderalismus Proudhons in einen Topf zu werfen! Das ist aber kein Zufall, denn dem Opportunisten kommt es nicht einmal in den Sinn, daß Marx hier gar nicht vom Föderalismus im Gegensatz zum Zentralismus spricht, sondern von der Zerschlagung der alten, bürgerlichen, in allen bürgerlichen Ländern bestehenden Staatsmaschinerie.

Dem Opportunisten kommt nur das in den Sinn, was er in dem Milieu kleinbürgerlichen Spießertums und »reformistischer« Stagnation um sich herum sieht, nämlich nur die »Munizipalitäten«! Der Opportunist hat verlernt, an die Revolution des Proletariats auch nur zu denken.

Das ist zum Lachen. Bemerkenswert ist aber, daß über diesen Punkt mit Bernstein nicht gestritten wurde. Bernstein wurde von vielen widerlegt, in der russischen Literatur insbesondere von Plechanow und in der westeuropäischen von Kautsky, aber der eine wie der andere hat über *diese* Entstellung von Marx durch Bernstein *kein* Wort verloren.

Landstadt, veraltet für: Stadtverwaltung).

Der Opportunist hat so sehr verlernt, revolutionär zu denken und sich über die Revolution Gedanken zu machen, daß er Marx »Föderalismus« zuschreibt und ihn mit Proudhon, dem Begründer des Anarchismus, in einen Topf wirft. Und die Kautsky und Plechanow, die orthodoxe Marxisten sein möchten, die die Lehre des revolutionären Marxismus verteidigen wollen, schweigen dazu! Hier liegt eine der Wurzeln jener äußersten Vulgarisierung der Ansichten über den Unterschied zwischen Marxismus und Anarchismus, die sowohl den Kautskyanern als auch den Opportunisten eigen ist und auf die wir noch zu sprechen kommen werden.

In den angeführten Betrachtungen von Marx über die Erfahrungen der Kommune findet sich auch nicht die Spur von Föderalismus. Marx stimmt mit Proudhon gerade in dem überein, was der Opportunismus Bernsteins nicht sieht. Marx geht mit Proudhon gerade da auseinander, wo Bernstein ihre Übereinstimmung sieht.

Marx stimmt mit Proudhon darin überein, daß sie beide für das »Zerschlagen« der modernen Staatsmaschinerie sind. Diese Übereinstimmung des Marxismus mit dem Anarchismus (sowohl mit Proudhon als auch mit Bakunin) wollen weder die Opportunisten noch die Kautskyaner sehen, denn sie haben in diesem Punkt dem Marxismus den Rücken gekehrt.

Marx geht sowohl mit Proudhon als auch mit Bakunin gerade in der Frage des Föderalismus auseinander (von der Diktatur des Proletariats schon gar nicht zu reden). Aus den kleinbürgerlichen Anschauungen des Anarchismus ergibt sich prinzipiell der Föderalismus. Marx ist Zentralist. Und in seinen hier zitierten Darlegungen ist nicht die geringste Abweichung vom Zentralismus enthalten. Nur Leute, die vom kleinbürgerlichen »Aberglauben« an den

Staat erfüllt sind, können die Vernichtung der bürgerlichen Staatsmaschinerie für eine Vernichtung des Zentralismus halten!

Nun, wenn aber das Proletariat und die arme Bauernschaft die Staatsgewalt in ihre Hände nehmen, sich vollkommen frei in Kommunen organisieren und das Wirken aller Kommunen *vereinigen*, um das Kapital zu schlagen, den Widerstand der Kapitalisten zu brechen und das Privateigentum an den Eisenbahnen, Fabriken, an Grund und Boden usw. der *gesamten* Nation, der gesamten Gesellschaft zu übertragen – wird das etwa kein Zentralismus sein? Wird das nicht der konsequenteste demokratische Zentralismus sein? Und dazu noch proletarischer Zentralismus?

Bernstein kann es einfach nicht in den Sinn kommen, daß ein freiwilliger Zentralismus, eine freiwillige Vereinigung der Kommunen zur Nation, eine freiwillige Verschmelzung der proletarischen Kommunen zum Zweck der Zerstörung der bürgerlichen Herrschaft und der bürgerlichen Staatsmaschine möglich ist. Bernstein, wie jedem Philister, erscheint der Zentralismus als etwas, das nur von oben, nur von der Beamtenschaft und dem Militärklüngel aufgezwungen und aufrechterhalten werden kann.

Marx betonte ausdrücklich, als ob er die Möglichkeit einer Entstellung seiner Ansichten vorausgesehen hätte, daß die gegen die Kommune erhobene Anschuldigung, sie hätte die Einheit der Nation vernichten, die Zentralregierung abschaffen wollen, eine bewußte Fälschung ist. Marx gebraucht absichtlich den Ausdruck *»Die Einheit der Nation sollte organisiert werden«*, um den bewußten, demokratischen, proletarischen Zentralismus dem bürgerlichen, militärischen, bürokratischen entgegenzustellen.

Aber ... schlimmer als jeder Taube ist, wer nicht hören will. Und die Opportunisten der heutigen Sozialdemokratie wollen eben von einer Vernichtung der Staatsmacht, von einem Abschneiden des Schmarotzerauswuchses nichts hören.

5. Vernichtung des Schmarotzers Staat

Wir haben bereits die entsprechenden Stellen aus Marx angeführt, wir müssen sie aber noch ergänzen.

> *»Es ist das gewöhnliche Schicksal neuer geschichtlicher Schöpfungen«*, schrieb Marx, *»für das Seitenstück älterer und selbst verlebter Formen des gesellschaftlichen Lebens versehn zu werden, denen sie einigermaßen ähnlich sehn. So ist diese neue Kommune, die die moderne Staatsmacht bricht, angesehn worden für eine Wiederbelebung der mittelalterlichen Kommunen ... einen Bund kleiner Staaten, wie Montesquieu und die Girondins in träumten ... für eine übertriebne Form des alten Kampfes gegen Überzentralisation ...*
>
> *Die Kommunalverfassung würde im Gegenteil dem gesellschaftlichen Körper alle die Kräfte zurückgegeben haben, die bisher der Schmarotzerauswuchs ›Staat‹, der von der Gesellschaft sich nährt und ihre freie Bewegung hemmt, aufgezehrt hat. Durch diese Tat allein würde sie die Wiedergeburt Frankreichs in Gang gesetzt haben ...*
>
> *In Wirklichkeit aber hätte die Kommunalverfassung die ländlichen Produzenten unter die geistige Führung der Bezirkshauptstädte gebracht und ihnen dort, in den städtischen Arbeitern, die natürlichen Vertreter ihrer Interessen gesichert. – Das bloße Bestehn der Kommune führte, als etwas Selbstverständliches, die lokale Selbstre-*

gierung mit sich, aber nun nicht mehr als Gegengewicht gegen die, jetzt überflüssig gemachte, Staatsmacht.«

»*Vernichtung der Staatsmacht*«, die ein »*Schmarotzerauswuchs*« war, ihre »*Abschneidung*«, ihre »*Zerstörung*«, »*die jetzt überflüssig gemachte Staatsmacht*« – das sind die Ausdrücke, in denen Marx vom Staat sprach, als er die Erfahrungen der Kommune beurteilte und analysierte.

Dies alles ist vor nahezu einem halben Jahrhundert geschrieben worden, und heute muß man gewissermaßen Ausgrabungen machen, um dem Bewußtsein der breiten Massen den unverfälschten Marxismus nahezubringen. Die Schlußfolgerungen aus den Beobachtungen der letzten von Marx erlebten großen Revolution vergaß man gerade dann, als die Zeit der folgenden großen Revolutionen des Proletariats kam.

> *»Die Mannigfaltigkeit der Deutungen, denen die Kommune unterlag, und die Mannigfaltigkeit der Interessen, die sich in ihr ausgedrückt fanden, beweisen, daß sie eine durch und durch ausdehnungsfähige politische Form war, während alle früheren Regierungsformen wesentlich unterdrückend gewesen waren. Ihr wahres Geheimnis war dies: Sie war wesentlich eine* ***Regierung der Arbeiterklasse****, das Resultat des Kampfes der hervorbringenden gegen die aneignende Klasse, die endlich entdeckte politische Form, unter der die ökonomische Befreiung der Arbeit sich vollziehen konnte.*
>
> *Ohne diese letzte Bedingung war die Kommunalverfassung eine Unmöglichkeit und eine Täuschung.«*

Die Utopisten befaßten sich mit der »Entdeckung« politischer Formen, unter denen die sozialistische Umgestaltung der Gesellschaft vor sich gehen sollte. Die

Anarchisten wollten von der Frage nach den politischen Formen überhaupt nichts wissen. Die Opportunisten der heutigen Sozialdemokratie betrachteten die bürgerlichen politischen Formen des parlamentarischen demokratischen Staates als die unüberschreitbare Grenze, sie schlugen sich beim Anbeten dieses »Vorbilds« die Stirnen wund und erklärten jedes Bestreben, diese Formen zu *brechen*, als Anarchismus.

Marx hat aus der ganzen Geschichte des Sozialismus und des politischen Kampfes gefolgert, daß der Staat verschwinden muß, daß die Übergangsform seines Verschwindens (der Übergang vom Staat zum Nichtstaat) das *»als herrschende Klasse organisierte Proletariat«* sein wird. Marx unternahm es aber nicht, die politischen *Formen* dieser Zukunft zu *entdecken*. Er beschränkte sich auf eine genaue Beobachtung der französischen Geschichte, analysierte sie und zog die Schlußfolgerung, die sich aus dem Jahr 1851 ergab: Die Zertrümmerung der bürgerlichen Staatsmaschinerie wird auf die Tagesordnung gesetzt.

Und als die revolutionäre Massenbewegung des Proletariats ausgebrochen war, begann Marx, trotz des Mißerfolgs dieser Bewegung, trotz ihrer kurzen Dauer und augenfälligen Schwäche, zu forschen, welche Formen sie *entdeckt* hat.

Die Kommune ist die von der proletarischen Revolution »endlich entdeckte« Form, unter der die ökonomische Befreiung der Arbeit sich vollziehen kann.

Die Kommune ist der erste Versuch der proletarischen Revolution, die bürgerliche Staatsmaschinerie zu *zerschlagen*, ist die »endlich entdeckte« politische Form, durch die man das Zerschlagene *ersetzen* kann und muß.

Wir werden in der weiteren Darlegung sehen, daß die russischen Revolutionen von 1905 und 1917 in einer anderen Situation, unter anderen Umständen, das Werk der Kommune fortsetzen und die geniale historische Analyse von Marx bestätigen.

IV. Kapitel Fortsetzung.

Ergänzende Erläuterungen von Engels

Marx hat zur Beurteilung der Erfahrungen der Kommune das Grundlegende beigetragen. Engels kam wiederholt auf dasselbe Thema zurück, wobei er die Analyse und die Schlußfolgerungen von Marx erläuterte und mitunter mit einer solchen Kraft und Anschaulichkeit *andere* Seiten der Frage beleuchtete, daß man auf diese Erläuterungen besonders eingehen muß.

1. Zur Wohnungsfrage

In seiner Abhandlung über die Wohnungsfrage (1872) verwertet Engels bereits die Erfahrungen der Kommune und kommt einige Male auf die Aufgaben der Revolution in bezug auf den Staat zu sprechen. Es ist interessant, daß an einem konkreten Thema anschaulich aufgezeigt werden: einerseits die Züge, worin der proletarische und der jetzige Staat einander ähnlich sind, Züge, die in beiden Fällen erlauben, vom Staat zu sprechen, und anderseits die Unterscheidungsmerkmale oder der Übergang zur Aufhebung des Staates.

> *»Wie ist nun die Wohnungsfrage zu lösen? In der heutigen Gesellschaft gerade wie eine jede andere gesell-*

schaftliche Frage gelöst wird: durch die allmähliche ökonomische Ausgleichung von Nachfrage und Angebot, eine Lösung, die die Frage selbst immer wieder von neuem erzeugt, also keine Lösung ist. Wie eine soziale Revolution diese Frage lösen würde, hängt nicht nur von den jedesmaligen Umständen ab, sondern auch zusammen mit viel weitergehenden Fragen, unter denen die Aufhebung des Gegensatzes von Stadt und Land eine der wesentlichsten ist. Da wir keine utopischen Systeme für die Einrichtung der künftigen Gesellschaft zu machen haben, wäre es mehr als müßig, hierauf einzugehn. Soviel aber ist sicher, daß schon jetzt in den großen Städten hinreichend Wohngebäude vorhanden sind, um bei rationeller Benutzung derselben jeder wirklichen ›Wohnungsnot‹ sofort abzuhelfen. Dies kann natürlich nur durch Expropriation der heutigen Besitzer, resp. durch Bequartierung ihrer Häuser mit obdachlosen oder in ihren bisherigen Wohnungen übermäßig zusammengedrängten Arbeitern geschehn, und sobald das Proletariat die politische Macht erobert hat, wird eine solche, durch das öffentliche Wohl gebotene Maßregel ebenso leicht ausführbar sein, wie andere Expropriationen und Einquartierungen durch den heutigen Staat.« (S.22 der deutschen Ausgabe von 1877.)[72]

Hier wird nicht die Veränderung der Form der Staatsmacht behandelt, sondern nur der Inhalt ihrer Tätigkeit. Expropriationen und Einquartierungen erfolgen auch auf Verfügung des jetzigen Staates. Formell betrachtet, wird auch der proletarische Staat Einquartierungen und Expropriationen von Häusern »verfügen«. Es ist aber klar, daß der alte Vollzugsapparat, die mit der Bourgeoisie verbun-

72 Friedrich Engels, Zur Wohnungsfrage, in Marx u. Engels, Werke, Bd.18, S.226/227. Weiter unten zitiert Lenin dieselbe Schrift von Engels.

dene Beamtenschaft, zur Durchführung der Verfügungen des proletarischen Staates einfach untauglich wäre.

> *»Übrigens muß konstatiert werden, daß die ›faktische Besitzergreifung‹ sämtlicher Arbeitsinstrumente, die Inbesitznahme der gesamten Industrie von seiten des arbeitenden Volkes, das gerade Gegenteil ist von der proudhonistischen ›Ablösung‹. Bei der letzteren wird der* ***einzelne Arbeiter*** *Eigentümer der Wohnung, des Bauernhofs, des Arbeitsinstruments; bei der ersteren bleibt das ›arbeitende Volk‹ Gesamteigentümer der Häuser, Fabriken und Arbeitsinstrumente, und wird deren Nießbrauch, wenigstens während einer Übergangszeit, schwerlich ohne Entschädigung der Kosten an einzelne oder Gesellschaften überlassen. Gerade wie die Abschaffung des Grundeigentums nicht die Abschaffung der Grundrente ist, sondern ihre Übertragung, wenn auch in modifizierter Weise, an die Gesellschaft. Die faktische Besitznahme sämtlicher Arbeitsinstrumente durch das arbeitende Volk schließt also die Beibehaltung des Mietverhältnisses keineswegs aus.«* (S.68.)

Die in diesen Darstellungen angeschnittene Frage, nämlich die Frage nach den ökonomischen Grundlagen des Absterbens des Staates, wollen wir im nächsten Kapitel behandeln. Engels drückt sich äußerst vorsichtig aus, wenn er sagt, daß der proletarische Staat *»schwerlich«* die Wohnungen ohne Entgelt verteilen werde, *»wenigstens während einer Übergangszeit«*. Das Überlassen von Wohnungen, die dem ganzen Volk gehören, an einzelne Familien gegen Entgelt setzt auch die Erhebung dieses Mietgeldes, eine gewisse Kontrolle und diese oder jene Normierung bei der Verteilung der Wohnungen voraus. Alles das erfordert eine gewisse Staatsform, erfordert aber keineswegs einen besonderen militärischen und bürokratischen Apparat mit beamteten Personen in besonders bevorzugter Stellung. Der Übergang zu einer Ordnung der Dinge jedoch, bei der es möglich sein wird, die Wohnungen kostenlos zu überlassen, ist mit dem völligen »Absterben« des Staates verknüpft.

Wo Engels darauf zu sprechen kommt, daß die Blanquisten nach der Kommune, beeinflußt durch deren Erfahrungen, prinzipiell die Stellung des Marxismus bezogen, formuliert er beiläufig diese Stellung folgendermaßen:

> »... *Notwendigkeit der politischen Aktion des Proletariats und seiner Diktatur als Übergang zur Abschaffung der Klassen und, mit ihnen, des Staats* ...« (S.55.)

Liebhaber von Wortklaubereien oder bürgerliche »Marxistenfresser« mögen wohl einen Widerspruch finden zwischen diesem *Bekenntnis* zur *»Abschaffung des Staats«* und der Ablehnung einer Formel wie der anarchistischen in dem früher zitierten Passus aus dem **Anti-Dühring**. Es wäre nicht verwunderlich, wenn die Opportunisten auch Engels zum »Anarchisten« stempelten – wird es doch bei den Sozialchauvinisten jetzt immer mehr Sitte, die Internationalisten des Anarchismus zu bezichtigen.

Daß mit der Abschaffung der Klassen auch die Abschaffung des Staates erfolgen wird, das hat der Marxismus stets gelehrt. Die allgemein bekannte Stelle über das *»Absterben des Staates«* im **Anti-Dühring** macht den Anarchisten nicht einfach zum Vorwurf, daß sie für die Abschaffung des Staates eintreten, sondern daß sie predigen, man könne den Staat »von heute auf morgen« abschaffen.

Da die gegenwärtig herrschende »sozialdemokratische« Doktrin das Verhältnis des Marxismus zum Anarchismus in der Frage der Abschaffung des Staates vollkommen entstellt, wird es besonders nützlich sein, an eine Polemik von Marx und Engels gegen die Anarchisten zu erinnern.

2. Polemik gegen die Anarchisten

Diese Polemik fällt in das Jahr 1873. Marx und Engels schrieben für einen italienischen sozialistischen Almanach Artikel gegen die Proudhonisten, die »Autonomisten« oder »Antiautoritären«, aber erst im Jahre 1913 erschienen diese Artikel in deutscher Übersetzung in der **Neuen Zeit**.[73]

> »*Wenn der politische Kampf der Arbeiterklasse*«, schrieb Marx, über die Anarchisten und ihre Ablehnung der Politik spottend, »*revolutionäre Form annimmt, wenn die Arbeiter an Stelle der Diktatur der Bourgeoisie ihre revolutionäre Diktatur setzen, dann begehen sie das schreckliche Verbrechen der Prinzipienbeleidigung, denn um ihre kläglichen profanen Tagesbedürfnisse zu befriedigen, um den Widerstand der Bourgeoisie zu brechen, geben sie dem Staat eine revolutionäre und vorübergehende Form, statt die Waffen niederzulegen und den Staat abzuschaffen.*« (**Neue Zeit**, 32. Jahrgang, 1913/14, Bd.I, S.40.)

Also ausschließlich gegen diese »Abschaffung« des Staates wandte sich Marx bei seiner Widerlegung der Anarchisten! Durchaus nicht dagegen, daß der Staat mit dem Verschwinden der Klassen verschwinden oder mit der Abschaffung der Klassen abgeschafft werden wird, sondern dagegen, daß die Arbeiter auf die Anwendung von Waffen,

73 Lenin meint die Artikel von Karl Marx Der politische Indifferentismus und von Friedrich Engels Von der Autorität, die im Dezember 1873 in dem italienischen Sammelband Almanacco Republicano per l'anno 1874 veröffentlicht wurden. Siehe Marx u. Engels, Werke, Bd.18, S.299-304 u. 305-308. Weiter unten zitiert Lenin dieselben Schriften.

auf die organisierte Gewalt, *das heißt auf den Staat*, verzichten sollen, der dem Ziel zu dienen hat: *»den Widerstand der Bourgeoisie zu brechen«*.

Marx betont absichtlich – um einer Entstellung des wahren Sinnes seines Kampfes gegen den Anarchismus vorzubeugen – die *»revolutionäre und* ***vorübergehende****«* Form des Staates, den das Proletariat braucht. Das Proletariat braucht den Staat nur zeitweilig. In der Frage der Abschaffung des Staates als *Ziel* gehen wir mit den Anarchisten keineswegs auseinander. Wir behaupten, daß zur Erreichung dieses Ziels ein zeitweiliges Ausnutzen der Organe, Mittel und Methoden der Staatsgewalt *gegen* die Ausbeuter notwendig ist, ebenso wie zur Aufhebung der Klassen die vorübergehende Diktatur der unterdrückten Klasse notwendig ist. Marx greift gegen die Anarchisten zur schärfsten und klarsten Fragestellung: Sollen die Arbeiter »die Waffen niederlegen«, wenn sie das Joch der Kapitalisten abwerfen, oder sollen sie diese Waffen gegen die Kapitalisten ausnutzen, um deren Widerstand zu brechen? Aber die systematische Ausnutzung der Waffen durch eine Klasse gegen eine andere Klasse, was ist das denn anderes als eine »vorübergehende Form« des Staates?

Jeder Sozialdemokrat möge sich fragen, ob er in seiner Polemik gegen die Anarchisten die Frage des Staates *so* gestellt hat, ob die überwältigende Mehrheit der offiziellen sozialistischen Parteien der II. Internationale diese Frage *so* gestellt hat?

Engels entwickelt dieselben Gedanken noch viel ausführlicher und gemeinverständlicher. Zunächst verspottet er die Konfusion in den Köpfen der Proudhonisten, die sich als »Antiautoritäre« bezeichneten, d.h. jegliche Autorität, jegliche Unterordnung, jegliche Regierungsgewalt ablehnten. Man nehme eine Fabrik, eine Eisenbahn, ein

Schiff auf hoher See, sagt Engels, ist es denn nicht klar, daß ohne eine gewisse Unterordnung, also ohne eine gewisse Autorität oder Macht ein Funktionieren keines dieser komplizierten technischen Betriebe, die auf der Verwendung von Maschinen und dem planmäßigen Zusammenarbeiten vieler Personen beruhen, möglich wäre?

> *»Wenn ich diese Argumente den rabiatesten Antiautoritären entgegenstelle, können sie mir nur die folgende Antwort geben: Ah! Das ist wahr, es handelt sich aber hier nicht um die Autorität, die wir den Delegierten verleihen,* **sondern um einen Auftrag**. *Diese Leute glauben, daß sie eine Sache ändern können, wenn sie ihren Namen ändern.«*

Nachdem Engels so gezeigt hat, daß Autorität und Autonomie relative Begriffe sind, daß sich ihr Geltungsbereich mit den verschiedenen Phasen der gesellschaftlichen Entwicklung ändert, daß es ein Widersinn ist, sie für etwas Absolutes zu halten, und nachdem er hinzugefügt hat, daß der Geltungsbereich der Maschinen und der Großproduktion sich immer mehr erweitert, geht er von den allgemeinen Betrachtungen über Autorität zur Frage des Staates über.

> *»Hätten sich die Autonomisten«*, schreibt er, *»begnügt, zu sagen, daß die soziale Organisation der Zukunft die Autorität nur in den Grenzen zulassen wird, die durch die Produktionsverhältnisse unvermeidlich gezogen werden, dann hätte man sich mit ihnen verständigen können; sie sind aber blind für alle Tatsachen, welche die Autorität notwendig machen, und kämpfen leidenschaftlich gegen das Wort.*
>
> *Warum beschränken sich die Antiautoritären nicht darauf, gegen die politische Autorität, gegen den Staat*

zu schreien? Alle Sozialisten sind darin einverstanden, daß der Staat und mit ihm die politische Autorität infolge der künftigen sozialen Revolution verschwinden werden; das heißt, daß die öffentlichen Funktionen ihren politischen Charakter verlieren und sich in einfache administrative Funktionen verwandeln werden, die die sozialen Interessen überwachen. Die Antiautoritären aber fordern, daß der politische Staat mit einem Schlage abgeschafft werde, noch früher, als die sozialen Verhältnisse abgeschafft sind, die ihn erzeugt haben. Sie fordern, daß der erste Akt der sozialen Revolution die Abschaffung der Autorität sein soll.

Haben sie einmal eine Revolution gesehen, diese Herren? Eine Revolution ist gewiß die autoritärste Sache, die es gibt, ein Akt, durch den ein Teil der Bevölkerung seinen Willen dem anderen Teil durch Flinten, Bajonette und Kanonen, alles das sehr autoritäre Mittel, aufzwingt; und die Partei, die gesiegt hat, muß ihre Herrschaft durch den Schrecken, den ihre Waffen den Reaktionären einflößen, behaupten. Und hätte sich die Pariser Kommune nicht der Autorität eines bewaffneten Volkes gegen die Bourgeoisie bedient, hätte sie sich länger als einen Tag behauptet? Können wir sie nicht umgekehrt tadeln, daß sie sich zuwenig dieser Autorität bedient habe? Also: entweder – oder: Entweder die Antiautoritären wissen selbst nicht, was sie sagen, und in diesem Falle schaffen sie nur Konfusion, oder sie wissen es, und in diesem Falle verraten sie die Sache des Proletariats. In beiden Fällen dienen sie nur der Reaktion.« (S.39.)

In dieser Betrachtung sind Fragen berührt, die im Zusammenhang mit dem Verhältnis zwischen Politik und Ökonomie beim Absterben des Staates betrachtet werden müssen (diesem Thema ist das nachfolgende Kapitel gewidmet). Das sind: die Frage der Umwandlung der öffentlichen Funktionen aus politischen in einfache administrative und die Frage des »politischen Staates«. Dieser letzte Ausdruck, der besonders geeignet ist, Mißverständnisse hervorzurufen, deutet auf den Prozeß des Absterbens des Staates hin: Den absterbenden Staat kann man auf einer gewissen Stufe seines Absterbens als unpolitischen Staat bezeichnen.

Am bemerkenswertesten ist in dieser Engelsschen Betrachtung wiederum die gegen die Anarchisten gebrauchte Fragestellung. Die Sozialdemokraten, die Schüler von Engels sein wollen, haben sich seit 1873 millionenmal mit den Anarchisten herumgestritten, aber eben **nicht** so, wie Marxisten streiten können und sollen. Die anarchistische Vorstellung von der Abschaffung des Staates ist konfus und *unrevolutionär* – so stellte Engels die Frage. Die Anarchisten wollen gerade die Revolution in ihrem Entstehen und in ihrer Entwicklung, in ihren spezifischen Aufgaben hinsichtlich der Gewalt, der Autorität, der Macht und des Staates nicht sehen.

Die bei den heutigen Sozialdemokraten übliche Kritik am Anarchismus läuft auf die reinste kleinbürgerliche Plattheit hinaus: »*Wir erkennen den Staat an, die Anarchisten nicht!*« Natürlich muß eine solche Plattheit auf einigermaßen denkende und revolutionäre Arbeiter abstoßend wirken. Engels sagt etwas anderes: Er betont, daß alle Sozialisten das Verschwinden des Staates als Folge der sozialistischen Revolution anerkennen. Er stellt dann konkret die Frage der Revolution, eben jene Frage, die die Sozialdemokraten aus Opportunismus zu umgehen pflegen, deren »Bearbeitung« sie sozusagen ausschließlich den Anarchisten überlassen. Und mit dieser Frage packt Engels den Stier bei den Hörnern: Hätte sich die Kommune nicht *mehr* der *revolutionären* Macht des *Staates*, d.h. des bewaffneten, als herrschende Klasse organisierten Proletariats, bedienen sollen? Die herrschende offizielle Sozialdemokratie pflegt die Frage nach den konkreten Aufgaben des Proletariats in der Revolution entweder einfach mit Philisterspötteleien oder bestenfalls mit der ausweichenden sophistischen Redewendung abzutun: *»Das werden wir dann sehen.«* Und die Anarchisten durften mit Recht von dieser Sozialdemokratie behaupten, daß sie ihre Aufgabe preisgebe, die Arbeiter im revolutionären Geist zu erziehen. Engels nutzt die Erfahrungen der letzten proletarischen Revolution zur ganz konkreten Erforschung dessen aus, was das Proletariat sowohl in bezug auf die Banken als auch in bezug auf den Staat zu tun hat und wie das zu tun ist.

3. Ein Brief an Bebel

Eine der bemerkenswertesten, wenn nicht die bemerkenswerteste Betrachtung in den Werken von Marx und Engels über den Staat ist folgende Stelle in einem Brief von Engels an Bebel vom 18./28. März 1875. Dieser Brief ist, nebenbei bemerkt, unseres Wissens zum ersten Male von Bebel im Zweiten Teil seiner Memoiren (**Aus meinem Leben**) veröffentlicht worden, der 1911, also 36 Jahre nach Niederschrift und Absendung des Briefes, erschienen ist.

Engels kritisierte in seinem Brief an Bebel denselben Entwurf des Gothaer Programms, an dem auch Marx in seinem berühmten Brief an Bracke Kritik übte. Speziell zur Frage des Staates schrieb Engels folgendes:

> *»Der freie Volksstaat ist in den freien Staat verwandelt. Grammatikalisch genommen ist ein freier Staat ein solcher, wo der Staat frei gegenüber seinen Bür-*

gern ist, also ein Staat mit despotischer Regierung. Man sollte das ganze Gerede vom Staat fallenlassen, besonders seit der Kommune, die schon kein Staat im eigentlichen Sinne mehr war. Der ›Volksstaat‹ ist uns von den Anarchisten bis zum Überdruß in die Zähne geworfen worden, obwohl schon die Schrift Marx' gegen Proudhon und nachher das ***Kommunistische Manifest*** *direkt sagen, daß mit Einführung der sozialistischen Gesellschaftsordnung der Staat sich von selbst auflöst und verschwindet. Da nun der Staat doch nur eine vorübergehende Einrichtung ist, deren man sich im Kampf, in der Revolution bedient, um seine Gegner gewaltsam niederzuhalten, so ist es purer Unsinn, von freiem Volksstaat zu sprechen: solange das Proletariat den Staat noch* ***gebraucht****, gebraucht es ihn nicht im Interesse der Freiheit, sondern der Niederhaltung seiner Gegner, und sobald von Freiheit die Rede sein kann, hört der Staat als solcher auf zu bestehen. Wir würden daher vorschlagen, überall statt* ***Staat*** *›Gemeinwesen‹ zu setzen, ein gutes altes deutsches Wort, das das französische ›Kommune‹ sehr gut vertreten kann.«* (S.321/322 des deutschen Originals.)[74]

Man muß im Auge behalten, daß dieser Brief sich auf das Parteiprogramm bezieht, das Marx in einem nur wenige Wochen später geschriebenen Brief (vom 5. Mai 1875) kritisierte, und daß Engels damals mit Marx zusammen in London lebte. Wenn also Engels im letzten Satz »wir« sagt, so empfiehlt er zweifellos in seinem und in Marx' Namen dem Führer der deutschen Arbeiterpartei, das Wort »Staat« *aus dem Programm zu streichen* und es durch das Wort »*Gemeinwesen*« zu ersetzen.

74 Siehe Marx u. Engels, Werke, Bd.19, S.6/7.

Welches Geheul über »Anarchismus« würden die Häuptlinge des jetzigen, für die Opportunisten gebrauchsfertig zurechtgemachten »Marxismus« erheben, wenn man ihnen eine solche Korrektur am Programm vorschlagen wollte!

Mögen sie heulen. Dafür wird sie die Bourgeoisie loben.

Wir aber werden unser Werk weiter tun. Bei der Überprüfung unseres Parteiprogramms muß der Ratschlag von Engels und Marx unbedingt berücksichtigt werden, um der Wahrheit näher zu kommen, um den Marxismus wiederherzustellen und ihn von Entstellungen zu säubern, um den Kampf der Arbeiterklasse für ihre Befreiung sicherer zu lenken. Unter den Bolschewiki werden sich gewiß keine Gegner des Ratschlags von Engels und Marx finden. Die Schwierigkeit dürfte wohl nur im Terminus liegen. Im Deutschen gibt es zwei Wörter: »Gemeinde« und »Gemeinwesen«, von denen Engels dasjenige wählte, das *nicht* die einzelne Gemeinde, sondern die Gesamtheit, das System der Gemeinden, bedeutet. Im Russischen gibt es kein entsprechendes Wort, und man wird sich vielleicht für das französische Wort »Kommune« entscheiden müssen, obgleich auch das seine Nachteile hat.

»Die Kommune, die schon kein Staat im eigentlichen Sinne mehr war« – das ist eine theoretisch höchst wichtige Behauptung von Engels. Nach dem oben Dargelegten ist diese Behauptung durchaus begreiflich. Die Kommune *hörte auf*, ein Staat zu sein, insofern sie nicht die Mehrheit der Bevölkerung, sondern eine Minderheit (die Ausbeuter) niederzuhalten hatte; die bürgerliche Staatsmaschine wurde von ihr zerschlagen; an der Stelle einer *besonderen* Repressionsgewalt trat die Bevölkerung selbst auf den Plan. Alles das sind Abweichungen vom Staat im eigentlichen Sinne. Und hätte sich die Kommune behauptet, so wären

in ihr die Spuren des Staates von selbst »abgestorben«, sie hätten seine Institutionen nicht »abzuschaffen« brauchen, diese hätten in dem Maße aufgehört zu funktionieren, wie sie nichts mehr zu tun gehabt hätten.

»Der ›Volksstaat‹ ist uns von den Anarchisten bis zum Überdruß in die Zähne geworfen worden«, sagt Engels und meint in erster Linie Bakunin und dessen Ausfälle gegen die deutschen Sozialdemokraten. Engels erkennt diese Ausfälle *insoweit* für berechtigt an, als der *»Volksstaat«* ein ebensolcher Unsinn und ein ebensolches Abweichen vom Sozialismus ist wie auch der *»freie Volksstaat«*. Engels ist bemüht, den Kampf der deutschen Sozialdemokraten gegen die Anarchisten zu korrigieren, diesem Kampf die prinzipiell richtige Linie zu geben, ihn von den opportunistischen Vorurteilen in bezug auf den »Staat« zu reinigen. Aber leider! Der Brief von Engels hat 36 Jahre lang in einer Schreibtischschublade gelegen. Wir werden weiter unten sehen, daß auch nach der Veröffentlichung dieses Briefes Kautsky im wesentlichen die gleichen Fehler hartnäckig wiederholt, vor denen Engels warnte.

Bebel antwortet Engels mit einem Brief vom 21. September 1875, in dem er unter anderem schrieb, daß er mit Engels' Urteil über die Programmvorlage *»vollkommen übereinstimme«* und daß er Liebknecht Nachgiebigkeit vorgeworfen habe (Bebel, **Aus meinem Leben**, Zweiter Teil, S.334). Nimmt man jedoch Bebels Broschüre **Unsere Ziele** zur Hand, so findet man in ihr vollkommen falsche Betrachtungen über den Staat:

»Der Staat soll also aus einem auf Klassenherrschaft beruhenden Staat in einen ***Volksstaat*** *verwandelt werden.«* (**Unsere Ziele**, deutsche Ausgabe von 1886, S.14.)

So zu lesen in der *neunten* (neunten!) Auflage der Bebelschen Broschüre! Kein Wunder, daß die so hartnäckig wiederholten opportunistischen Betrachtungen über den Staat der deutschen Sozialdemokratie in Fleisch und Blut übergingen, besonders da man die revolutionären Erläuterungen von Engels vor der Welt geheimhielt und da die ganzen Lebensverhältnisse für lange Zeit von der Revolution »entwöhnten«.

4. Kritik des Entwurfs des Erfurter Programms

Die **Kritik des Entwurfs des Erfurter Programms**[75], die Engels am 29. Juni 1891 an Kautsky sandte und die erst zehn Jahre später in der **Neuen Zeit** veröffentlicht wurde, darf bei der Analyse der marxistischen Lehre vom Staat nicht übergangen werden, da sie hauptsächlich gerade der Kritik der *opportunistischen* Anschauungen der Sozialdemokratie in den Fragen der *Staats*ordnung gewidmet ist.

Nebenbei sei bemerkt, daß Engels in Fragen der Ökonomik ebenfalls einen außerordentlich wertvollen Fingerzeig gibt, der beweist, wie aufmerksam und überlegt er namentlich die Veränderungen des modernen Kapitalismus verfolgte und wie er es daher verstand, bis zu einem gewissen Grad die Aufgaben unserer, der imperialistischen, Epoche vorwegzunehmen. Hier dieser Fingerzeig: Über das Wort »Planlosigkeit«, das im Programmentwurf zur Kennzeichnung des Kapitalismus angewendet wurde, schreibt Engels:

75 Das Erfurter Programm der deutschen Sozialdemokratie wurde auf dem Erfurter Parteitag im Oktober 1891 an Stelle des Gothaer Programms von 1875 angenommen. Das Erfurter Programm dokumentierte, daß sich der Marxismus in der deutschen Arbeiterbewegung durchgesetzt hatte. Es enthielt jedoch andererseits auch Mängel, die es später den Revisionisten erleichterten, in der Epoche des Imperialismus das Erfurter Programm für die Verbreitung ihrer opportunistischen Ideen zu mißbrauchen. Siehe Engels' Kritik des Erfurter Programms, in Marx u. Engels, Werke, Bd.22, S.225-240.

> »... *wenn wir von den Aktiengesellschaften übergehen zu den Trusts, die ganze Industriezweige beherrschen und monopolisieren, so hört da nicht nur die Privatproduktion auf, sondern auch die Planlosigkeit*« (**Neue Zeit**, XX. Jahrgang, 1901/02, Bd.1, S.8).

Hier ist das Grundlegende in der theoretischen Einschätzung des neuesten Kapitalismus, d.h. des Imperialismus, gegeben, nämlich, daß sich der Kapitalismus in monopolistischen *Kapitalismus* verwandelt. Das letztere muß besonders hervorgehoben werden, denn zu den meistverbreiteten Irrtümern gehört die bürgerlich-reformistische Behauptung, der monopolistische oder staatsmonopolistische Kapitalismus *sei schon* kein Kapitalismus mehr, er könne bereits als »Staatssozialismus« bezeichnet werden und ähnliches mehr. Eine vollständige Planmäßigkeit boten die Trusts natürlich nicht, bieten sie bis auf den heutigen Tag nicht und können sie nicht bieten. Soweit sie auch Planmäßigkeit bieten, soweit die Kapitalmagnaten den Umfang der Produktion in nationalem oder gar internationalem Maßstab auch im voraus berechnen, soweit sie die Produktion auch planmäßig regulieren – wir verbleiben trotz allem im *Kapitalismus*, wenn auch in einem neuen Stadium, aber doch unverkennbar im Kapitalismus. Die »Nähe« eines *solchen* Kapitalismus zum Sozialismus muß für wirkliche Vertreter des Proletariats ein Beweisgrund sein für die Nähe, Leichtigkeit, Durchführbarkeit und Dringlichkeit der sozialistischen Revolution, keineswegs aber ein Argument dafür, daß man die Ablehnung dieser Revolution und die Beschönigung des Kapitalismus, wie dies bei allen Reformisten zu finden ist, tolerant hinnehmen solle.

Doch kehren wir zur Frage des Staates zurück. Engels gibt hier dreierlei besonders wertvolle Hinweise: erstens in der Frage der Republik, zweitens über den Zusammenhang zwischen der nationalen Frage und der Staatsordnung und drittens über die lokale Selbstverwaltung.

Was die Republik betrifft, so hat Engels sie zum Schwerpunkt seiner Kritik am Entwurf des Erfurter Programms gemacht. Und wenn wir bedenken, welche Bedeutung das Erfurter Programm in der ganzen internationalen Sozialdemokratie gewonnen hat, daß es für die gesamte II. Internationale zum Vorbild geworden ist, so wird man ohne Übertreibung sagen dürfen, daß Engels hier den Opportunismus der gesamten II. Internationale kritisiert.

> »*Die politischen Forderungen des Entwurfs*«, schreibt Engels, »*haben einen großen Fehler. Das, was eigentlich gesagt werden sollte,* ***steht nicht drin***« *(hervorgehoben von Engels).*

Und weiter wird auseinandergesetzt, daß die deutsche Reichsverfassung im Grunde einen Abklatsch der äußerst reaktionären Verfassung von 1850 bilde, daß der Reichstag nach einem Ausspruch Wilhelm Liebknechts nur das »Feigenblatt des Absolutismus« sei, daß auf Grundlage dieser Verfassung, die die Kleinstaaterei und den Bund der deutschen Kleinstaaten sanktioniert, eine »Umwandlung aller Arbeitsmittel in Gemeineigentum« durchführen zu wollen, »augenscheinlich sinnlos« sei.

»*Daran zu tasten ist aber gefährlich*«, fügt Engels hinzu, der nur zu gut weiß, daß es unmöglich ist, in Deutschland im Programm die Forderung der Republik legal zu erheben. Aber mit dieser einleuchtenden Erwägung, mit der sich »alle« zufriedengeben, findet sich Engels nicht ohne weiteres ab. Er fährt fort:

> »*Und dennoch muß so oder so die Sache angegriffen werden. Wie nötig das ist, beweist gerade jetzt der in*

einem großen Teile der sozialdemokratischen Presse einreißende Opportunismus. Aus Furcht vor einer Erneuerung des Sozialistengesetzes, aus der Erinnerung an allerlei unter der Herrschaft jenes Gesetzes gefallenen voreiligen Äußerungen soll jetzt auf einmal der gegenwärtige gesetzliche Zustand in Deutschland der Partei genügen können, alle ihre Forderungen auf friedlichem Wege durchzuführen.«

Daß die deutschen Sozialdemokraten aus Furcht vor einer Wiedereinführung des Ausnahmegesetzes handelten, diese grundlegende Tatsache rückt Engels in den Vordergrund und bezeichnet sie ohne Umschweife als Opportunismus; gerade weil in Deutschland Republik und Freiheit fehlen, erklärt er die Träume von einem »friedlichen« Weg für völlig sinnlos. Engels ist vorsichtig genug, sich nicht die Hände zu binden. Er gibt zu, daß man sich in Republiken oder sonst in Ländern mit weitgehender Freiheit eine friedliche Entwicklung zum Sozialismus »vorstellen kann« (nur »vorstellen«!), aber in Deutschland, wiederholt er,

»... in Deutschland, wo die Regierung fast allmächtig und der Reichstag und alle anderen Vertretungskörperschaften ohne wirkliche Macht, in Deutschland so etwas proklamieren und noch dazu ohne Not, heißt das Feigenblatt dem Absolutismus abnehmen und sich selbst vor die Blöße binden.«

Die offiziellen Führer der deutschen sozialdemokratischen Partei, die diese Hinweise »zu den Akten« gelegt hatte, erwiesen sich in ihrer überwiegenden Mehrheit denn auch in der Tat als Schirmer des Absolutismus.

»Eine solche Politik kann nur die eigene Partei auf die Dauer irreführen. Man schickt allgemeine, abstrakte

politische Fragen in den Vordergrund und verdeckt dadurch die nächsten konkreten Fragen, die Fragen, die bei den ersten großen Ereignissen, bei der ersten politischen Krise sich selbst auf die Tagesordnung setzen. Was kann dabei herauskommen, als daß die Partei plötzlich im entscheidenden Moment ratlos ist, daß über die entscheidendsten Punkte Unklarheit und Uneinigkeit herrscht, weil diese Punkte nie diskutiert worden sind ...

Dies Vergessen der großen Hauptgesichtspunkte über den augenblicklichen Interessen des Tages, dies Ringen und Trachten nach dem Augenblickserfolg ohne Rücksicht auf die späteren Folgen, dies Preisgeben der Zukunft der Bewegung um der Gegenwart der Bewegung willen mag ›ehrlich‹ gemeint sein, aber Opportunismus ist und bleibt es, und der ›ehrliche‹ Opportunismus ist vielleicht der gefährlichste von allen ...

Wenn etwas feststeht, so ist es dies, daß unsere Partei und die Arbeiterklasse nur zur Herrschaft kommen kann unter der Form der demokratischen Republik. Diese ist sogar die spezifische Form für die Diktatur des Proletariats, wie schon die große französische Revolution gezeigt hat.«

Engels wiederholt hier in besonders plastischer Form jenen Grundgedanken, der sich wie ein roter Faden durch alle Werke von Marx zieht, nämlich, daß die demokratische Republik der unmittelbare Zugang zur Diktatur des Proletariats ist. Denn diese Republik, die in keiner Weise die Herrschaft des Kapitals und somit die Unterdrückung der Massen und den Klassenkampf beseitigt, führt unvermeidlich zu solcher Ausdehnung, Entfaltung, Entblößung und Verschärfung dieses Kampfes, daß, sobald einmal die Möglichkeit entsteht, die Grundinteressen der unterdrückten Massen zu befriedigen, diese Möglichkeit unausbleiblich und allein durch die Diktatur des Proletariats verwirklicht wird, dadurch, daß das Proletariat die Massen führt. Für die gesamte II. Internationale sind auch das »vergessene Worte« des Marxismus, und das Vergessen dieser Worte trat außerordentlich kraß in der Geschichte der Partei der Menschewiki während des ersten halben Jahres der russischen Revolution von 1917 zutage.

Zur Frage der Föderativrepublik im Zusammenhang mit der nationalen Zusammensetzung der Bevölkerung schrieb Engels:

> »*Was soll an die Stelle*« (des jetzigen Deutschlands mit seiner reaktionären monarchistischen Verfassung und der ebenso reaktionären Kleinstaaterei, die das spezifische »Preußentum« verewigt, statt beides in Deutschland als Ganzem aufgehen zu lassen) »*treten? Nach meiner Ansicht kann das Proletariat nur die Form der einen und unteilbaren Republik gebrauchen. Die Föderativrepublik ist auf dem Riesengebiet der Vereinigten Staaten jetzt noch im ganzen eine Notwendigkeit, obgleich sie im Osten bereits ein Hindernis wird. Sie wäre ein Fortschritt in England, wo vier Nationen auf den beiden Inseln wohnen und trotz eines Parlaments schon jetzt dreierlei Gesetzsysteme nebeneinander bestehen. Sie ist in der kleinen Schweiz schon längst ein Hindernis geworden, erträglich nur, weil die Schweiz sich damit begnügt, ein rein passives Glied des europäischen Staatensystems zu sein. Für Deutschland wäre die föderalistische Verschweizerung ein enormer Rückschritt. Zwei Punkte unterscheiden den Bundesstaat vom Einheitsstaat, daß jeder verbündete Einzelstaat, jeder Kanton seine eigene Zivil- und Kriminalgesetzgebung und Gerichtsverfassung hat, und dann, daß neben dem Volks-*

haus ein Staatenhaus besteht, worin jeder Kanton, groß oder klein, als solcher stimmt.« In Deutschland ist der Bundesstaat der Übergang zum Einheitsstaat, und die 1866 und 1870 gemachte »Revolution von oben« darf man nicht wieder rückgängig machen, sondern muß sie durch eine »Bewegung von unten« ergänzen.

Die Staatsformen sind Engels keineswegs gleichgültig, er ist im Gegenteil bemüht, mit außerordentlicher Sorgfalt gerade die Übergangsformen zu analysieren, um je nach den konkret-historischen Eigentümlichkeiten jedes Einzelfalles festzustellen, *wovon* und *wozu* die betreffende Form den Übergang bildet.

Engels, wie auch Marx, verficht vom Standpunkt des Proletariats und der proletarischen Revolution aus den demokratischen Zentralismus, die eine und unteilbare Republik. Die föderative Republik betrachtet er entweder als Ausnahmefall und als Hindernis der Entwicklung oder als Übergang von der Monarchie zur zentralistischen Republik, unter bestimmten besonderen Verhältnissen als einen »Fortschritt«. Und unter diesen besonderen Verhältnissen rückt die nationale Frage in den Vordergrund.

Bei Engels wie auch bei Marx findet man, trotz ihrer schonungslosen Kritik an der reaktionären Kleinstaaterei und an der Verschleierung dieses ihres reaktionären Charakters durch die nationale Frage in bestimmten konkreten Fällen, nirgends die leiseste Spur eines Bestrebens, der nationalen Frage aus dem Wege zu gehen, eines Bestrebens, das sich häufig die holländischen und polnischen Marxisten zuschulden kommen lassen, die von dem durchaus berechtigten Kampf gegen den spießerhaft-beschränkten Nationalismus »ihrer« kleinen Staaten ausgehen.

Selbst in England, wo sowohl die geographischen Bedingungen als auch die Gemeinsamkeit der Sprache und die Geschichte vieler Jahrhunderte die nationale Frage in den einzelnen kleinen Teilen Englands »erledigt« zu haben scheinen, selbst hier trägt Engels der klaren Tatsache Rechnung, daß die nationale Frage noch nicht überwunden ist, und sieht darum in der föderativen Republik einen »Fortschritt«. Selbstverständlich ist hier auch nicht der geringste Verzicht auf eine Kritik an den Mängeln der föderativen Republik, auf die entschiedenste Propaganda und den Kampf für eine einheitliche, zentralistisch-demokratische Republik zu finden.

Engels faßt aber den demokratischen Zentralismus keineswegs in dem bürokratischen Sinne auf, in dem die bürgerlichen und kleinbürgerlichen Ideologen, darunter auch die Anarchisten, diesen Begriff gebrauchen. Der Zentralismus schließt für Engels nicht im geringsten jene weitgehende lokale Selbstverwaltung aus, die, bei freiwilliger Wahrung der Einheit des Staates durch die »Kommunen« und Provinzen, jeden Bürokratismus und jedes »Kommandieren« von oben unbedingt beseitigt.

> »*Also einheitliche Republik*«, schreibt Engels, die programmatischen Ansichten des Marxismus über den Staat entwickelnd. »*Aber nicht im Sinne der heutigen französischen, die weiter nichts ist als das 1798 begründete Kaiserreich ohne den Kaiser. Von 1792 bis 1798 besaß jedes französische Departement, jede Gemeinde vollständige Selbstverwaltung nach amerikanischem Muster, und das müssen wir auch haben. Wie die Selbstverwaltung einzurichten ist und wie man ohne Bürokratie fertig werden kann, das bewies uns Amerika und die erste französische Republik, und noch heute Australien, Kanada und die anderen englischen Kolonien. Und eine solche provinzielle und gemeindliche Selbstverwaltung ist weit freier als zum Beispiel der Schweizer Föderalis-*

mus, wo der Kanton zwar sehr unabhängig ist gegenüber dem Bund« (d.h. dem föderativen Gesamtstaat), »aber auch gegenüber dem Bezirk und der Gemeinde. Die Kantonalregierungen ernennen Bezirksstatthalter und Präfekten, wovon man in den Ländern englischer Zunge nichts weiß und die wir uns ebenso höflichst in Zukunft verbeten haben wollen, wie die preußischen Landräte und Regierungsräte« (Kommissare, Kreispolizeichefs, Gouverneure, überhaupt alle von oben ernannten Beamten). Engels empfiehlt dementsprechend, im Programm den Punkt über die Selbstverwaltung wie folgt zu formulieren: »Vollständige Selbstverwaltung in Provinz« (Gouvernement oder Gebiet), »Kreis und Gemeinde durch nach allgemeinem Stimmrecht gewählte Beamte. Abschaffung aller von Staats wegen ernannten Lokal- und Provinzialbehörden.«

In der von der Regierung Kerenskis und der anderen »sozialistischen« Minister verbotenen **Prawda** (Nr.68 vom 28. Mai 1917)[76] hatte ich bereits Gelegenheit, darauf hinzuweisen, wie in diesem Punkt – freilich bei weitem nicht nur in diesem allein – unsere angeblich sozialistischen Vertreter einer angeblich revolutionären angeblichen Demokratie sich himmelschreiende Verstöße *gegen den Demokratismus* leisteten. Es ist begreiflich, daß Leute, die sich durch eine »Koalition« mit der imperialistischen Bourgeoisie gebunden haben, für diese Hinweise taub blieben.

Es ist äußerst wichtig hervorzuheben, daß Engels an Hand von Tatsachen, an einem ganz exakten Beispiel, das – besonders unter der kleinbürgerlichen Demokratie – weitverbreitete Vorurteil widerlegt, die föderative Republik bedeute unbedingt mehr Freiheit als die zentralistische.

76 Siehe Lenin, Werke, Bd.24, S.539-542.

Das ist falsch. Das widerlegen die Tatsachen, die Engels über die zentralistische französische Republik von 1792 bis 1798 und die föderalistische schweizerische Republik anführt. Die wirklich demokratische zentralistische Republik bot *mehr* Freiheit als die föderalistische. Oder anders ausgedrückt: Die *größte* lokale, provinzielle, usw. Freiheit, die die Geschichte kennt, hat die *zentralistische* und nicht die föderative Republik geboten.

Dieser Tatsache, wie überhaupt der ganzen Frage der föderativen und der zentralistischen Republik sowie der lokalen Selbstverwaltung, wurde und wird in unserer Parteipropaganda und -agitation nicht genügend Beachtung geschenkt.

5. Die Einleitung vom Jahre 1891 zu Marx' »Der Bürgerkrieg in Frankreich«

In seiner Einleitung zur dritten Auflage des »Bürgerkriegs in Frankreich« – diese Einleitung datiert vom 18. März 1891 und war ursprünglich in der **Neuen Zeit** veröffentlicht – gibt Engels neben interessanten beiläufigen Bemerkungen zu Fragen, die mit dem Verhältnis zum Staat zusammenhängen, eine überaus prägnante Zusammenfassung der Lehren der Kommune.[77] Diese Zusammenfassung, vertieft durch die ganze Erfahrung eines Zeitabschnitts von zwanzig Jahren, der den Verfasser von der Kommune trennte, und speziell gegen die in Deutschland verbreitete »abergläubische Verehrung des Staats« gerichtet, kann mit Recht als das *letzte Wort* des Marxismus zu der Frage, die wir hier untersuchen, bezeichnet werden.

In Frankreich, bemerkt Engels, waren die Arbeiter nach jeder Revolution bewaffnet, *»für die am Staatsruder befind-*

77 Siehe Marx u. Engels, Werke, Bd.17, S.613-625.

lichen Bourgeois war daher Entwaffnung der Arbeiter erstes Gebot. Daher nach jeder, durch die Arbeiter erkämpften Revolution ein neuer Kampf, der mit der Niederlage der Arbeiter endigt.«

Diese Bilanz der Erfahrungen der bürgerlichen Revolutionen ist ebenso kurz wie bedeutungsvoll. Das Wesen der Sache – unter anderem auch in der Frage des Staates (**ob die unterdrückte Klasse Waffen besitzt**) – ist hier treffend erfaßt. Gerade diesen Kern umgehen meistenteils sowohl die unter dem Einfluß der bürgerlichen Ideologie stehenden Professoren als auch die kleinbürgerlichen Demokraten. In der russischen Revolution von 1917 fiel dem »Menschewik« und »Auch-Marxisten« Zereteli die Ehre zu (eine Cavaignacsche Ehre), dieses Geheimnis der bürgerlichen Revolutionen auszuplaudern. In seiner »historischen« Rede vom 11. Juni plauderte Zereteli aus der Schule, die Bourgeoisie sei entschlossen, die Petrograder Arbeiter zu entwaffnen, wobei er natürlich diesen Beschluß auch als seinen eigenen wie überhaupt als eine »Staats«notwendigkeit hinstellte!

Die historische Rede Zeretelis vom 11. Juni wird natürlich für jeden Geschichtsschreiber der Revolution von 1917 eine der anschaulichsten Illustrationen dafür bieten, wie sich der von Herrn Zereteli geführte Block der Sozialrevolutionäre und Menschewiki *gegen* das revolutionäre Proletariat auf die Seite der Bourgeoisie geschlagen hat.

Eine andere beiläufige Bemerkung von Engels, die ebenfalls mit der Frage des Staates zusammenhängt, bezieht sich auf die Religion. Es ist bekannt, daß die deutsche Sozialdemokratie in dem Maße, wie sie versumpfte und immer opportunistischer wurde, immer häufiger zu einer philisterhaften Falschdeutung der berühmten Formel »Erklärung der Religion zur Privatsache« hinabsank. Nämlich:

Diese Formel wurde so gedeutet, als sei *auch für die Partei* des revolutionären Proletariats die Frage der Religion Privatsache!! Gegen diesen völligen Verrat am revolutionären Programm des Proletariats macht Engels Front, der 1891 erst *ganz schwache* Keime des Opportunismus in seiner Partei beobachtete und sich daher äußerst vorsichtig ausdrückte:

> *»Wie in der Kommune fast nur Arbeiter oder anerkannte Arbeitervertreter saßen, so trugen auch ihre Beschlüsse einen entschieden proletarischen Charakter. Entweder dekretierten sie Reformen, die die republikanische Bourgeoisie nur aus Feigheit unterlassen hatte, die aber für die freie Aktion der Arbeiterklasse eine notwendige Grundlage bildeten, wie die Durchführung des Satzes, daß* **dem Staat gegenüber** *die Religion bloße Privatsache sei; oder sie erließ Beschlüsse direkt im Interesse der Arbeiterklasse und teilweise tief einschneidend in die alte Gesellschaftsordnung.«*

Engels unterstrich die Worte »dem Staat gegenüber« mit Vorbedacht, um haargenau den deutschen Opportunismus zu treffen, der die Religion *der Partei gegenüber* zur Privatsache erklärte und auf diese Weise die Partei des revolutionären Proletariats auf das Niveau eines banalen »freidenkerischen« Spießertums hinabdrückte, das bereit ist, Konfessionslosigkeit zu dulden, aber auf den Kampf der *Partei* gegen das volksverdummende Opium Religion verzichtet.

Der künftige Geschichtsschreiber der deutschen Sozialdemokratie wird beim Aufspüren der Wurzeln ihres schmachvollen Zusammenbruchs im Jahre 1914 nicht wenig interessantes Material zu dieser Frage vorfinden, angefangen von den ausweichenden, dem Opportunismus Tür und Tor öffnenden Erklärungen in den Artikeln Kautskys, des ideologischen Führers der Partei, bis zu dem Verhalten der Partei zu der »Los-von-der-Kirche-Bewegung« im Jahre 1913.

Gehen wir jedoch zu den Lehren über, die Engels zwanzig Jahre nach der Kommune aus ihren Erfahrungen für das kämpfende Proletariat zog.

Das sind die Lehren, die Engels in den Vordergrund rückte:

> »*Gerade die unterdrückende Macht der bisherigen zentralisierten Regierung, Armee, politische Polizei, Bürokratie, die Napoleon 1798 geschaffen und die seitdem jede neue Regierung als willkommenes Werkzeug übernommen und gegen ihre Gegner ausgenutzt hatte, gerade diese Macht sollte überall fallen, wie sie in Paris bereits gefallen war.*
>
> *Die Kommune mußte gleich von vornherein anerkennen, daß die Arbeiterklasse, einmal zur Herrschaft gekommen, nicht fortwirtschaften könne mit der alten Staatsmaschine; daß diese Arbeiterklasse, um nicht ihrer eignen, erst eben eroberten Herrschaft wieder verlustig zu gehn, einerseits alle die alte, bisher gegen sie selbst ausgenutzte Unterdrückungsmaschinerie beseitigen, andrerseits aber sich sichern müsse gegen ihre eignen Abgeordneten und Beamten, indem sie diese, ohne alle Ausnahme, für jederzeit absetzbar erklärte.*«

Engels unterstreicht immer wieder, daß nicht nur in der Monarchie, sondern *auch in der demokratischen Republik* der Staat Staat bleibt, d.h. sein grundlegendes Unterscheidungsmerkmal beibehält: die beamteten Personen, die »Diener der Gesellschaft«, ihre Organe in *Herren* über die Gesellschaft zu verwandeln.

»Gegen diese, in allen bisherigen Staaten unumgängliche Verwandlung des Staates und der Staatsorgane aus Dienern der Gesellschaft in Herren der Gesellschaft wandte die Kommune zwei unfehlbare Mittel an. Erstens besetzte sie alle Stellen, verwaltende, richtende, lehrende, durch Wahl nach allgemeinem Stimmrecht der Beteiligten, und zwar auf jederzeitigen Widerruf durch dieselben Beteiligten. Und zweitens zahlte sie für alle Dienste, hohe wie niedrige, nur den Lohn, den andre Arbeiter empfingen. Das höchste Gehalt, das sie überhaupt zahlte, war 6000 Franken.[78] *Damit war der Stellenjägerei und dem Strebertum ein sichrer Riegel vorgeschoben, auch ohne die gebundnen Mandate bei Delegierten zu Vertretungskörpern, die noch zum Überfluß hinzugefügt wurden.«*

Engels gelangt hier an jene denkwürdige Grenze, wo eine konsequente Demokratie sich auf der einen Seite in Sozialismus *verwandelt* und auf der andern Seite den Sozialismus *erfordert*. Denn zur Aufhebung des Staates ist nötig, daß die Funktionen des Staatsdienstes in solche einfachen Operationen der Kontrolle und Rechnungsführung verwandelt werden, die für die ungeheure Mehrheit der Bevölkerung und später für die gesamte Bevölkerung ohne Ausnahme verständlich und ausführbar sind. Zur völligen Beseitigung des Strebertums ist es erforderlich, daß ein »Ehrenamt« im Staatsdienst, auch wenn es nichts einbringt, **nicht** als Sprungbrett dienen kann, um in hochbezahlte Stellungen bei Banken und Aktiengesellschaften zu

78 Fußnote von Lenin: Nominell waren das zirka 2400 Rubel, nach dem heutigen Kurs [1917!] zirka 6000 Rubel. Ganz unverzeihlich handeln die Bolschewiki, die z.B. vorschlagen, in den städtischen Dumas Gehälter von 9000 Rubel einzuführen, statt ein Maximum von 6000 Rubel für den ganzen Staat zu beantragen – eine Summe, die durchaus genügen dürfte.

gelangen, wie das in allen kapitalistischen Ländern, auch den freiesten, *ständig* vorkommt.

Engels begeht aber nicht den Fehler, den z.B. manche Marxisten in der Frage des Selbstbestimmungsrechts der Nationen begehen: im Kapitalismus sei die Selbstbestimmung unmöglich und im Sozialismus überflüssig. Eine derartige, anscheinend geistreiche, in Wirklichkeit aber falsche Argumentation ließe sich über jede *beliebige* demokratische Einrichtung wiederholen, auch über die bescheidenen Beamtengehälter, denn ein vollauf konsequenter Demokratismus ist unter dem Kapitalismus unmöglich, im Sozialismus wird aber jede Demokratie *absterben.*

Das ist eine Sophisterei, die an die alte Scherzfrage erinnert, ob ein Mensch beginnt kahlköpfig zu werden, wenn er *ein* Haar verliert.

Entwicklung der Demokratie *bis zu Ende*, Auffinden der *Formen* einer solchen Entwicklung, ihre Erprobung in der *Praxis* usw. – das alles bildet eine der integrierten Aufgaben des Kampfes um die soziale Revolution. Für sich genommen wird kein Demokratismus den Sozialismus bringen. Im Leben aber wird der Demokratismus nie »für sich genommen«, sondern er wird mit anderen Erscheinungen »zusammengenommen«, er wird seinen Einfluß auch auf die Ökonomik ausüben, *ihre* Umgestaltung fördern, dem Einfluß der ökonomischen Entwicklung unterliegen usw. Das ist die Dialektik der lebendigen Geschichte.

Engels fährt fort:

> *»Diese Sprengung der bisherigen Staatsmacht und ihre Ersetzung durch eine neue, in Wahrheit demokratische, ist im dritten Abschnitt des* ***Bürgerkriegs*** *eingehend geschildert. Es war aber nötig, hier nochmals kurz auf einige Züge derselben einzugehn, weil gerade in Deutschland der Aberglaube an den Staat aus*

der Philosophie sich in das allgemeine Bewußtsein der Bourgeoisie und selbst vieler Arbeiter übertragen hat. Nach der philosophischen Vorstellung ist der Staat die ›Verwirklichung der Idee‹ oder das ins Philosophische übersetzte Reich Gottes auf Erden, das Gebiet, worauf die ewige Wahrheit und Gerechtigkeit sich verwirklicht oder verwirklichen soll. Und daraus folgt dann eine abergläubische Verehrung des Staats und alles dessen, was mit dem Staat zusammenhängt, und die sich um so leichter einstellt, als man sich von Kindesbeinen daran gewöhnt hat, sich einzubilden, die der ganzen Gesellschaft gemeinsamen Geschäfte und Interessen könnten nicht anders besorgt werden, als wie sie bisher besorgt worden sind, nämlich durch den Staat und seine wohlbestallten Behörden. Und man glaubt schon einen ganz gewaltig kühnen Schritt getan zu haben, wenn man sich frei gemacht vom Glauben an die erbliche Monarchie und auf die demokratische Republik schwört. In Wirklichkeit aber ist der Staat nichts als eine Maschine zur Unterdrückung einer Klasse durch eine andre, und zwar in der demokratischen Republik nicht minder als in der Monarchie; und im besten Fall ein Übel, das dem im Kampf um die Klassenherrschaft siegreichen Proletariat vererbt wird, und dessen schlimmste Seiten es, ebensowenig wie die Kommune, umhinkönnen wird, sofort möglichst zu beschneiden, bis ein in neuen, freien Gesellschaftszuständen herangewachsenes Geschlecht imstande sein wird, den ganzen Staatsplunder von sich abzutun.«

Engels ermahnte die Deutschen, bei der Ersetzung der Monarchie durch eine Republik nicht die Grundlagen des Sozialismus in der Frage des Staates überhaupt zu vergessen. Seine Warnungen lesen sich jetzt geradezu wie eine

Lektion für die Herren Zereteli und Tschernow, die in ihrer »Koalitions«praxis ihren Aberglauben an den Staat und ihre abergläubische Verehrung des Staates offenbart haben!

Noch zwei Bemerkungen. Erstens: Wenn Engels sagt, daß in einer demokratischen Republik der Staat *»nicht minder«* als in der Monarchie eine *»Maschine zur Unterdrückung einer Klasse durch eine andre«* bleibt, so bedeutet das durchaus nicht, daß die *Form* der Unterdrückung dem Proletariat gleichgültig sei, wie manche Anarchisten »lehren«. Eine breitere, freiere, offenere *Form* des Klassenkampfes und der Klassenunterdrückung bedeutet für das Proletariat eine riesige Erleichterung im Kampf um die Aufhebung der Klassen überhaupt.

Zweitens: Die Frage, warum erst ein neues Geschlecht imstande sein wird, den ganzen Staatsplunder von sich abzutun, hängt mit der Frage der Überwindung der Demokratie zusammen, einer Frage, zu der wir nun übergehen.

6. Engels über die Überwindung der Demokratie

Engels hatte Gelegenheit, sich darüber zu äußern im Zusammenhang mit der Frage der *wissenschaftlichen* Unrichtigkeit der Bezeichnung »Sozialdemokrat«.

Im Vorwort zu einer Ausgabe seiner Aufsätze zu verschiedenen Themen aus den siebziger Jahren hauptsächlich »internationalen« Inhalts (**Internationales aus dem** *Volksstaat*), datiert vom 3. Januar 1894, also anderthalb Jahre vor seinem Tod, schrieb Engels, er habe in allen Aufsätzen das Wort »Kommunist« *und nicht* »Sozialdemokrat« gebraucht, weil sich damals die Proudhonisten in Frankreich und die Lassalleaner in Deutschland Sozialdemokraten nannten.

> *»Für Marx und mich«*, fährt Engels fort, *»war es daher rein unmöglich, zur Bezeichnung unseres speziellen Standpunkts einen Ausdruck von solcher Dehnbarkeit zu wählen. Heute ist das anders, und so mag das Wort«* (»Sozialdemokrat«) *»passieren, so unpassend es bleibt für eine Partei, deren ökonomisches Programm nicht bloß allgemein sozialistisch, sondern direkt kommunistisch, und deren politisch letztes Endziel die Überwindung des ganzen Staates, also auch der Demokratie ist. Die Namen* ***wirklicher****«* (hervorgehoben von Engels) *»politischer Parteien stimmen aber nie ganz; die Partei entwickelt sich, der Name bleibt.«*[79]

Der Dialektiker Engels bleibt am Ende seiner Tage der Dialektik treu. Marx und ich, sagt er, hatten einen ausgezeichneten, wissenschaftlich exakten Namen für die Partei, aber es fehlte die wirkliche, d.h. die proletarische Massenpartei. Jetzt (Ende des 19. Jahrhunderts) existiert eine wirkliche Partei, aber ihr Name ist wissenschaftlich unrichtig. Tut nichts, er »mag passieren«, wenn nur die Partei *sich entwickelt*, wenn nur die wissenschaftliche Ungenauigkeit ihres Namens der Partei selbst nicht verborgen bleibt und sie nicht daran hindert, sich in der richtigen Richtung zu entwickeln!

Mancher Spaßvogel könnte am Ende auch uns, die Bolschewiki, nach der Art von Engels trösten wollen: Wir haben eine wirkliche Partei, sie entwickelt sich vorzüglich; es mag also auch ein so sinnloses und monströses Wort wie »Bolschewik« »passieren«, das nichts weiter ausdrückt als den rein zufälligen Umstand, daß wir 1903 auf dem Parteitag in Brüssel-London die Mehrheit hatten ... Jetzt, da die Verfolgungen unserer Partei im Juli und August durch

79 Siehe Marx u. Engels, Werke, Bd.22, S.417/418.

die Republikaner und die »revolutionäre« kleinbürgerliche Demokratie das Wort »Bolschewik« im ganzen Volk zu einem Ehrennamen gemacht, jetzt, da diese Verfolgungen außerdem einen so gewaltigen, historischen Fortschritt unserer Partei in ihrer *wirklichen* Entwicklung markiert haben - jetzt hätte auch ich vielleicht Bedenken, wie im April vorzuschlagen, den Namen unserer Partei zu ändern. Vielleicht würde ich meinen Genossen einen »Kompromiß» vorschlagen: uns Kommunistische Partei zu nennen und das Wort Bolschewiki in Klammern beizubehalten ...

Doch die Frage nach der Benennung der Partei ist unvergleichlich weniger wichtig als die Frage nach dem Verhältnis des revolutionären Proletariats zum Staat.

In den landläufigen Betrachtungen über den Staat wird fortwährend der Fehler begangen, vor dem hier Engels warnt und den wir in den vorhergegangenen Darlegungen beiläufig gestreift haben. Man vergißt nämlich immer, daß die Aufhebung des Staates auch die Aufhebung der Demokratie bedeutet, daß das Absterben des Staates ein Absterben der Demokratie ist.

Auf den ersten Blick mag diese Behauptung höchst sonderbar und unverständlich erscheinen; bei manchem dürfte sogar die Befürchtung aufkommen, daß wir den Anbruch einer Gesellschaftsordnung erwarten, in der das Prinzip der Unterordnung der Minderheit unter die Mehrheit nicht eingehalten werden würde, denn Demokratie sei doch gerade die Anerkennung dieses Prinzips!

Nein. Demokratie ist **nicht** identisch mit der Unterordnung der Minderheit unter die Mehrheit. Demokratie ist ein die Unterordnung der Minderheit unter die Mehrheit anerkennender *Staat*, d.h. eine Organisation zur systematischen *Gewaltanwendung* einer Klasse gegen die andere, eines Teils der Bevölkerung gegen den anderen.

Als Endziel setzen wir uns die Abschaffung des Staates, d.h. jeder organisierten und systematischen Gewalt, jeder Gewaltanwendung gegen Menschen überhaupt. Wir erwarten nicht, daß eine Gesellschaftsordnung anbricht, in der das Prinzip der Unterordnung der Minderheit unter die Mehrheit nicht eingehalten werden würde. Doch in unserem Streben zum Sozialismus sind wir überzeugt, daß er in den Kommunismus hinüberwachsen wird und daß im Zusammenhang damit jede Notwendigkeit der Gewaltanwendung gegen Menschen überhaupt, der *Unterordnung* eines Menschen unter den anderen, eines Teils der Bevölkerung unter den anderen verschwinden wird, denn die Menschen werden sich daran *gewöhnen*, die elementaren Regeln des gesellschaftlichen Zusammenlebens *ohne Gewalt* und *ohne Unterdrückung* einzuhalten.

Um dieses Element der Gewohnheit zu betonen, spricht Engels eben von einem neuen *Geschlecht*, das, *»in neuen, freien Gesellschaftszuständen herangewachsen, imstande sein wird, den ganzen Staatsplunder von sich abzutun«* – jedes Staatswesen abzuschaffen, auch das demokratisch-republikanische.

Um sich das klarzumachen, bedarf es einer Untersuchung der Frage nach den ökonomischen Grundlagen für das Absterben des Staates.

V. Kapitel Die ökonomischen Grundlagen für das Absterben des Staates

Am ausführlichsten erörtert Marx diese Frage in seiner **Kritik des Gothaer Programms** (Brief an Bracke vom 5. Mai 1875, veröffentlicht erst 1891 in der *Neuen Zeit*, Jahrgang IX, 1, in russischer Sprache als Broschüre erschienen). Der polemische Teil dieses bedeutenden Werkes, der aus einer Kritik am Lassalleanertum besteht, hat seinen positiven Teil, nämlich die Analyse des Zusammenhangs zwischen der Entwicklung des Kommunismus und dem Absterben des Staates, sozusagen in den Schatten gestellt.

1. Die Fragestellung bei Marx

Bei einem oberflächlichen Vergleich des Briefes von Marx an Bracke vom 5. Mai 1875 mit dem oben besprochenen Brief von Engels an Bebel vom 28. März 1875 könnte es scheinen, als wäre Marx viel mehr »Staatsanhänger« als Engels und als bestünde zwischen den Auffassungen der beiden Verfasser über den Staat ein ganz erheblicher Unterschied.

Engels empfiehlt Bebel, das ganze Gerede vom Staat überhaupt fallenzulassen, das Wort »Staat« gänzlich aus dem Programm zu entfernen und es durch das Wort »Gemeinwesen« zu ersetzen; Engels erklärt sogar, die Kommune sei kein Staat im eigentlichen Sinne mehr gewesen. Marx dagegen spricht sogar vom *»zukünftigen Staatswesen der kommunistischen Gesellschaft«*, d.h. er erkennt scheinbar die Notwendigkeit des Staates selbst im Kommunismus an. Eine derartige Auffassung wäre jedoch grundfalsch. Eine nähere Betrachtung ergibt, daß sich die Ansichten von Marx und die von Engels über den Staat und dessen Absterben durchaus decken, der erwähnte Ausdruck von Marx bezieht sich doch gerade auf dieses *absterbende* Staatswesen.

Es ist klar, daß von einer Bestimmung des Zeitpunkts des *künftigen* »Absterbens« nicht einmal die Rede sein kann, um so mehr, als es sich offenkundig um einen langwierigen Prozeß handelt. Der scheinbare Unterschied zwischen Marx und Engels erklärt sich aus der Verschiedenheit der Themen, die sie behandelten, der Aufgaben, die sie verfolgten. Engels machte es sich zur Aufgabe, Bebel anschaulich, scharf umrissen, in großen Zügen die ganze Unsinnigkeit der landläufigen (und in nicht geringem Maße von Lassalle geteilten) Vorurteile in bezug auf den Staat nachzuweisen. Marx streift **diese** Frage nur nebenbei; ihn interessiert ein anderes Thema: die *Entwicklung* der kommunistischen Gesellschaft.

Die ganze Theorie von Marx ist eine Anwendung der Entwicklungstheorie – in ihrer konsequentesten, vollkommensten, durchdachtesten und inhaltsreichsten Form – auf den modernen Kapitalismus. Es ist nur natürlich, daß sich für Marx die Frage nach der Anwendung dieser Theorie auch auf den *bevorstehenden* Zusammenbruch des Kapitalismus und die *künftige* Entwicklung des *künftigen* Kommunismus erhob.

Auf Grund welcher Unterlagen aber kann die Frage nach der künftigen Entwicklung des künftigen Kommunismus aufgeworfen werden?

Auf Grund der Tatsache, daß er aus dem Kapitalismus *hervorgeht*, sich historisch aus dem Kapitalismus entwickelt, das Resultat der Wirkungen einer gesellschaftlichen Kraft ist, die der Kapitalismus *erzeugt* hat. Bei Marx findet sich auch nicht die Spur eines Versuchs, Utopien zu konstruieren, ins Blaue hinein Mutmaßungen anzustellen über das, was man nicht wissen kann. Marx stellt die Frage des Kommunismus so, wie der Naturforscher die Frage der Entwicklung einer neuen, sagen wir, biologischen Abart stellen würde, wenn man weiß, daß sie so und so entstanden ist und sich in der und der bestimmten Richtung modifiziert.

Marx räumt vor allem mit der Konfusion auf, die durch das Gothaer Programm in die Frage nach dem Verhältnis von Staat und Gesellschaft hineingetragen wird.

> *»Die ›heutige Gesellschaft‹ ist die kapitalistische Gesellschaft«*, schreibt er, *»die in allen Kulturländern existiert, mehr oder weniger frei von mittelaltrigem Beisatz, mehr oder weniger durch die besondre geschichtliche Entwicklung jedes Landes modifiziert, mehr oder weniger entwickelt. Dagegen der ›heutige Staat‹ wechselt mit der Landesgrenze. Er ist ein andrer im preußisch-deutschen Reich als in der Schweiz, ein andrer in England als in den Vereinigten Staaten. ›**Der** heutige Staat‹ ist also eine Fiktion.*
>
> *Jedoch haben die verschiednen Staaten der verschiednen Kulturländer trotz ihrer bunten Formverschiedenheit*

alle das gemein, daß sie auf dem Boden der modernen bürgerlichen Gesellschaft stehn, nur einer mehr oder minder kapitalistisch entwickelten. Sie haben daher auch gewisse wesentliche Charaktere gemein. In diesem Sinne kann man von ›heutigem Staatswesen‹ sprechen, im Gegensatz zur Zukunft, worin seine jetzige Wurzel, die bürgerliche Gesellschaft, abgestorben ist.

Es fragt sich dann: Welche Umwandlung wird das Staatswesen in einer kommunistischen Gesellschaft erleiden? In andern Worten, welche gesellschaftlichen Funktionen bleiben dort übrig, die jetzigen Staatsfunktionen analog sind? Diese Frage ist nur wissenschaftlich zu beantworten, und man kommt dem Problem durch tausendfache Zusammensetzung des Wortes Volk mit dem Wort Staat auch nicht um einen Flohsprung näher.«[80]

Nachdem Marx auf diese Weise alles Gerede vom »Volksstaat« lächerlich gemacht hat, gibt er die Problemstellung und warnt gewissermaßen davor, bei der wissenschaftlichen Beantwortung der Frage anders als mit feststehenden wissenschaftlichen Angaben zu operieren.

Das erste, was durch die ganze Entwicklungstheorie, die ganze Wissenschaft überhaupt ganz genau festgestellt wurde, was die Utopisten vergaßen und die jetzigen Opportunisten, die sich vor der sozialistischen Revolution fürchten, vergessen, ist der Umstand, daß es geschichtlich zweifellos ein besonderes Stadium oder eine besondere Etappe des *Übergangs* vom Kapitalismus zum Kommunismus geben muß.

80 Siehe Karl Marx, Kritik des Gothaer Programms, in Marx u. Engels, Werke, Bd.19, S.28.

2. Der Übergang vom Kapitalismus zum Kommunismus

»Zwischen der kapitalistischen und der kommunistischen Gesellschaft«, fährt Marx fort, *»liegt die Periode der revolutionären Umwandlung der einen in die andre. Der entspricht auch eine politische Übergangsperiode, deren Staat nichts andres sein kann als* ***die revolutionäre Diktatur des Proletariats.«***

Diese Schlußfolgerung beruht bei Marx auf der Analyse der Rolle, die das Proletariat in der modernen kapitalistischen Gesellschaft spielt, auf den Tatsachen der Entwicklung dieser Gesellschaft und der Unversöhnlichkeit der einander entgegengesetzten Interessen des Proletariats und der Bourgeoisie.

Früher wurde die Frage so gestellt: Das Proletariat muß, um seine Befreiung zu erlangen, die Bourgeoisie stürzen, die politische Macht erobern und seine revolutionäre Diktatur errichten.

Jetzt wird die Frage etwas anders gestellt: Der Übergang von der kapitalistischen Gesellschaft, die sich zum Kommunismus hin entwickelt, zur kommunistischen Gesellschaft ist unmöglich ohne eine »politische Übergangsperiode«, und der Staat dieser Periode kann nur die revolutionäre Diktatur des Proletariats sein.

In welchem Verhältnis steht nun diese Diktatur zur Demokratie?

Wir haben gesehen, daß das **Kommunistische Manifest** einfach zwei Begriffe nebeneinander stellt: *»Erhebung des Proletariats zur herrschenden Klasse«* und *»Erkämpfung der Demokratie«*. Auf Grund alles oben Gesagten läßt sich genauer bestimmen, wie sich die Demokratie beim Übergang vom Kapitalismus zum Kommunismus verändert.

In der kapitalistischen Gesellschaft, ihre günstigste Entwicklung vorausgesetzt, haben wir in der demokratischen Republik einen mehr oder weniger vollständigen Demokratismus. Dieser Demokratismus ist jedoch durch den engen Rahmen der kapitalistischen Ausbeutung stets eingeengt und bleibt daher im Grunde genommen stets ein Demokratismus für die Minderheit, nur für die besitzenden Klassen, nur für die Reichen. Die Freiheit der kapitalistischen Gesellschaft bleibt immer ungefähr die gleiche, die sie in den antiken griechischen Republiken war: Freiheit für die Sklavenhalter. Die modernen Lohnsklaven bleiben infolge der Bedingungen der kapitalistischen Ausbeutung so von Not und Elend bedrückt, daß ihnen *»nicht nach Demokratie«*, *»nicht nach Politik«* der Sinn steht, so daß bei dem gewöhnlichen, friedlichen Gang der Ereignisse die Mehrheit der Bevölkerung von der Teilnahme am öffentlichen und politischen Leben ausgeschlossen ist.

Die Richtigkeit dieser Behauptung wird vielleicht am anschaulichsten durch Deutschland bestätigt, da gerade in diesem Staat die verfassungsmäßige Legalität sich erstaunlich lange und stabil, nahezu ein halbes Jahrhundert (1871-1914), behauptet hat, während die Sozialdemokratie es verstanden hat, in dieser Zeit viel mehr als in anderen Ländern die *»Legalität auszunutzen«* und einen so großen Teil der Arbeiter in der politischen Partei zu organisieren, wie das sonst nirgends in der Welt der Fall war.

Wie groß ist nun dieser höchste in der kapitalistischen Gesellschaft je beobachtete Teil der politisch bewußten und aktiven Lohnsklaven? Eine Million Mitglieder der sozialdemokratischen Partei – von fünfzehn Millionen

Lohnarbeitern! Drei Millionen gewerkschaftlich Organisierte – von fünfzehn Millionen!

Demokratie für eine verschwindende Minderheit, Demokratie für die Reichen – so sieht der Demokratismus der kapitalistischen Gesellschaft aus. Sieht man sich den Mechanismus der kapitalistischen Demokratie genauer an, so findet man überall, sowohl in den »geringfügigen«, angeblich geringfügigen, Einzelheiten des Wahlrechts (Ansässigkeitsklausel, Ausschließung der Frauen usw.) als auch in der Technik der Vertretungskörperschaften, in den tatsächlichen Behinderungen des Versammlungsrechts (die öffentlichen Gebäude sind nicht für »Habenichtse« da!) oder in der rein kapitalistischen Organisation der Tagespresse und so weiter und so fort – überall, wo man hinblickt, Beschränkungen auf Beschränkungen des Demokratismus. Diese Beschränkungen, Ausnahmen, Ausschließungen und Behinderungen für die Armen erscheinen gering, besonders demjenigen, der selbst nie Not gekannt hat und mit dem Leben der unterdrückten Klassen in ihrer Masse nicht in Berührung gekommen ist (und das trifft für neun Zehntel, wenn nicht gar für neunundneunzig Hundertstel der bürgerlichen Publizisten und Politiker zu) – aber zusammengenommen bewirken diese Beschränkungen, daß die arme Bevölkerung von der Politik, von der aktiven Teilnahme an der Demokratie ausgeschlossen, verdrängt wird.

Marx hat dieses **Wesen** der kapitalistischen Demokratie glänzend erfaßt, als er in seiner Analyse der Erfahrungen der Kommune sagte: den Unterdrückten wird in mehreren Jahren einmal gestattet, darüber zu entscheiden, welcher Vertreter der unterdrückenden Klasse sie im Parlament ver- und zertreten soll!

Doch von dieser kapitalistischen Demokratie – die unvermeidlich eng ist, die die Armen im stillen beiseite schiebt und daher durch und durch heuchlerisch und verlogen ist – führt die weitere Entwicklung nicht einfach, geradeswegs und glatt, »zu immer größerer Demokratie«, wie die liberalen Professoren und kleinbürgerlichen Opportunisten die Sache darzustellen pflegen. Nein. Die weitere Entwicklung, d.h. die Entwicklung zum Kommunismus, geht über die Diktatur des Proletariats und kann auch gar nicht anders gehen, denn außer dem Proletariat ist niemand imstande, den *Widerstand* der kapitalistischen Ausbeuter zu brechen, und auf anderem Wege ist er nicht *zu brechen.*

Die Diktatur des Proletariats aber, d.h. die Organisierung der Avantgarde der Unterdrückten zur herrschenden Klasse, um die Unterdrücker niederzuhalten, kann nicht einfach nur eine Erweiterung der Demokratie ergeben. *zugleich* mit der gewaltigen Erweiterung des Demokratismus, der **zum erstenmal** ein Demokratismus für die Armen, für das Volk wird und nicht ein Demokratismus für die Reichen, bringt die Diktatur des Proletariats eine Reihe von Freiheitsbeschränkungen für die Unterdrücker, die Ausbeuter, die Kapitalisten. Diese müssen wir niederhalten, um die Menschheit von der Lohnsklaverei zu befreien, ihr Widerstand muß mit Gewalt gebrochen werden, und es ist klar, daß es dort, wo es Unterdrückung, wo es Gewalt gibt, keine Freiheit, keine Demokratie gibt.

Engels hat das ausgezeichnet in seinem Brief an Bebel zum Ausdruck gebracht, wenn er, wie der Leser sich entsinnen wird, sagt:

> *»Solange das Proletariat den Staat noch gebraucht, gebraucht es ihn nicht im Interesse der Freiheit, sondern der Niederhaltung seiner Gegner, und sobald von Freiheit die Rede sein kann, hört der Staat als solcher auf zu bestehen.«*

Demokratie für die riesige Mehrheit des Volkes und gewaltsame Niederhaltung der Ausbeuter, der Unterdrücker des Volkes, d.h. ihr Ausschluß von der Demokratie – diese Modifizierung erfährt die Demokratie beim *Übergang* vom Kapitalismus zum Kommunismus.

Erst in der kommunistischen Gesellschaft, wenn der Widerstand der Kapitalisten schon endgültig gebrochen ist, wenn die Kapitalisten verschwunden sind, wenn es keine Klassen (d.h. keinen Unterschied zwischen den Mitgliedern der Gesellschaft in ihrem Verhältnis zu den gesellschaftlichen Produktionsmitteln) mehr gibt – *erst* dann »*hört der Staat auf zu bestehen, und* ***es kann von Freiheit die Rede sein***«. Erst dann ist eine tatsächlich vollkommene Demokratie, tatsächlich ohne jede Ausnahme, möglich und wird verwirklicht werden. Und erst dann beginnt die Demokratie *abzusterben*, infolge des einfachen Umstands, daß die von der kapitalistischen Sklaverei, von den ungezählten Greueln, Brutalitäten, Widersinnigkeiten und Gemeinheiten der kapitalistischen Ausbeutung befreiten Menschen sich nach und nach **gewöhnen werden**, die elementaren, von alters her bekannten und seit Jahrtausenden in allen Vorschriften gepredigten Regeln des gesellschaftlichen Zusammenlebens einzuhalten, sie ohne Gewalt, ohne Zwang, ohne Unterordnung, **ohne den besonderen** Zwangs**apparat**, der sich Staat nennt, einzuhalten.

Der Ausdruck »der Staat *stirbt ab*« ist sehr treffend gewählt, denn er deutet sowohl auf das Allmähliche als auch auf das Elementare des Prozesses hin. Nur die Gewöhnung kann und wird zweifellos eine solche Wirkung ausüben, denn wir beobachten rings um uns millionenfach, wie leicht sich Menschen an die Einhaltung der für sie notwendigen Regeln des gesellschaftlichen Zusammenlebens gewöhnen, wenn die Ausbeutung fehlt, wenn nichts vorhanden ist, was sie empört, sie zu Protest und Auflehnung herausfordert, was die Notwendigkeit der *Niederhaltung* schafft. Also: In der kapitalistischen Gesellschaft haben wir eine gestutzte, dürftige, falsche Demokratie, eine Demokratie nur für die Reichen, für eine Minderheit. Die Diktatur des Proletariats, die Periode des Übergangs zum Kommunismus, wird zum erstenmal Demokratie für das Volk, für die Mehrheit bringen, aber zugleich wird sie notwendigerweise eine Minderheit, die Ausbeuter, niederhalten. Einzig und allein der Kommunismus ist imstande, eine wahrhaft vollständige Demokratie zu bieten, und je vollständiger diese sein wird, um so schneller wird sie entbehrlich werden, wird sie von selbst absterben.

Mit anderen Worten: Im Kapitalismus haben wir den Staat im eigentlichen Sinne des Wortes, eine besondere Maschine zur Unterdrückung einer Klasse durch eine andere, und zwar der Mehrheit durch eine Minderheit. Damit eine solche Sache wie die systematische Unterdrückung der Mehrheit der Ausgebeuteten durch die Minderheit der Ausbeuter erfolgreich ist, bedarf es natürlich der größten Grausamkeit und bestialischer Unterdrückung, sind Meere von Blut nötig, durch die denn auch die Menschheit im Zustand der Sklaverei, der Leibeigenschaft und der Lohnarbeit ihren Weg geht.

Weiter. Beim *Übergang* vom Kapitalismus zum Kommunismus ist die Unterdrückung *noch* notwendig, aber es ist das bereits eine Unterdrückung der Minderheit der Ausbeuter durch die Mehrheit der Ausgebeuteten. Ein besonderer Apparat, eine besondere Maschine zur Unterdrückung, ein »Staat« ist *noch* notwendig, aber es ist das bereits ein Übergangsstaat, kein Staat im eigentlichen Sinne mehr, denn die Niederhaltung der Minderheit der Ausbeuter durch die Mehrheit der Lohnsklaven *von gestern* ist eine so verhältnismäßig leichte, einfache und natürliche Sache, daß sie viel weniger Blut kosten wird als die Unterdrückung von Aufständen der Sklaven, Leibeigenen und Lohnarbeiter, daß sie der Menschheit weit billiger zu stehen kommen wird. Und sie ist vereinbar mit der Ausdehnung der Demokratie auf eine so überwältigende Mehrheit der Bevölkerung, daß die Notwendigkeit einer *besonderen Maschine* zur Unterdrückung zu schwinden beginnt. Die Ausbeuter sind natürlich nicht imstande, das Volk niederzuhalten ohne eine sehr komplizierte Maschine zur Erfüllung dieser Aufgabe, das *Volk* aber vermag die Ausbeuter mit einer sehr einfachen »Maschine«, ja nahezu ohne »Maschine«, ohne einen besonderen Apparat niederzuhalten, durch die einfache *Organisation der bewaffneten Massen* (in der Art der Sowjets der Arbeiter- und Soldatendeputierten, sei vorgreifend bemerkt).

Schließlich macht allein der Kommunismus den Staat völlig überflüssig, denn es ist *niemand* niederzuhalten, »niemand« im Sinne einer *Klasse*, im Sinne des systematischen Kampfes gegen einen bestimmten Teil der Bevölkerung. Wir sind keine Utopisten und leugnen durchaus nicht die Möglichkeit und Unvermeidlichkeit von Ausschreitungen *einzelner Personen* und ebensowenig die Notwendigkeit, *solche* Ausschreitungen zu unterdrücken. Aber erstens bedarf es dazu keiner besonderen Maschine, keines besonderen Unterdrückungsapparates; das wird das bewaffnete Volk selbst mit der gleichen Selbstverständlichkeit und Leichtigkeit bewerkstelligen, mit der eine beliebige Gruppe zivilisierter Menschen sogar in der heutigen Gesellschaft Raufende auseinander bringt oder eine Frau vor Gewalt schützt. Zweitens wissen wir, daß die soziale Grundursache der Ausschreitungen, die eine Verletzung der Regeln des gesellschaftlichen Zusammenlebens bedeuten, in der Ausbeutung der Massen, ihrer Not und ihrem Elend zu suchen ist. Mit der Beseitigung dieser Hauptursache werden die Ausschreitungen unvermeidlich »*abzusterben*« beginnen. Wir wissen nicht, wie rasch und in welcher Folge das geschehen wird, aber wir wissen, daß sie absterben werden. Mit dem Absterben der Ausschreitungen wird auch der Staat *absterben.*

Ohne sich auf Utopien einzulassen, hat Marx das näher bestimmt, was sich *jetzt* über diese Zukunft bestimmen läßt, nämlich den Unterschied zwischen der niederen und der höheren Phase (Stufe, Etappe) der kommunistischen Gesellschaft.

3. Die erste Phase der kommunistischen Gesellschaft

In der **Kritik des Gothaer Programms** widerlegt Marx eingehend die Lassallesche Idee, der Arbeiter werde im Sozialismus den »unverkürzten« oder »vollen Arbeitsertrag« erhalten. Marx zeigt, daß von dem gesellschaftlichen Gesamtprodukt ein Reservefonds abzuziehen ist, ein Fonds für die Ausdehnung der Produktion, ferner für den Ersatz der »verbrauchten« Maschinen u. dgl. m., sodann aus den Konsumtionsmitteln ein Fonds für Verwaltungskosten, für Schulen, Krankenhäuser, Altersheime usw.

An Stelle der nebelhaften, unklaren, allgemeinen Phrase Lassalles (»dem Arbeiter den vollen Arbeitsertrag«) gibt Marx eine nüchterne Berechnung, wie die sozialistische Gesellschaft zu wirtschaften gezwungen sein wird. Marx analysiert *konkret* die Lebensbedingungen einer solchen Gesellschaft, in der es keinen Kapitalismus geben wird, und sagt:

> »*Womit wir es hier zu tun haben*« (bei der Erörterung des Programms der Arbeiterpartei) »*ist eine kommu-*

> *nistische Gesellschaft, nicht wie sie sich auf ihrer eigenen Grundlage entwickelt hat, sondern umgekehrt, wie sie eben aus der kapitalistischen Gesellschaft hervorgeht; die also in jeder Beziehung, ökonomisch, sittlich, geistig, noch behaftet ist mit den Muttermalen der alten Gesellschaft, aus deren Schoß sie herkommt.«*

Eben diese kommunistische Gesellschaft, die gerade aus dem Schoße des Kapitalismus ans Tageslicht tritt, die in jeder Beziehung mit den Muttermalen der alten Gesellschaft behaftet ist, bezeichnet Marx als die »erste« oder niedere Phase der kommunistischen Gesellschaft.

Die Produktionsmittel sind schon nicht mehr Privateigentum einzelner Personen. Die Produktionsmittel gehören der ganzen Gesellschaft. Jedes Mitglied der Gesellschaft leistet einen gewissen Teil gesellschaftlich notwendiger Arbeit und erhält von der Gesellschaft einen Schein darüber, daß es ein gewisses Quantum an Arbeit geliefert hat. Auf diesen Schein erhält es ein gewisses Quantum Produkte aus den gesellschaftlichen Vorräten an Konsumtionsmitteln. Nach Abzug des Arbeitsquantums, das für die gemeinschaftlichen Fonds bestimmt ist, erhält jeder Arbeiter also von der Gesellschaft so viel zurück, wie er ihr gegeben hat.

Es herrscht gewissermaßen »Gleichheit«.

Wenn aber Lassalle von dieser Gesellschaftsordnung (die gewöhnlich als Sozialismus bezeichnet wird, während Marx sie als erste Phase des Kommunismus bezeichnet) meint, das wäre eine »gerechte Verteilung«, das wäre »gleiches Recht eines jeden auf den gleichen Arbeitsertrag«, so irrt er, und Marx deckt seinen Irrtum auf.

»*Gleiches Recht*«, sagt Marx, haben wir hier allerdings, es ist aber **noch** das »bürgerliche Recht«, das, wie alles Recht, **Ungleichheit voraussetzt**. Jedes Recht besteht in Anwendung von **gleichem** Maßstab auf **ungleiche** Individuen, die in Wirklichkeit verschieden, untereinander ungleich sind; das »gleiche Recht« ist daher eine Verletzung der Gleichheit und eine Ungerechtigkeit. In der Tat erhält jeder, der den gleichen Teil gesellschaftlicher Arbeit geleistet hat wie die anderen, den gleichen Teil am gesellschaftlichen Produkt (nach den erwähnten Abzügen).

Indes sind die einzelnen Menschen nicht gleich: Der eine ist stärker, der andere schwächer; der eine ist verheiratet, der andere nicht; der eine hat mehr Kinder als der andere usw.

> *»Bei gleicher Arbeitsleistung«*, folgert Marx, *»und daher gleichem Anteil an dem gesellschaftlichen Konsumtionsfonds erhält also der eine faktisch mehr als der andre, ist der eine reicher als der andre etc. Um alle diese Mißstände zu vermeiden, müßte das Recht, statt gleich, ungleich sein.«*

Gerechtigkeit und Gleichheit kann also die erste Phase des Kommunismus noch nicht bringen: Unterschiede im Reichtum, und zwar ungerechte Unterschiede bleiben bestehen, unmöglich aber wird die *Ausbeutung* des Menschen durch den Menschen sein, denn es wird nicht mehr möglich sein, die *Produktionsmittel*, die Fabriken, Maschinen, den Grund und Boden usw., als Privateigentum an sich zu reißen. Marx zerschlägt die kleinbürgerliche, unklare Phrase Lassalles von »Gleichheit« und »Gerechtigkeit« *schlechthin* und zeigt dabei den *Entwicklungsgang* der kommunistischen Gesellschaft, die *gezwungen* ist, zunächst *nur* die »Ungerechtigkeit« zu beseitigen, daß die Produktionsmittel von einzelnen Personen angeeignet sind, und vorerst *nicht imstande* ist, mit einem Schlag auch die weitere Ungerechtigkeit zu beseitigen, die in der Verteilung der

Konsumtionsmittel »nach der Arbeitsleistung« (und nicht nach den Bedürfnissen) besteht.

Die Vulgärökonomen, darunter bürgerliche Professoren mitsamt »unserem« Tugan, machen den Sozialisten ständig zum Vorwurf, daß sie die Ungleichheit der Menschen vergessen und von einer Beseitigung dieser Ungleichheit »träumen«. Ein solcher Vorwurf beweist, wie wir sehen, nur grenzenlose Ignoranz der Herren bürgerlichen Ideologen. Marx zieht nicht nur auf das genaueste die unvermeidliche Ungleichheit der Menschen in Betracht, er berücksichtigt auch, daß der bloße Übergang der Produktionsmittel in das Gemeineigentum der gesamten Gesellschaft (»Sozialismus« im landläufigen Gebrauch des Wortes) die Mängel der Verteilung und die Ungleichheit des »bürgerlichen Rechts« **nicht beseitigt**, das *weiter herrscht*, solange die Produkte »nach der Arbeitsleistung« verteilt werden.

> *»Aber diese Mißstände«*, fährt Marx fort, *»sind unvermeidbar in der ersten Phase der kommunistischen Gesellschaft, wie sie eben aus der kapitalistischen Gesellschaft nach langen Geburtswehen hervorgegangen ist. Das Recht kann nie höher sein als die ökonomische Gestaltung und dadurch bedingte Kulturentwicklung der Gesellschaft.«*

Somit wird in der ersten Phase der kommunistischen Gesellschaft (die gewöhnlich Sozialismus genannt wird) das »bürgerliche Recht« **nicht** vollständig abgeschafft, sondern nur zum Teil, nur entsprechend der bereits erreichten ökonomischen Umwälzung, d.h. lediglich in bezug auf die Produktionsmittel. Das »bürgerliche Recht« sieht in ihnen das Privateigentum einzelner Individuen. Der Sozialismus macht sie zum *Gemein*eigentum. *Insofern* – und nur insofern – fällt das »bürgerliche Recht« fort.

Es bleibt jedoch in seinem anderen Teil bestehen, es bleibt als Regulator (Ordner) bei der Verteilung der Produkte und der Arbeit unter die Mitglieder der Gesellschaft. »*Wer nicht arbeitet, soll auch nicht essen*«, dieses sozialistische Prinzip ist *schon* verwirklicht; »für das gleiche Quantum Arbeit das gleiche Quantum Produkte« – auch dieses sozialistische Prinzip ist schon verwirklicht. Das ist jedoch noch nicht Kommunismus, und das beseitigt noch nicht das »bürgerliche Recht«, das ungleichen Individuen für ungleiche (faktisch ungleiche) Arbeitsmengen die gleiche Menge Produkte zuweist.

Das ist ein »Mißstand«, sagt Marx, aber er ist in der ersten Phase des Kommunismus unvermeidbar, denn will man nicht in Utopien verfallen, so darf man nicht annehmen, daß die Menschen sofort nach dem Sturz des Kapitalismus lernen werden, *ohne alle Rechtsnormen* für die Allgemeinheit zu arbeiten, sind doch die ökonomischen Voraussetzungen für eine *solche* Änderung durch die Abschaffung des Kapitalismus *nicht* **sofort** *gegeben.*

Andere Normen aber als die des »bürgerlichen Rechts« sind nicht vorhanden. Insofern bleibt noch die Notwendigkeit des Staates bestehen, der unter Wahrung des gesellschaftlichen Eigentums an den Produktionsmitteln die Gleichheit der Arbeitsleistung und die Gleichheit bei der Verteilung der Produkte zu schützen hat.

Der Staat stirbt ab, insofern es keine Kapitalisten, keine Klassen mehr gibt und man daher auch keine *Klasse* mehr *unterdrücken* kann. Der Staat ist aber noch nicht ganz abgestorben, denn noch bleibt die Wahrung des »bürgerlichen Rechts«, das die faktische Ungleichheit sanktioniert. Zum vollständigen Absterben des Staates bedarf es des vollständigen Kommunismus.

4. Die höhere Phase der kommunistischen Gesellschaft

Marx fährt fort:

> *»In einer höhern Phase der kommunistischen Gesellschaft, nachdem die knechtende Unterordnung der Individuen unter die Teilung der Arbeit, damit auch der Gegensatz geistiger und körperlicher Arbeit verschwunden ist; nachdem die Arbeit nicht nur Mittel zum Leben, sondern selbst das erste Lebensbedürfnis geworden; nachdem mit der allseitigen Entwicklung der Individuen auch die Produktionskräfte gewachsen sind und alle Springquellen des genossenschaftlichen Reichtums voller fließen – erst dann kann der enge bürgerliche Rechtshorizont ganz überschritten werden und die Gesellschaft auf ihre Fahnen schreiben: Jeder nach seinen Fähigkeiten, jedem nach seinen Bedürfnissen!«*

Erst jetzt können wir die ganze Richtigkeit der Bemerkungen von Engels einschätzen, in denen er unerbittlich die Verbindung der Wörter »Freiheit« und »Staat« als unsinnig verspottete. Solange es einen Staat gibt, gibt es keine Freiheit. Wenn es Freiheit geben wird, wird es keinen Staat geben.

Die ökonomische Grundlage für das vollständige Absterben des Staates ist eine so hohe Entwicklung des Kommunismus, daß der Gegensatz von geistiger und körperlicher Arbeit verschwindet, folglich eine der wichtigsten Quellen der heutigen *gesellschaftlichen* Ungleichheit beseitigt wird, und zwar eine Quelle, die durch den bloßen Übergang der Produktionsmittel in Gemeineigentum, durch die bloße Expropriation der Kapitalisten keinesfalls mit einem Schlag aus der Welt geschafft werden kann.

Diese Expropriation wird eine enorme Entwicklung der Produktivkräfte *ermöglichen*. Und wenn wir sehen, wie schon jetzt der Kapitalismus in unglaublicher Weise diese Entwicklung *aufhält*, wie vieles auf Grund der heutigen, bereits erreichten Technik vorwärtsgebracht werden könnte, so sind wir berechtigt, mit voller Überzeugung zu sagen, daß die Expropriation der Kapitalisten unausbleiblich eine gewaltige Entwicklung der Produktivkräfte der menschlichen Gesellschaft zur Folge haben wird. Wie rasch aber diese Entwicklung weitergehen wird, wie schnell sie zur Aufhebung der Arbeitsteilung, zur Beseitigung des Gegensatzes von geistiger und körperlicher Arbeit, zur Verwandlung der Arbeit in »das erste Lebensbedürfnis« führen wird, das wissen wir nicht und *können* wir *nicht* wissen.

Wir sind daher auch nur berechtigt, von dem unvermeidlichen Absterben des Staates zu sprechen. Dabei betonen wir, daß dieser Prozeß von langer Dauer ist und vom Entwicklungstempo der *höheren Phase* des Kommunismus abhängt, wobei wir die Frage der Fristen oder der konkreten Formen des Absterbens vollkommen offenlassen, denn Unterlagen zur Entscheidung dieser Fragen *gibt es nicht*.

Der Staat wird dann völlig absterben können, wenn die Gesellschaft den Grundsatz »Jeder nach seinen Fähigkeiten, jedem nach seinen Bedürfnissen« verwirklicht haben wird, d.h. wenn die Menschen sich so an das Befolgen der Grundregeln des gesellschaftlichen Zusammenlebens gewöhnt haben werden und ihre Arbeit so produktiv sein wird, daß sie freiwillig *nach ihren Fähigkeiten* arbeiten werden. Der »enge bürgerliche Rechtshorizont«, der dazu zwingt, mit der Hartherzigkeit eines Shylock bedacht zu sein, nur ja nicht eine halbe Stunde länger zu arbeiten als der andere und keine geringere Bezahlung zu erhalten als der andere – dieser enge Horizont wird dann überschritten sein. Die Verteilung der Produkte wird dann von der Gesellschaft keine Normierung der jedem einzelnen zukommenden Menge erfordern; jeder wird frei »nach seinen Bedürfnissen« nehmen.

Vom bürgerlichen Standpunkt aus ist es leicht, eine solche Gesellschaftsstruktur als »reine Utopie« hinzustellen und darüber zu spotten, daß die Sozialisten jedem das Recht zusichern, von der Gesellschaft ohne jegliche Kontrolle über die Arbeitsleistung des einzelnen Bürgers eine beliebige Menge Trüffeln, Autos, Klaviere u. dgl. m. zu erhalten. Die meisten bürgerlichen »Gelehrten« beschränken sich auch bis auf den heutigen Tag auf dieses Spotten und verraten dadurch nur ihre eigene Ignoranz und ihre eigennützige Verteidigung des Kapitalismus.

Ignoranz, denn es ist keinem Sozialisten je eingefallen, »zuzusichern«, daß die höhere Phase der Entwicklung des Kommunismus eintreten wird; die *Voraussicht* der großen Sozialisten aber, daß sie eintreten wird, hat nicht die heutige Arbeitsproduktivität und *nicht* den *heutigen* Spießer zur Voraussetzung, der es fertigbrächte, etwa wie die Seminaristen bei Pomjalowski[81], »für nichts und wieder nichts« Magazine gesellschaftlicher Vorräte zu beschädigen und Unmögliches zu verlangen.

Bis die »höhere« Phase des Kommunismus eingetreten sein wird, fordern die Sozialisten die *strengste* Kontrolle seitens der Gesellschaft *und seitens des Staates* über das Maß der Arbeit und das Maß der Konsumtion, aber diese Kontrolle muß mit der Expropriation der Kapitalisten *beginnen*, mit der Kontrolle der Arbeiter über die Kapitalisten, und darf nicht von einem Beamtenstaat durchgeführt werden, sondern von dem Staat der *bewaffneten Arbeiter*.

81 Pomjalowski – russischer Schriftsteller des 19. Jahrhunderts.

Die eigennützige Verteidigung des Kapitalismus durch die bürgerlichen Ideologen (und ihre Schleppenträger vom Schlage der Herren Zereteli, Tschernow und Co.) besteht gerade darin, daß sie die dringende, aktuelle Frage der *heutigen* Politik in Diskussionen und Gerede über die ferne Zukunft *umfälschen*, und zwar die Frage der Expropriation der Kapitalisten, der Umwandlung *aller* Bürger in Arbeiter und Angestellte *eines* großen »Syndikats«, nämlich des ganzen Staates, und der völligen Unterordnung der gesamten Arbeit dieses ganzen Syndikats unter den wahrhaft demokratischen Staat, *den Staat der Sowjets der Arbeiter- und Soldatendeputierten.*

Wenn der gelehrte Professor und mit ihm der Spießer und die Herren Zereteli und Tschernow von hirnverbrannten Utopien, von demagogischen Versprechungen der Bolschewiki, von der Unmöglichkeit der »Einführung« des Sozialismus reden, dann meinen sie im Grunde genommen das höhere Stadium, die höhere Phase des Kommunismus, die »einzuführen« niemand versprochen, ja nicht einmal im Sinn gehabt hat, denn »einführen« läßt sie sich überhaupt nicht.

Hier sind wir bei der Frage des wissenschaftlichen Unterschieds zwischen Sozialismus und Kommunismus angelangt, die Engels in seiner obenerwähnten Betrachtung über die Unrichtigkeit der Bezeichnung »Sozialdemokraten« berührt. Politisch wird der Unterschied zwischen der ersten oder niederen und der höheren Phase des Kommunismus mit der Zeit wahrscheinlich ungeheuer groß sein, doch wäre es lächerlich, jetzt, im Kapitalismus, diesen Unterschied hervorzuheben; ihn in den Vordergrund rücken könnten höchstens vereinzelte Anarchisten (falls unter den Anarchisten noch Leute übriggeblieben sind, die nichts hinzugelernt haben, nachdem sich die Kropotkin, Grave,

Cornelissen und andere »Leuchten« des Anarchismus auf »Plechanowsche« Art in Sozialchauvinisten oder in Schützengraben-Anarchisten verwandelt haben – wie sich Ge, einer der wenigen Anarchisten, die noch Ehre und Gewissen bewahrt haben, ausgedrückt hat).

Doch der wissenschaftliche Unterschied zwischen Sozialismus und Kommunismus ist klar. Was gewöhnlich als Sozialismus bezeichnet wird, nannte Marx die »erste« oder niedere Phase der kommunistischen Gesellschaft. Insofern die Produktionsmittel *Gemein*eigentum werden, ist das Wort »Kommunismus« auch hier anwendbar, wenn man nicht vergißt, daß es *kein* vollkommener Kommunismus ist. Die große Bedeutung der Erörterungen von Marx besteht darin, daß er auch hier konsequent die materialistische Dialektik, die Entwicklungslehre, anwendet, indem er den Kommunismus als etwas betrachtet, das sich *aus* dem Kapitalismus entwickelt. An Stelle scholastisch ausgeklügelter, »erdachter« Definitionen und fruchtloser Wortklaubereien (was Sozialismus, was Kommunismus sei) gibt Marx eine Analyse dessen, was man als Stufen der ökonomischen Reife des Kommunismus bezeichnen könnte.

In seiner ersten Phase, auf seiner ersten Stufe kann der Kommunismus ökonomisch noch *nicht* völlig reif, völlig frei von Traditionen, von den Spuren des Kapitalismus sein. Daraus erklärt sich eine so interessante Erscheinung wie das Fortbestehen des »engen *bürgerlichen* Rechtshorizonts« während der ersten Phase des Kommunismus. Das bürgerliche Recht setzt natürlich in bezug auf die Verteilung der *Konsumtionsmittel* unvermeidlich auch den *bürgerlichen* Staat voraus, denn Recht ist nichts ohne einen Apparat, der imstande wäre, die Einhaltung der Rechtsnormen zu *erzwingen*.

So ergibt sich, daß im Kommunismus nicht nur das bürgerliche Recht eine gewisse Zeit fortbesteht, sondern auch der bürgerliche Staat – ohne Bourgeoisie!

Das mag paradox oder einfach als dialektisches Gedankenspiel erscheinen, wie das vielfach dem Marxismus von Leuten zum Vorwurf gemacht wird, die sich nicht im geringsten die Mühe genommen haben, seinen überaus tiefen Gehalt zu ergründen.

In Wirklichkeit zeigt uns doch das Leben auf Schritt und Tritt, sowohl in der Natur als auch in der Gesellschaft, Überreste des Alten im Neuen. Und Marx hat nicht willkürlich ein Stückchen »bürgerlichen« Rechts in den Kommunismus hineingebracht, sondern hat das genommen, was wirtschaftlich und politisch in einer *aus dem Schoß* des Kapitalismus hervorgehenden Gesellschaft unvermeidlich ist.

Die Demokratie ist im Befreiungskampf der Arbeiterklasse gegen die Kapitalisten von gewaltiger Bedeutung. Die Demokratie ist aber durchaus keine unüberschreitbare Grenze, sondern lediglich eine der Etappen auf dem Wege vom Feudalismus zum Kapitalismus und vom Kapitalismus zum Kommunismus.

Demokratie bedeutet Gleichheit. Es ist begreiflich, welch große Bedeutung der Kampf des Proletariats um die Gleichheit und die Losung der Gleichheit haben, wenn man sie richtig, im Sinne der Aufhebung der *Klassen* auffaßt. Aber Demokratie bedeutet nur *formale* Gleichheit. Und sofort nach der Verwirklichung der Gleichheit aller Mitglieder der Gesellschaft *in bezug* auf den Besitz der Produktionsmittel, d.h. der Gleichheit der Arbeit, der Gleichheit des Arbeitslohnes, wird sich vor der Menschheit unvermeidlich die Frage erheben, wie sie von der formalen zur tatsächlichen Gleichheit, d.h. zur Verwirklichung des

Satzes *»Jeder nach seinen Fähigkeiten, jedem nach seinen Bedürfnissen«* weiterschreiten soll. Welche Etappen die Menschheit auf dem Wege zu diesem höheren Ziel durchschreiten wird, welche praktischen Maßnahmen sie hierzu ergreifen wird, wissen wir nicht und können wir nicht wissen. Es ist aber wichtig, daß wir uns darüber klarwerden, wie grenzenlos verlogen die landläufige bürgerliche Vorstellung ist, der Sozialismus sei etwas Totes, Erstarrtes, ein für allemal Gegebenes, während in Wirklichkeit *erst* mit dem Sozialismus die rasche, wirkliche, wahrhafte Vorwärtsbewegung der Massen auf allen Gebieten des öffentlichen und persönlichen Lebens, zunächst unter Teilnahme der *Mehrheit* der Bevölkerung und später der gesamten Bevölkerung, einsetzen wird.

Die Demokratie ist eine Staatsform, eine der Spielarten des Staates. Folglich ist sie, wie jeder Staat, eine organisierte, systematische Gewaltanwendung gegenüber Menschen. Das ist die eine Seite. Anderseits bedeutet Demokratie aber die formale Anerkennung der Gleichheit zwischen den Bürgern, des gleichen Rechts aller, die Staatsverfassung zu bestimmen und den Staat zu verwalten. Das wiederum hat zur Folge, daß die Demokratie auf einer bestimmten Entwicklungsstufe erstens die dem Kapitalismus gegenüber revolutionäre Klasse, das Proletariat, zusammenschließt und ihr die Möglichkeit gibt, die bürgerliche, und sei es auch eine bürgerlich-republikanische, Staatsmaschine – stehendes Heer, Polizei, Beamtentum – zu zerbrechen, in Scherben zu schlagen, aus der Welt zu schaffen, sie durch eine *demokratischere* Staatsmaschine, aber immerhin noch durch eine Staatsmaschine zu ersetzen, bestehend aus bewaffneten Arbeitermassen, die dazu übergehen, das gesamte Volk zur Beteiligung an der Miliz heranzuziehen.

Hier »schlägt Quantität in Qualität um«: Eine *solche* Stufe des Demokratismus ist mit der Sprengung des Rahmens der bürgerlichen Gesellschaft, mit dem Beginn ihrer sozialistischen Umgestaltung verbunden. Wenn tatsächlich *alle* an der Verwaltung des Staates teilnehmen, dann kann sich der Kapitalismus nicht länger halten. Die Entwicklung des Kapitalismus schafft ihrerseits die *Voraussetzungen* dafür, daß wirklich »alle« an der Leitung des Staates teilnehmen *können*. Zu diesen Voraussetzungen gehört die allgemeine Schulbildung, die in den fortgeschrittensten kapitalistischen Ländern bereits eingeführt ist, ferner die »Schulung und Disziplinierung« von Millionen Arbeitern durch den umfassenden, komplizierten, vergesellschafteten Apparat der Post, der Eisenbahnen, der Großbetriebe, des Großhandels, des Bankwesens usw. usf.

Unter solchen *ökonomischen* Voraussetzungen ist es durchaus möglich, unverzüglich, von heute auf morgen, dazu überzugehen, die Kapitalisten und Beamten, nachdem sie gestürzt sind, bei der *Kontrolle* über Produktion und Verteilung, bei der *Registrierung* der Arbeit und der Produkte, durch bewaffnete Arbeiter, durch das gesamte bewaffnete Volk zu ersetzen. (Man verwechsle nicht die Frage der Kontrolle und Rechnungsführung mit der Frage des wissenschaftlich ausgebildeten Personals, der Ingenieure, Agronomen u.a.: Diese Herrschaften arbeiten heute und fügen sich den Kapitalisten, sie werden morgen noch besser arbeiten und sich den bewaffneten Arbeitern fügen.)

Rechnungsführung und Kontrolle – das ist das *wichtigste*, was zum »Ingangsetzen«, zum richtigen Funktionieren der kommunistischen Gesellschaft in ihrer *ersten Phase* erforderlich ist. *Alle* Bürger verwandeln sich hier in entlohnte Angestellte des Staates, den die bewaffneten Arbeiter bilden. *Alle* Bürger werden Angestellte und Arbeiter *eines* das gesamte Volk umfassenden Staats«syndikats«. Es handelt sich nur darum, daß sie alle gleichermaßen arbeiten, das Maß der Arbeit richtig einhalten und gleichermaßen Lohn bekommen. Die Rechnungsführung und Kontrolle darüber ist durch den Kapitalismus bis zum äußersten *vereinfacht*, in außergewöhnlich einfache Operationen verwandelt worden, die zu verrichten jeder des Lesens und Schreibens Kundige imstande ist, er braucht nur zu beaufsichtigen und zu notieren, es genügt, daß er die vier Grundrechenarten beherrscht und entsprechende Quittungen ausstellen kann.[82]

Wenn die *Mehrheit* des Volkes anfangen wird, selbständig allerorts eine solche Rechnungsführung, eine solche Kontrolle über die Kapitalisten (die nunmehr Angestellte geworden sind) und über die Herren Intellektuellen, die kapitalistische Allüren beibehalten haben, auszuüben, dann wird diese Kontrolle eine wirklich universelle, allgemeine, eine wirkliche Volkskontrolle werden, dann wird man sich ihr auf keine Weise entziehen können, wird man sich vor ihr »nirgends retten« können.

Die gesamte Gesellschaft wird ein Büro und eine Fabrik mit gleicher Arbeit und gleichem Lohn sein.

Aber diese »Fabrik«disziplin, die das siegreiche Proletariat nach dem Sturz der Kapitalisten, nach Beseitigung der Ausbeuter auf die gesamte Gesellschaft erstrecken wird, ist nichts weniger als unser Ideal oder unser Endziel, sie ist nur eine *Stufe*, die notwendig ist zur radikalen Reinigung der Gesellschaft von den Niederträchtigkeiten und Ge-

82 Fußnote von Lenin: Wenn der Staat im wesentlichen Teil seiner Funktionen auf eine solche Rechnungsführung und Kontrolle durch die Arbeiter selbst reduziert wird, hört er auf, ein »politischer Staat« zu sein, dann »verwandeln sich die öffentlichen Funktionen aus politischen in einfache administrative Funktionen« (vgl. oben, Kapitel IV, Abschnitt 2, über Engels' Polemik gegen die Anarchisten).

meinheiten der kapitalistischen Ausbeutung, eine Stufe, *um weiter* vorwärtsschreiten zu können.

Von dem Zeitpunkt an, da alle Mitglieder der Gesellschaft oder wenigstens ihr übergroße Mehrheit *selbst* gelernt haben, den Staat zu regieren, selbst die Staatsregierung in ihre Hände genommen haben, die Kontrolle »in Gang gebracht« haben über die verschwindend kleine Minderheit der Kapitalisten, über die Herrchen, die die kapitalistischen Allüren gern bewahren möchten, über die Arbeiter, die durch den Kapitalismus tief demoralisiert worden sind – von diesem Zeitpunkt an beginnt die Notwendigkeit jeglichen Regierens überhaupt zu schwinden. Je vollständiger die Demokratie, um so näher der Zeitpunkt, zu dem sie überflüssig wird. Je demokratischer der »Staat«, der aus bewaffneten Arbeitern besteht und »schon kein Staat im eigentlichen Sinne mehr« ist, um so rascher beginnt *jeder* Staat abzusterben.

Denn wenn **alle** gelernt haben werden, selbständig die gesellschaftliche Produktion zu leiten, und sie in der Tat leiten werden, wenn sie selbständig die Rechnungsführung und die Kontrolle über Müßiggänger, Herrensöhnchen, Gauner und ähnliche »Hüter der Traditionen des Kapitalismus« verwirklichen, dann wird das Umgehen dieser vom ganzen Volk durchgeführten Rechnungsführung und Kontrolle unvermeidlich so ungeheuer schwierig werden, eine so höchst seltene Ausnahme bilden und wahrscheinlich eine so rasche wie ernsthafte Bestrafung nach sich ziehen (denn die bewaffneten Arbeiter sind Menschen des praktischen Lebens, keine sentimentalen Intelligenzler und werden kaum mit sich spaßen lassen), daß die **Notwendigkeit** zur Einhaltung der unkomplizierten Grundregeln für jedes Zusammenleben von Menschen sehr bald zur **Gewohnheit** werden wird.

Dann wird das Tor zum Übergang von der ersten Phase der kommunistischen Gesellschaft zu ihrer höheren Phase und damit auch zum völligen Absterben des Staates weit geöffnet sein.

VI. Kapitel Die Vulgarisierung des Marxismus durch die Opportunisten

Die Frage nach dem Verhältnis des Staates zur sozialen Revolution und der sozialen Revolution zum Staat hat die prominentesten Theoretiker und Publizisten der II. Internationale (1889-1914) sehr wenig beschäftigt, ebensowenig wie die Frage der Revolution überhaupt. Aber das Charakteristische an dem Prozeß des stetigen Anwachsens des Opportunismus, der 1914 zum Zusammenbruch der II. Internationale geführt hat, ist, daß man selbst da, wo man an diese Frage hart herangekommen war, sie zu umgehen suchte oder sie nicht bemerkte.

Im großen und ganzen kann man sagen, daß das Ausweichen vor der Frage des Verhältnisses der proletarischen Revolution zum Staat, ein Ausweichen, das den Opportunismus begünstigte und nährte, zur Entstellung und völligen Verflachung des Marxismus geführt hat.

Um diesen traurigen Prozeß wenigstens in aller Kürze zu kennzeichnen, wenden wir uns den prominentesten Theoretikern des Marxismus, Plechanow und Kautsky, zu.

1. Plechanows Polemik gegen die Anarchisten

Plechanow hat der Frage des Verhältnisses zwischen Anarchismus und Sozialismus eine besondere Broschüre, **Anarchismus und Sozialismus**, gewidmet, die 1894 in deutscher Sprache erschienen ist.

Plechanow brachte es fertig, dieses Thema zu behandeln und dabei das Aktuellste, Dringlichste und politisch Wesentlichste im Kampf gegen den Anarchismus, nämlich das Verhältnis der Revolution zum Staat wie überhaupt die Frage des Staates, völlig zu umgehen! In seiner Broschüre treten zwei Teile hervor: der eine - ein historisch-literarischer mit wertvollem Material zur Geschichte der Ideen Stirners, Proudhons u.a., der andere - ein philisterhafter mit platten Betrachtungen darüber, daß ein Anarchist von einem Banditen nicht zu unterscheiden sei.

Eine höchst kuriose Themenverknüpfung, die für die ganze Tätigkeit Plechanows am Vorabend der Revolution und während der Revolutionsperiode in Rußland äußerst charakteristisch ist: Plechanow entpuppte sich denn auch in den Jahren 1905-1917 halb als Doktrinär und halb als Philister, der in der Politik im Nachtrab der Bourgeoisie einherging.

Wir haben gesehen, wie Marx und Engels in ihrer Polemik gegen die Anarchisten besonders eingehend ihre Ansichten über das Verhältnis der Revolution zum Staat klarlegten. Als Engels 1891 die Marxsche **Kritik des Gothaer Programms** herausgab, schrieb er: »*Wir*« (d.h. Engels und Marx) »*lagen damals, kaum zwei Jahre nach dem Haager Kongreß der* (ersten) *Internationale*[83], *im heftigsten Kampf mit Bakunin und seinen Anarchisten* ...«

83 Der Haager Kongreß der I. Internationale fand vom 2. bis 7. September 1872 in Anwesenheit von Marx und Engels statt.

Die Anarchisten versuchten, gerade die Pariser Kommune sozusagen »für sich« in Anspruch zu nehmen, als eine Bestätigung ihrer Lehre, dabei hatten sie die Lehren der Kommune und die Analyse dieser Lehren durch Marx überhaupt nicht begriffen. Zu den konkret-politischen Fragen: Soll man die alte Staatsmaschinerie *zerschlagen*? – und *wodurch* ist sie zu ersetzen? – hat der Anarchismus nichts beigetragen, was auch nur annähernd an die Wahrheit heranreichte.

Aber über »Anarchismus und Sozialismus« reden und dabei der ganzen Frage des Staates ausweichen, die ganze Entwicklung des Marxismus vor und nach der Kommune *übersehen*, das hieß unvermeidlich zum Opportunismus abgleiten. Denn eben dem Opportunismus ist am besten gedient, wenn die beiden von uns soeben bezeichneten Fragen überhaupt *nicht* angeschnitten werden. Das allein bedeutet *schon* einen Sieg des Opportunismus.

2. Kautskys Polemik gegen die Opportunisten

Von Kautskys Schriften sind zweifellos bedeutend mehr ins Russische übersetzt als in irgendeine andere Sprache. Nicht zu Unrecht sagen manche deutsche Sozialdemokraten im Scherz, Kautsky werde in Rußland mehr gelesen als in Deutschland. (Nebenbei bemerkt, enthält dieser Scherz einen viel tieferen historischen Sinn, als seine Urheber vermuten, nämlich: die russischen Arbeiter, die 1905 einen wahren Heißhunger nach den besten Werken der besten

---

Zu dem Punkt *Die politische Tätigkeit des Proletariats* wird im Beschluß des Kongresses gesagt, das Proletariat müsse sich, um den Sieg der sozialen Revolution zu sichern, seine eigene politische Partei schaffen und die große Aufgabe meistern, die politische Macht zu erobern. Auf diesem Kongreß wurden Bakunin und Guillaume wegen Desorganisation und Gründung einer neuen, antiproletarischen Partei aus der Internationale ausgeschlossen.

sozialdemokratischen Literatur der Welt an den Tag legten und die eine im Vergleich mit anderen Ländern unerhört große Menge von Übersetzungen und Ausgaben solcher Werke erhielten, übertrugen damit sozusagen auf den jungen Boden unserer proletarischen Bewegung in beschleunigter Weise die reiche Erfahrung des fortgeschrittenen Nachbarlandes.)

Besonders bekannt ist Kautsky bei uns, abgesehen von seiner populären Darstellung des Marxismus, durch seine Polemik gegen die Opportunisten, an ihrer Spitze Bernstein. Kaum bekannt ist aber eine Tatsache, die nicht umgangen werden darf, wenn man sich die Aufgabe stellt, zu verfolgen, wie Kautsky zu einer unglaublich schmachvollen Verwirrung und zur Verteidigung des Sozialchauvinismus in der Zeit der schwersten Krise 1914/1915 hinabgesunken ist. Nämlich die Tatsache, daß Kautsky vor seinem Auftreten gegen die prominentesten Vertreter des Opportunismus in Frankreich (Millerand und Jaurès) und Deutschland (Bernstein) sehr stark geschwankt hat. Die marxistische **Sarja**[84], die 1901/1902 in Stuttgart erschien und revolutionär-proletarische Anschauungen vertrat, sah sich gezwungen, gegen Kautsky *zu polemisieren*, seine aus Halbheiten bestehende, ausweichende, den Opportunisten gegenüber versöhnliche Resolution auf dem Internationalen Sozialistenkongreß zu Paris 1900[85]

84 Sarja (Die Morgenröte) – marxistische wissenschaftlich-politische Zeitschrift, die von der Redaktion der Zeitung Iskra in den Jahren 1901 und 1902 legal in Stuttgart herausgegeben wurde. Es erschienen vier Nummern (drei Hefte) mit mehreren Arbeiten W.I. Lenins, z.B. Das Agrarprogramm der russischen Sozialdemokratie.

85 Gemeint ist der Fünfte Internationale Sozialistenkongreß der II. Internationale, der vom 23. bis 27. September in Paris stattfand. Zu der Hauptfrage »Eroberung der staatlichen Macht und Bündnisse mit bürgerlichen Parteien«, nahm der Kongreß mit Stimmenmehrheit eine von Karl Kautsky eingebrachte Resolution an. In der Resolution hieß es, daß

als »kautschukartig« zu bezeichnen. In der deutschen Literatur sind Briefe von Kautsky veröffentlicht worden, die zeigen, daß er vor seinem Feldzug gegen Bernstein nicht weniger schwankte.

Von ungleich größerer Bedeutung ist jedoch der Umstand, daß wir selbst in seiner Polemik gegen die Opportunisten, in seiner Fragestellung und seiner Art der Behandlung der Frage jetzt, da wir die *Geschichte* des neuesten Verrats Kautskys am Marxismus untersuchen, ein systematisches Hinneigen zum Opportunismus gerade in der Frage des Staates feststellen können.

Nehmen wir Kautskys erstes größeres Werk gegen den Opportunismus, sein Buch **Bernstein und das Sozialdemokratische Programm.** Bernstein wird von Kautsky ausführlich widerlegt. Charakteristisch aber ist folgendes.

Bernstein erhebt in seinen herostratisch berühmt gewordenen **Voraussetzungen des Sozialismus** gegen den Marxismus den Vorwurf des »*Blanquismus*« (ein Vorwurf, den seither die Opportunisten und die liberalen Bourgeois in Rußland Tausende von Malen gegen die Vertreter des revolutionären Marxismus, die Bolschewiki, wiederholten). Dabei geht Bernstein besonders auf den Marxschen **Bürgerkrieg in Frankreich** ein und versucht – wie wir gesehen haben, höchst erfolglos –, die Marxschen Ansichten über die Lehren der Kommune mit Proudhons Ansichten zu identifizieren. Besondere Beachtung findet bei Bernstein die Schlußfolgerung von Marx, die er in der Vorrede von 1872 zum **Kommunistischen Manifest** unterstrichen hat und die besagt, daß *»die Arbeiterklasse nicht die ferti-*

»der Eintritt eines einzelnen Sozialisten in ein bürgerliches Ministerium nicht als der normale Beginn der Eroberung der politischen Macht zu betrachten ist, sondern stets nur ein vorübergehender und ausnahmsweiser Notbehelf in einer Zwangslage sein kann«.

ge Staatsmaschine einfach in Besitz nehmen und sie für ihre eignen Zwecke in Bewegung setzen kann«.

Bernstein hat dieser Ausspruch so sehr »gefallen«, daß er ihn in seinem Buch nicht weniger als dreimal wiederholt, um ihn in einem ganz entstellten, opportunistischen Sinne auszulegen.

Marx will, wie wir gesehen haben, sagen, daß die Arbeiterklasse die ganze Staatsmaschine *zerschlagen, zerbrechen, sprengen* muß (der Ausdruck »Sprengung« wird von Engels gebraucht). Bernstein dagegen stellt es so hin, als hätte Marx mit diesen Worten die Arbeiterklasse vor revolutionärem Übereifer bei der Ergreifung der Macht warnen wollen.

Eine gröbere und abscheulichere Verdrehung des Marxschen Gedankens ist kaum vorstellbar. Was tat nun Kautsky in seiner sehr eingehenden Widerlegung der Bernsteiniade?

Er vermied es, die ganze Tiefe der Entstellung des Marxismus durch den Opportunismus in diesem Punkt zu untersuchen. Er führte die oben zitierte Stelle aus der Engelsschen Einleitung zum **Bürgerkrieg** von Marx an und beschränkte sich darauf, zu sagen, daß nach Marx die Arbeiterklasse nicht die *fertige* Staatsmaschine *einfach* in Besitz nehmen *könne*, weiter nichts. Davon, daß Bernstein Marx **das gerade Gegenteil** des wirklichen Marxschen Gedankens zuschrieb, daß Marx seit 1852 als Aufgabe der proletarischen Revolution das »Zerschlagen« der Staatsmaschinerie in den Vordergrund rückte, findet sich bei Kautsky nicht ein Wort.

So kam es, daß der wesentlichste Unterschied zwischen Marxismus und Opportunismus hinsichtlich der Aufgaben der proletarischen Revolution bei Kautsky verkleistert wurde!

> *»Die Entscheidung über das Problem der proletarischen Diktatur«*, schrieb Kautsky »gegen« Bernstein, *»können wir wohl ganz ruhig der Zukunft überlassen.«* (S.172 der deutschen Ausgabe.)

Das ist keine Polemik *gegen* Bernstein, sondern im Grunde ein *Zugeständnis* an ihn, eine Kapitulation vor dem Opportunismus, denn vorerst brauchen die Opportunisten ja nichts weiter, als daß alle grundlegenden Fragen nach den Aufgaben der proletarischen Revolution *»ganz ruhig der Zukunft überlassen«* werden.

Marx und Engels haben von 1852 bis 1891, vierzig Jahre hindurch, das Proletariat gelehrt, daß es die Staatsmaschinerie zerschlagen muß. Kautsky aber bringt es 1899 fertig, angesichts des völligen Verrats, den die Opportunisten in diesem Punkt am Marxismus geübt haben, die Frage, ob man diese Maschine zerschlagen müsse, *zu vertauschen* gegen die Frage nach den konkreten Formen dieses Zerschlagens, und rettet sich unter die Fittiche der »unbestreitbaren« (und nutzlosen) philisterhaften Wahrheit, daß man die konkreten Formen nicht im voraus kennen könne!!

Ein Abgrund klafft zwischen Marx und Kautsky in ihrem Verhältnis zu der Aufgabe der proletarischen Partei, die Arbeiterklasse auf die Revolution vorzubereiten.

Nehmen wir ein späteres, reiferes Werk von Kautsky, das in beträchtlichem Maße ebenfalls einer Widerlegung der Irrtümer des Opportunismus gewidmet ist. Es ist seine Broschüre **Die soziale Revolution**. Der Verfasser behandelt hier speziell das Thema der »proletarischen Revolution« und des »proletarischen Regimes«. Der Verfasser hat sehr viel außerordentlich Wertvolles geboten, aber gerade die Frage des Staates hat er *umgangen*. In der Broschüre ist überall von der Eroberung der Staatsgewalt die Rede, weiter nichts, d.h., es ist eine solche Formulierung gewählt, die den Opportunisten entgegenkommt, da sie die Eroberung der Macht *ohne* eine Zerstörung der Staatsmaschinerie *zuläßt.* Gerade das, was Marx 1872 im Programm des Kommunistischen Manifests für »veraltet« erklärt, wird von Kautsky 1902 *wieder aufgewärmt.*

In der Broschüre ist ein besonderer Abschnitt den »Formen und Waffen der sozialen Revolution« gewidmet. Hier wird wohl vom politischen Massenstreik gesprochen, ebenso vom Bürgerkrieg und von den »Machtmitteln des modernen Großstaates, seiner Bürokratie und Armee«, aber kein Sterbenswort davon, was die Kommune die Arbeiter bereits gelehrt hat. Augenscheinlich hat Engels die Sozialisten, insbesondere die deutschen, nicht ohne Grund vor der »abergläubischen Verehrung« des Staates gewarnt.

Kautsky schildert die Sache folgendermaßen: Das siegreiche Proletariat wird »das demokratische Programm zur Wahrheit machen«, und er erläutert die einzelnen Punkte dieses Programms. Darüber aber, was das Jahr 1871 in der Frage der Ersetzung der bürgerlichen Demokratie durch die proletarische Demokratie Neues gebracht hat, kein Wort. Kautsky begnügt sich mit solchen »solide« klingenden Banalitäten wie:

> *»Und doch ist es selbstverständlich, daß wir nicht zur Herrschaft kommen unter den heutigen Verhältnissen. Die Revolution selbst setzt lange und tiefgehende Kämpfe voraus, die bereits unsere heutige politische und soziale Struktur verändern werden.«*

Freilich ist das »selbstverständlich«, ebensogut wie die Wahrheit, daß Pferde Hafer fressen und die Wolga ins Kaspische Meer fließt. Schade nur, daß mit Hilfe der hohlen und schwülstigen Phrase über »tiefgehende« Kämpfe die für das revolutionäre Proletariat wesentliche Frage *um-*

gangen wird, *worin denn* die »Tiefe« *seiner* Revolution gegenüber dem Staat, gegenüber der Demokratie zum Unterschied von den früheren, nichtproletarischen Revolutionen zum Ausdruck kommt.

Indem Kautsky diese Frage umgeht, macht er *in der Tat* in diesem wesentlichsten Punkt ein Zugeständnis an den Opportunismus, auch wenn er ihm *in Worten* einen erbitterten Kampf ansagt und die Bedeutung der »Idee der Revolution« unterstreicht (was mag diese »Idee« wert sein, wenn man sich fürchtet, unter den Arbeitern die konkreten Lehren der Revolution zu propagieren?) oder sagt: »revolutionären Idealismus vor allem«, oder erklärt, daß die englischen Arbeiter »heute kaum noch etwas anderes als kleine Bourgeois« seien.

> *»Die verschiedensten Formen des Betriebes«*, schreibt Kautsky, *»bürokratischer (??), gewerkschaftlicher, genossenschaftlicher, Alleinbetrieb ... können nebeneinander in einer sozialistischen Gesellschaft existieren ... Es gibt z.B. Betriebe, die ohne eine bürokratische (??) Organisation nicht auskommen, wie die Eisenbahnen. Die demokratische Organisation kann sich da so gestalten, daß die Arbeiter Delegierte wählen, die eine Art Parlament bilden, welches die Arbeitsordnungen feststellt und die Verwaltung des bürokratischen Apparates überwacht. Andere Betriebe kann man der Verwaltung der Gewerkschaften übergeben, wieder andere können genossenschaftlich betrieben werden.«* (S.148 und 115 der russischen Übersetzung, Genfer Ausgabe 1903.)

Diese Betrachtung ist falsch. Sie bedeutet einen Rückschritt im Vergleich zu dem, was Marx und Engels in den siebziger Jahren am Beispiel der Lehren der Kommune gezeigt haben.

Was die angeblich notwendige »bürokratische« Organisation angeht, unterscheiden sich die Eisenbahnen absolut durch nichts von allen Betrieben der maschinellen Großindustrie überhaupt, von einer beliebigen Fabrik, einem großen Geschäft, einem großkapitalistischen landwirtschaftlichen Unternehmen. In allen solchen Betrieben schreibt die Technik unbedingt die strengste Disziplin vor, die größte Genauigkeit bei Ausführung der jedem zugewiesenen Teilarbeit, da sonst die Stillegung des ganzen Betriebes, eine Schädigung des Mechanismus, eine Schädigung des Produkts zu befürchten wäre. In allen diesen Unternehmen werden die Arbeiter natürlich *»Delegierte wählen, die eine **Art Parlament** bilden«.*

Aber das ist ja eben der ganze Witz, daß diese »Art Parlament« **kein** Parlament im Sinne der bürgerlich-parlamentarischen Körperschaften sein wird. Das ist ja der Witz, daß diese »Art Parlament« **nicht** nur die »Arbeitsordnungen feststellen und die Verwaltung des bürokratischen Apparates überwachen« wird, wie Kautsky sich das ausmalt, dessen Gedanken über den Rahmen des bürgerlichen Parlamentarismus nicht hinausgehen. In der sozialistischen Gesellschaft wird natürlich »eine Art Parlament« von Arbeiterdeputierten die »Arbeitsordnungen feststellen« und die »Verwaltung des Apparates überwachen«, **aber** dieser Apparat wird **nicht** »bürokratisch« sein. Die Arbeiter werden nach Eroberung der politischen Macht den alten bürokratischen Apparat zerschlagen, ihn bis auf den Grund zerstören, von ihm nicht einen Stein auf dem anderen lassen; sie werden ihn durch einen neuen Apparat ersetzen, gebildet aus eben diesen Arbeitern und Angestellten, **gegen** deren Verwandlung in Bürokraten man sofort die von Marx und Engels eingehend untersuchten Maßnahmen treffen wird: 1. nicht nur Wählbarkeit, sondern auch jederzeitige Absetzbarkeit; 2. eine den Arbeiterlohn nicht übersteigende Bezahlung; 3. sofortiger Übergang dazu, daß alle die Funktionen der Kontrolle und Aufsicht verrichten, daß *alle* eine Zeitlang zu »Bürokraten« werden, so daß daher **niemand** zum »Bürokraten« werden kann. Die Worte von Marx: *»Die Kommune sollte nicht eine parlamentarische, sondern eine arbeitende Körperschaft sein, vollziehend und gesetzgebend zu gleicher Zeit«* hat Kautsky überhaupt nicht durchdacht.

Kautsky hat überhaupt nicht den Unterschied begriffen zwischen bürgerlichem Parlamentarismus, der die Demokratie (**nicht für das Volk**) mit dem Bürokratismus (**gegen das Volk**) verbindet, und dem proletarischen Demokratismus, der sofort Maßnahmen ergreifen wird, um den Bürokratismus radikal zu unterbinden, und der imstande sein wird, diese Maßnahmen zu Ende zu führen, bis zur völligen Vernichtung des Bürokratismus, bis zur Einführung der vollen Demokratie für das Volk.

Kautsky offenbart hier immer noch die gleiche »abergläubische Verehrung« des Staates, das gleiche »abergläubische Vertrauen« dem Bürokratismus gegenüber.

Gehen wir zum letzten und besten Werk Kautskys gegen die Opportunisten über, zu seiner Broschüre **Der Weg zur Macht** (die, glaube ich, keine russische Ausgabe erlebte, da sie im Jahre 1909 erschienen ist, zur Zeit, als bei uns die schwärzeste Reaktion herrschte). Diese Broschüre ist ein erheblicher Schritt vorwärts, da in ihr nicht von einem revolutionären Programm im allgemeinen, wie 1899 in der Schrift gegen Bernstein, nicht von den Aufgaben der sozialen Revolution ohne Bezugnahme auf die Zeit ihres Anbruchs, wie 1902 in der Broschüre **Die soziale Revolution**, die Rede ist, sondern von den konkreten Bedingungen, die uns zwingen anzuerkennen, daß die »Ära der Revolution« *anhebt.*

Der Verfasser weist mit Bestimmtheit auf die Verschärfung der Klassengegensätze im allgemeinen und auf den Imperialismus hin, der in dieser Beziehung eine besonders große Rolle spiele. Nach dem »revolutionären Zeitalter 1789-1871« für Westeuropa beginne seit 1905 ein ähnliches Zeitalter für den Osten. Der Weltkrieg rücke mit bedrohlicher Geschwindigkeit näher. *»Es«* (das Proletariat) *»kann nicht mehr von einer vorzeitigen Revolution reden«. »Wir sind in eine revolutionäre Periode eingetreten.«* Die *»revolutionäre Ära hebt an«.*

Diese Erklärungen sind völlig klar. Diese Schrift Kautskys muß als Gradmesser dafür dienen, was die deutsche Sozialdemokratie vor dem imperialistischen Krieg *zu sein versprach* und wie tief sie (mitsamt Kautsky selbst) bei Ausbruch des Krieges gesunken ist. *»Die heutige Situation«*, schrieb Kautsky in der angeführten Broschüre, *»bringt aber die Gefahr mit sich, daß wir«* (d.h. die deutsche Sozialdemokratie) *»leicht ›gemäßigter‹ aussehen, als wir sind.«* Es hat sich aber herausgestellt, daß die deutsche sozialdemokratische Partei unvergleichlich gemäßigter und opportunistischer war, als sie zu sein schien!

Um so bezeichnender ist es, daß Kautsky trotz dieser Bestimmtheit seiner Erklärungen über die bereits angebrochene Ära der Revolutionen auch in dieser Broschüre, die nach seinen eigenen Worten der Erörterung der Frage gerade der *»politischen* Revolution« gewidmet ist, wiederum die Frage des Staates völlig umgeht.

Die Summe der Umgehungen dieser Frage, des Verschweigens und Ausweichens ergab unvermeidlich jenes völlige Abschwenken zum Opportunismus, über das wir nun zu sprechen haben werden.

In der Person Kautskys erklärte die deutsche Sozialdemokratie gleichsam: Ich bleibe bei den revolutionären

Anschauungen (1899). Ich erkenne insbesondere die Unausbleiblichkeit der sozialen Revolution des Proletariats an (1902). Ich erkenne den Anbruch einer neuen Ära der Revolutionen an (1909). Aber dennoch gehe ich hinter das zurück, was Marx bereits 1852 gesagt hat, wenn es sich um die Frage nach den Aufgaben der proletarischen Revolution in bezug auf den Staat handelt (1912).

So nämlich wurde die Frage mit aller Eindeutigkeit in der Polemik Kautskys gegen Pannekoek gestellt.

3. Kautskys Polemik gegen Pannekoek

Pannekoek trat gegen Kautsky als ein Vertreter jener »linksradikalen« Strömung auf, die Rosa Luxemburg, Karl Radek und andere in ihren Reihen zählte und die bei der Verfechtung der revolutionären Taktik einig waren in der Überzeugung, daß Kautsky die Position des prinzipienlos zwischen Marxismus und Opportunismus hin und her schwankenden »Zentrums« beziehe. Die Richtigkeit dieser Ansicht wurde durch den Krieg vollauf bestätigt, als die Richtung des »Zentrums« (das zu Unrecht marxistisch genannt wird) oder des »Kautskyanertums« sich in ihrer ganzen widerlichen Jämmerlichkeit zeigte.

In dem Artikel *Massenaktion und Revolution* (**Neue Zeit**, 1912, XXX, 2), in dem die Frage des Staates berührt wird, charakterisierte Pannekoek die Stellung Kautskys als die des *»passiven Radikalismus«*, als *»die Theorie des aktionslosen Abwartens«*. *»Kautsky übersieht den Prozeß der Revolution«* (S.616). Indem Pannekoek die Frage auf diese Weise stellte, kam er auf das interessante Thema, die Aufgaben der proletarischen Revolution gegenüber dem Staat, zu sprechen.

> *»Der Kampf des Proletariats«*, schrieb er, *»ist nicht einfach ein Kampf gegen die Bourgeoisie* **um** *die Staatsgewalt als Objekt, sondern ein Kampf* **gegen** *die Staatsgewalt ... der Inhalt dieser Revolution ist die Vernichtung und Auflösung der Machtmittel des Staates durch die Machtmittel des Proletariats ... Der Kampf hört erst auf, wenn als Endresultat die völlige Zerstörung der staatlichen Organisation eingetreten ist. Die Organisation der Mehrheit hat dann ihre Überlegenheit dadurch erwiesen, daß sie die Organisation der herrschenden Minderheit vernichtet hat.«* (S.548.)

Die Formulierung, in die Pannekoek seine Gedanken kleidete, weist sehr große Mängel auf. Aber der Gedanke ist immerhin klar, und es ist interessant, *wie* Kautsky ihn widerlegte.

> *»Bisher«*, schrieb er, *»bestand der Gegensatz zwischen Sozialdemokraten und Anarchisten darin, daß jene die Staatsgewalt erobern, diese sie zerstören wollten. Pannekoek will beides.«* (S.724.)

Wenn auch bei Pannekoek die Darstellung nicht klar und nicht konkret genug ist (von anderen Mängeln seines Artikels, die nicht zu dem in Rede stehenden Thema gehören, ganz abgesehen), so griff doch Kautsky gerade das von Pannekoek angedeutete *prinzipielle* Wesen der Sache auf, und in dieser *grundlegenden prinzipiellen* Frage hat er die Position des Marxismus gänzlich verlassen, ist er ganz und gar zum Opportunismus übergegangen. Seine Auffassung von dem Unterschied zwischen Sozialdemokraten und Anarchisten ist grundfalsch, der Marxismus ist bei ihm endgültig entstellt und verflacht.

Der Unterschied zwischen Marxisten und Anarchisten besteht darin, daß 1. die Marxisten, die sich die völlige

Aufhebung des Staates zum Ziel setzen, dieses Ziel für erreichbar halten erst nach der Aufhebung der Klassen durch die soziale Revolution, als Resultat der Errichtung des Sozialismus, der zum Absterben des Staates führt; die Anarchisten wollen die völlige Aufhebung des Staates von heute auf morgen, ohne die Bedingungen für die Durchführbarkeit einer solchen Aufhebung zu begreifen. 2. Die Marxisten halten es für notwendig, daß das Proletariat nach Eroberung der politischen Macht die alte Staatsmaschinerie völlig zerstört und sie durch eine neue, eine nach dem Typ der Kommune gebildete Organisation der bewaffneten Arbeiter ersetzt; die Anarchisten, die auf die Zerstörung der Staatsmaschinerie schwören, stellen sich ganz unklar vor, *was* das Proletariat an ihre Stelle setzen und *wie* es die revolutionäre Macht gebrauchen wird; die Anarchisten verwerfen sogar die Ausnutzung der Staatsgewalt durch das revolutionäre Proletariat, dessen revolutionäre Diktatur. 3. Die Marxisten fordern die Vorbereitung des Proletariats auf die Revolution unter Ausnutzung des heutigen Staates; die Anarchisten lehnen das ab.

Kautsky gegenüber vertritt eben Pannekoek in dieser Kontroverse den Marxismus, denn gerade Marx hat uns gelehrt, daß das Proletariat nicht einfach die Staatsmacht erobern kann in dem Sinne, daß der alte Staatsapparat in neue Hände übergeht, sondern daß es diesen Apparat zerschlagen, zerbrechen, ihn durch einen neuen ersetzen muß.

Kautsky wechselt vom Marxismus zum Opportunismus über, denn bei ihm verschwindet gänzlich gerade die für die Opportunisten völlig unannehmbare Zerstörung der Staatsmaschine, und es bleibt für sie ein Hintertürchen offen dadurch, daß man die »Eroberung« als einfaches Erlangen der Mehrheit auslegt.

Um seine Entstellung des Marxismus zu bemänteln, verfährt Kautsky wie ein Schriftgelehrter: er führt »ein Zitat« von Marx selbst ins Feld. 1850 schrieb Marx über die Notwendigkeit der *»entschiedensten Zentralisation der Gewalt in die Hände der Staatsmacht«*. Und Kautsky fragt triumphierend: Will denn Pannekoek den »Zentralismus« zerstören?

Das ist schon einfach ein Taschenspielertrick ähnlich der Bernsteinschen Identifizierung von Marxismus und Proudhonismus in den Anschauungen über Föderalismus im Gegensatz zum Zentralismus.

Das »Zitat« paßt bei Kautsky wie die Faust aufs Auge. Zentralismus ist sowohl bei der alten als auch bei der neuen Staatsmaschinerie möglich. Wenn die Arbeiter freiwillig ihre bewaffneten Kräfte vereinigen werden, so wird das Zentralismus sein, aber er wird auf der »völligen Zerstörung« des zentralistischen Staatsapparats, des stehenden Heeres, der Polizei und der Bürokratie beruhen. Kautsky handelt geradezu betrügerisch, wenn er die wohlbekannten Darlegungen von Marx und Engels über die Kommune übergeht und ein Zitat hervorholt, das mit der Frage nichts zu tun hat.

> *»Will er«* (Pannekoek) *»vielleicht die staatlichen Funktionen der Beamten aufheben?«* fährt Kautsky fort. *»Aber wir kommen in Partei und Gewerkschaft nicht ohne Beamte aus, geschweige denn in der Staatsverwaltung. Unser Programm fordert denn auch nicht Abschaffung der staatlichen Beamten, sondern die Erwählung der Behörden durch das Volk ... Nicht darum handelt es sich bei unserer jetzigen Erörterung, wie sich der Verwaltungsapparat des ›Zukunftsstaates‹ gestalten wird, sondern darum, ob unser politischer Kampf die Staatsgewalt auflöst,* ***ehe wir sie noch erobert haben***« (hervorgehoben von

Kautsky). »*Welches Ministerium mit seinen Beamten könnte aufgehoben werden?*« Es werden die Ministerien des Unterrichts, der Justiz, der Finanzen und das Kriegsministerium aufgezählt. »*Nein, keines der heutigen Ministerien wird durch unsern politischen Kampf gegen die Regierung beseitigt werden ... Ich wiederhole es, um Mißverständnissen vorzubeugen: hier ist nicht die Rede von der Gestaltung des Zukunftsstaates durch die siegreiche Sozialdemokratie, sondern von der des Gegenwartsstaates durch unsere Opposition.*« (S.725.)

Dies ist eine offensichtliche Unterstellung. Pannekoek warf doch gerade die Frage der *Revolution* auf. Das wird sowohl in der Überschrift seines Artikels als auch in den angeführten Stellen klar gesagt. Indem Kautsky auf die Frage der »Opposition« überspringt, fälscht er gerade den revolutionären Standpunkt in einen opportunistischen um. Bei ihm läuft es darauf hinaus: Gegenwärtig machen wir Opposition, und *nach* Eroberung der Macht werden wir weiter sehen. *Die Revolution verschwindet!* Das war gerade das, was die Opportunisten brauchten.

Es handelt sich nicht um Opposition und nicht um den politischen Kampf im allgemeinen, sondern eben um die *Revolution*. Die Revolution besteht darin, daß das Proletariat den »Verwaltungsapparat«, ja den **gesamten** Staatsapparat **zerstört** und ihn durch einen neuen, aus bewaffneten Arbeitern bestehenden Apparat ersetzt. Kautsky offenbart eine »abergläubische Verehrung« der »Ministerien«, weshalb aber sollten diese nicht ersetzt werden können, sagen wir, durch Kommissionen von Fachleuten bei den Sowjets der Arbeiter- und Soldatendeputierten, denen die ganze ungeteilte Macht gehört?

Der Kern der Frage besteht durchaus nicht darin, ob »Ministerien« bestehenbleiben, ob es »Kommissionen von

Fachleuten« oder irgendwelche andere Institutionen geben wird: das ist ganz belanglos. Die entscheidende Frage ist, ob die alte Staatsmaschinerie (die durch tausend Fäden mit der Bourgeoisie verbunden und durch und durch von verknöcherten Gewohnheiten und Konservatismus durchsetzt ist) aufrechterhalten bleibt, oder ob sie *zerstört* und durch eine *neue* ersetzt wird. Die Revolution darf nicht darin bestehen, daß die neue Klasse mit Hilfe der *alten* Staatsmaschinerie kommandiert und regiert, sondern muß darin bestehen, daß sie diese Maschine *zerschlägt* und mit Hilfe einer *neuen* Maschine kommandiert und regiert – diesen *grundlegenden* Gedanken des Marxismus vertuscht Kautsky, oder aber er hat ihn überhaupt nicht begriffen.

Seine Frage bezüglich der Beamten beweist anschaulich, daß er die Lehren der Kommune und die Marxsche Lehre nicht begriffen hat. »*Wir kommen in Partei und Gewerkschaft nicht ohne Beamte aus ...*«

Wir kommen *unter dem Kapitalismus*, unter der *Herrschaft der Bourgeoisie* nicht ohne Beamte aus. Das Proletariat ist geknechtet, die werktätigen Massen sind durch den Kapitalismus versklavt. Unter dem Kapitalismus ist die Demokratie durch die ganzen Verhältnisse der Lohnsklaverei, der Not und des Elends der Massen eingeengt, eingeschnürt, gestutzt, verstümmelt. Aus diesem Grund, und nur aus diesem, werden die beamteten Personen in unseren politischen und gewerkschaftlichen Organisationen durch die Verhältnisse des Kapitalismus demoralisiert (oder, genauer gesagt, besteht die Tendenz, daß sie demoralisiert werden), neigen sie dazu, sich in Bürokraten, d.h. in den Massen entfremdete, *über* den Massen stehende, privilegierte Personen zu verwandeln.

Darin besteht das *Wesen* des Bürokratismus, und solange die Kapitalisten nicht expropriiert sind, solange die

Bourgeoisie nicht gestürzt ist – solange ist eine gewisse »Bürokratisierung« *sogar* der proletarischen beamteten Personen unvermeidlich.

Bei Kautsky sieht die Sache so aus: Da nun einmal gewählte beamtete Personen bleiben, so bleiben auch im Sozialismus die Beamten, bleibt die Bürokratie! Und gerade das ist falsch. Gerade am Beispiel der Kommune hat Marx gezeigt, daß im Sozialismus die beamteten Personen aufhören, »Bürokraten«, »Beamte« zu sein, sie hören *in dem Maße* auf, es zu sein, wie außer der Wählbarkeit *auch noch* die jederzeitige Absetzbarkeit eingeführt wird, dazu noch die Reduzierung des Gehalts auf den durchschnittlichen Arbeiterlohn und dazu noch die Ersetzung der parlamentarischen Körperschaften durch *»arbeitende Körperschaften, die vollziehend und gesetzgebend zu gleicher Zeit«* sind.

Im Grunde genommen ist die ganze Argumentation Kautskys gegen Pannekoek und insbesondere der großartige Einwand Kautskys, wir kämen auch in Partei und Gewerkschaften nicht ohne Beamte aus, eine Wiederholung der alten »Argumente« Bernsteins gegen den Marxismus überhaupt. In seinem Renegatenbuch **Die Voraussetzungen des Sozialismus** bekämpft Bernstein die Ideen der »primitiven« Demokratie, bekämpft er das, was er als »doktrinären Demokratismus« bezeichnet: gebundene Mandate, unbezahlte Beamte, machtlose Zentralvertretung usw. Als Beweis für die Unhaltbarkeit dieses »primitiven« Demokratismus beruft sich Bernstein auf die Erfahrungen der englischen Trade-Unions, wie sie das Ehepaar Webb interpretiert. Während der siebzig Jahre ihrer Entwicklung hätten die Trade-Unions, die sich angeblich »in voller Freiheit« entwickelt haben (S.137 der deutschen Ausgabe), sich von der Unbrauchbarkeit des »primitiven« Demokratismus überzeugt und ihn durch den üblichen Demokratismus ersetzt: Parlamentarismus, gepaart mit Bürokratismus.

In Wirklichkeit haben sich die Trade-Unions nicht »in voller Freiheit«, *sondern in voller kapitalistischer Sklaverei* entwickelt, wobei man natürlich ohne eine Reihe Zugeständnisse an das herrschende Übel, an Gewalt, Lüge, ohne Ausschluß der Armen von der »höheren« Verwaltung »nicht auskommen konnte«. Im Sozialismus wird unvermeidlich vieles von der »primitiven« Demokratie wieder aufleben, denn zum erstenmal in der Geschichte der zivilisierten Gesellschaften wird sich die *Masse* der Bevölkerung zur *selbständigen* Teilnahme nicht nur an Abstimmungen und Wahlen, *sondern auch an der laufenden Verwaltungsarbeit* erheben. Im Sozialismus werden **alle** der Reihe nach regieren und sich schnell daran gewöhnen, daß keiner regiert.

Marx hat mit seinem genialen kritisch-analytischen Verstand in den praktischen Maßnahmen der Kommune jenen *Umschwung* erkannt, den die Opportunisten fürchten und den sie aus Feigheit nicht anerkennen wollen, weil sie mit der Bourgeoisie nicht unwiderruflich brechen möchten, und den die Anarchisten nicht sehen wollen, sei es aus Übereilung, sei es, weil sie die Bedingungen der sozialen Massenumwandlungen überhaupt nicht erkennen. »An die Zerstörung der alten Staatsmaschinerie ist gar nicht zu denken, wie sollen wir denn da ohne Ministerien und ohne Beamte auskommen«, argumentiert der durch und durch verspießerte Opportunist, der im Grunde genommen nicht an die Revolution, an die Schöpferkraft der Revolution nicht nur nicht glaubt, sondern vor ihr tödliche Angst empfindet (wie unsere Menschewiki und Sozialrevolutionäre).

»Es gilt ***nur****, die alte Staatsmaschinerie zu zerstören, man braucht nicht in die* ***konkreten*** *Lehren der früheren prole-*

tarischen Revolutionen einzudringen und zu analysieren, ***wodurch*** *und* ***wie*** *das Zerstörte ersetzt werden soll«*, argumentiert der Anarchist (natürlich der beste unter den Anarchisten, und nicht einer, der mit den Herren Kropotkin und Co. hinter der Bourgeoisie einhertrottet); und der Anarchist gelangt daher zu einer Taktik der *Verzweiflung* statt zu einer schonungslos kühnen und gleichzeitig die praktischen Bedingungen der Massenbewegung berücksichtigenden revolutionären Arbeit an konkreten Aufgaben.

Marx lehrt uns, beide Fehler zu vermeiden, er lehrt uns grenzenlose Kühnheit bei der Zerstörung der gesamten alten Staatsmaschinerie, und gleichzeitig lehrt er uns, die Frage konkret zu stellen: Die Kommune vermochte es, in einigen Wochen den Bau einer *neuen*, proletarischen Staatsmaschine auf die und die Weise *in Angriff zu nehmen* und die erwähnten Maßnahmen zu größerem Demokratismus und zur Ausrottung des Bürokratismus durchzuführen. Wir wollen von den Kommunarden revolutionäre Kühnheit lernen, wir wollen ihre praktischen Maßnahmen als *Skizzierung* der praktischen, dringlichen und sofort durchführbaren Maßnahmen betrachten, und wir werden, *wenn wir diesen Weg verfolgen*, die völlige Vernichtung des Bürokratismus erreichen.

Die Möglichkeit einer solchen Vernichtung ist dadurch gesichert, daß der Sozialismus den Arbeitstag verkürzen, die *Massen* zu einem neuen Leben emporheben und die *Mehrheit* der Bevölkerung in Verhältnisse versetzen wird, die **allen** ohne Ausnahme gestatten werden, »Staatsfunktionen« auszuüben. Das aber führt zum *völligen absterben* jedweden Staates überhaupt.

> *»Seine«* (des Massenstreiks) *»Aufgabe«*, fährt Kautsky fort, *»kann nicht die sein, die Staatsgewalt* ***zu zerstören****, sondern nur die, eine Regierung zur Nachgiebigkeit in*

> *einer bestimmten Frage zu bringen oder eine dem Proletariat feindselige Regierung durch eine ihm entgegenkommende zu ersetzen ... Aber nie und nimmer kann dies«* (d.h. der Sieg des Proletariats über die feindselige Regierung) *»zu einer* ***Zerstörung*** *der Staatsgewalt, sondern stets nur zu einer* ***Verschiebung*** *der Machtverhältnisse* ***innerhalb der Staatsgewalt*** *führen ... Und das Ziel unseres politischen Kampfes bleibt dabei das gleiche, das es bisher gewesen: Eroberung der Staatsgewalt durch Gewinnung der Mehrheit im Parlament und Erhebung des Parlaments zum Herrn der Regierung.«* (S.726, 727, 732.)

Das ist schon waschechter, trivialster Opportunismus, das ist die Preisgabe der Revolution in der Tat bei einem Bekenntnis zu ihr in Worten. Kautskys Gedanke geht über eine *»dem Proletariat entgegenkommende Regierung«* nicht hinaus – das ist ein Schritt zurück zum Philistertum verglichen mit 1847, als das Kommunistische Manifest die *»Erhebung des Proletariats zur herrschenden Klasse«* proklamierte.

Kautsky wird nichts übrigbleiben, als die von ihm geliebte »Einheit« mit den Scheidemännern, den Plechanow und Vandervelde zu verwirklichen, die alle bereit sind, für eine *»dem Proletariat entgegenkommende«* Regierung zu kämpfen.

Wir aber werden mit diesen Verrätern am Sozialismus endgültig brechen und werden für die Zerstörung der ganzen alten Staatsmaschinerie kämpfen, auf daß das bewaffnete Proletariat selbst *die Regierung sei*. Das sind zwei grundverschiedene Dinge.

Kautsky wird die angenehme Gesellschaft der Legien, David, Plechanow, Potressow, Zereteli und Tschernow teilen müssen, die alle durchaus bereit sind, für eine *»Ver-*

schiebung der Machtverhältnisse innerhalb der Staatsgewalt«, für die *»Gewinnung der Mehrheit im Parlament und die Erhebung des Parlaments zum Herrn der Regierung«* zu kämpfen – ein hochedles Ziel, an dem für die Opportunisten alles akzeptabel ist, bei dem alles im Rahmen der bürgerlichen parlamentarischen Republik bleibt.

Wir aber werden mit den Opportunisten endgültig brechen; und das ganze klassenbewußte Proletariat wird mit uns sein im Kampf nicht um eine *»Verschiebung der Machtverhältnisse«*, sondern um den *Sturz der Bourgeoisie*, um die *Zerstörung* des bürgerlichen Parlamentarismus, um die demokratische Republik vom Typ der Kommune oder die Republik der Sowjets der Arbeiter- und Soldatendeputierten, um die revolutionäre Diktatur des Proletariats.

Noch weiter rechts als Kautsky befinden sich im internationalen Sozialismus solche Richtungen wie die der **Sozialistischen Monatshefte**[86] in Deutschland (Legien, David, Kolb und viele andere, einschließlich der Skandinavier Stauning und Branting), die Jaurès-Anhänger und Vandervelde in Frankreich und Belgien, Turati, Treves und andere Vertreter des rechten Flügels der italienischen Partei, die Fabier und die »Unabhängigen« (»Unabhängige Arbeiterpartei«, die sich in Wirklichkeit stets in Abhängigkeit von den Liberalen befand) in England[87] und

86 Sozialistische Monatshefte – Zeitschrift, erschien von 1897 bis 1933 in Berlin. Wurde zum wichtigsten Organ des deutschen und internationalen Revisionismus. In den Jahren des imperialistischen Weltkriegs 1914-1918 vertrat sie einen sozialchauvinistischen Standpunkt.

87 Die Unabhängige Arbeiterpartei Englands (Independent Labour Party) wurde 1893 gegründet. Sie erhob Anspruch auf politische Unabhängigkeit von den bürgerlichen Parteien, war jedoch, wie Lenin sich ausdrückte, »›unabhängig‹ nur vom Sozialismus, aber vom Liberalismus sehr abhängig«. Während des imperialistischen Weltkriegs 1914-1918 trat die Unabhängige Arbeiterpartei zunächst mit einem Manifest gegen den

ähnliche. Alle diese Herrschaften, die in der parlamentarischen Arbeit und in der Parteipublizistik eine ungeheure, sehr oft eine ausschlaggebende Rolle spielen, lehnen die Diktatur des Proletariats rundweg ab und vertreten einen unverhüllten Opportunismus. Für diese Herrschaften »widerspricht« die »Diktatur« des Proletariats der Demokratie!! Im Grunde genommen unterscheiden sie sich durch nichts ernsthaft von den kleinbürgerlichen Demokraten.

Ziehen wir diesen Umstand in Betracht, so sind wir zu der Schlußfolgerung berechtigt, daß die II. Internationale in der überwältigenden Mehrheit ihrer offiziellen Vertreter sich vollkommen dem Opportunismus verschrieben hat. Die Erfahrungen der Kommune wurden nicht nur vergessen, sondern entstellt. Den Arbeitermassen wurde nicht nur nicht eingeprägt, daß die Zeit naht, wo sie sich erheben und die alte Staatsmaschine zerbrechen müssen, um sie durch eine neue zu ersetzen und auf diese Weise ihre politische Herrschaft zur Grundlage der sozialistischen Umgestaltung der Gesellschaft zu machen – das Gegenteil wurde den Massen eingeprägt, und die »Eroberung der Macht« wurde so dargestellt, daß dem Opportunismus Tausende Hintertürchen offenblieben.

Es konnte gar nicht anders sein, die Entstellung und das Verschweigen der Frage, wie sich die proletarische Revolution zum Staat verhält, mußten eine ungeheure Rolle spielen zu einer Zeit, da die Staaten mit ihrem infolge der imperialistischen Konkurrenz verstärkten militärischen Apparat sich in Kriegsungeheuer verwandelten, die Millio-

Krieg hervor (13. August 1914), später hingegen, in der Londoner Konferenz der Sozialisten der Ententeländer im Februar 1915, stimmten die Unabhängigen der in dieser Konferenz angenommenen sozialchauvinistischen Resolution zu.

nen von Menschen vernichten, um den Streit zu entscheiden, ob England oder Deutschland, ob dieses oder jenes Finanzkapital die Welt beherrschen soll.[88]

88 Im Manuskript [von Lenin] folgt: VII. Kapitel Die Erfahrungen der russischen Revolutionen von 1905 und 1917. Das in dieser Kapitelüberschrift genannte Thema ist so unermeßlich groß, daß man darüber Bände schreiben könnte und müßte. In der vorliegenden Schrift werde ich mich natürlich auf die Hauptlehren beschränken müssen, soweit sie unmittelbar auf die Aufgaben des Proletariats in der Revolution der Staatsmacht gegenüber Bezug haben. [Hier bricht das Manuskript ab.]

Nachwort zur ersten Auflage

Die vorliegende Schrift wurde im August und September 1917 niedergeschrieben. Ich hatte bereits den Plan des nächsten, des siebenten Kapitels, »Die Erfahrungen der russischen Revolutionen von 1905 und 1917«, fertig. Aber außer der Überschrift habe ich keine Zeile dieses Kapitels schreiben können: Die politische Krise, der Vorabend der Oktoberrevolution von 1917, »verhinderte« es. Über eine solche »Verhinderung« kann man sich nur freuen. Allerdings wird der zweite Teil dieser Schrift (der den »Erfahrungen der russischen Revolutionen von 1905 und 1917« gewidmet sein soll) wohl auf lange Zeit zurückgestellt werden müssen; es ist angenehmer und nützlicher, die »Erfahrungen der Revolution« durchzumachen, als über sie zu schreiben.

Petrograd, den 30. November 1917

Der Verfasser

Weitere Titel des Manifest Verlags

Leo Trotzki: Revolution in Russland (Textsammlung)
ISBN 978-3-96156-001-1, 13,90 Euro

Per-Åke Westerlund: Der wahre Lenin
ISBN 978-3-96156-002-8, 7,90 Euro

S. Stanicic, S. Hollasky, W. Klein, S. Kimmerle: Die Deutsche Revolution. Texte zur revolutionären Periode in Deutschland vom November 1918 bis 1923.
ISBN 978-3-96156-004-2, 9,90 Euro

Karl Liebknecht: Der Hauptfeind steht im eigenen Land! Reden und Schriften gegen Militarismus und Krieg.
ISBN 978-3-96156-005-9, 14,90 Euro

Wolfram Klein: 1917 - Die Russische Revolution. Eine Einführung.
ISBN 978-3-96156-006-5, 8,90 Euro

Jess Spear/Pete Dickenson: Ist die Umwelt noch zu retten? Marxismus und die Umweltfrage.
ISBN 978-3-96156-007-3, 6,90 Euro

Wladimir Iljitsch Lenin: Staat und Revolution. Mit einer Einleitung von Per-Åke Westerlund.
ISBN 978-3-96156-008-0, 12,90 Euro

Christian Walter: Volle Bäuche statt volle Tonnen.
ISBN 978-3-96156-010-3, 11,90 Euro

Albert Rhys Williams: Durch die Russische Revolution
ISBN 978-3-96156-011-0, 14,90 Euro